国家哲学社会科学基金项目（11BJY052）
江西省教育厅人文社会科学项目（GL0811）
江西省社会科学"十一五"规划项目（10YJ91）

房屋征收补偿
实质公平与市场价值

赵海云 等 著

中国社会科学出版社

图书在版编目（CIP）数据

房屋征收补偿实质公平与市场价值/赵海云等著.—北京：中国社会科学出版社，2015.6
ISBN 978-7-5161-6293-4

Ⅰ.①房… Ⅱ.①赵… Ⅲ.①房屋拆迁—土地征用—补偿—研究—中国 Ⅳ.①D922.181.4

中国版本图书馆 CIP 数据核字（2015）第 131072 号

出 版 人	赵剑英
责任编辑	卢小生
特约编辑	林　木
责任校对	周晓东
责任印制	王　超
出　　版	中国社会科学出版社
社　　址	北京鼓楼西大街甲 158 号
邮　　编	100720
网　　址	http://www.csspw.cn
发 行 部	010-84083685
门 市 部	010-84029450
经　　销	新华书店及其他书店
印　　刷	北京市大兴区新魏印刷厂
装　　订	廊坊市广阳区广增装订厂
版　　次	2015 年 6 月第 1 版
印　　次	2015 年 6 月第 1 次印刷
开　　本	710×1000　1/16
印　　张	14.5
插　　页	2
字　　数	245 千字
定　　价	55.00 元

凡购买中国社会科学出版社图书，如有质量问题请与本社发行部联系调换
电话：010-84083683
版权所有　侵权必究

序 一

现今的国有土地上房屋征收，简称房屋征收，过去称为城市房屋拆迁，从目前严格意义上讲，它是政府为了公共利益的需要，不得已而强买单位、个人房屋的行为。房屋征收名义上是取得房屋，实质上是要取得房屋占用范围内的土地。由于土地不可移动，有时因公共利益需要不得不使用特定的土地，所以在市场经济发达的私有制国家和地区也有类似的征收。

2011年1月21日，国务院公布了《国有土地上房屋征收与补偿条例》，同时废止了2001年6月13日国务院公布的《城市房屋拆迁管理条例》，对过去城市房屋拆迁中的许多做法作了修正和完善。例如，界定了作为征收前提的公共利益，将征收与补偿主体由建设单位改为政府，规范了征收程序，明确了征收补偿的原则和构成。尽管如此，人们至今对房屋征收中的许多问题仍然有争议，包括公共利益的范围是否过宽和模糊，征收补偿的标准是低还是高，等等。

海云先生的《房屋征收补偿实质公平与市场价值》一书，是在他主持完成的国家哲学社会科学基金项目"城市房屋征收补偿中的公平机制研究"成果的基础上，经修改完善后形成的，对房屋征收中的许多问题特别是征收补偿中的公平机制进行了深入思考，提出了自己的看法，许多观点具有创新性。例如，区分了实质公平与形式公平，认为貌似公平的市场评估价背后潜藏着不公平，并提出了房屋征收补偿完全市场价值的概念，以及对其进行了量化研究。当然，该书中也有某些值得商榷的观点，如该书提出要赋予被征收人分享土地未来发展权收益的权利。在现在严格为了公共利益需要而征收的情况下，土地未来发展权通常没有收益，甚至支出大于收益。

总之，该书较全面、深入地探讨了房屋征收补偿中的公平机制等问题，不失为房屋征收领域一部具有较高学术价值的著作，希望能引起广大读者的思考，并有更多的有识之士对有关问题继续开展研究，以促进我国房屋征收制度政策更加完善。

中国房地产估价师与经纪人学会秘书长　柴强博士

2014年7月

序 二

在我国城市化建设及城市更新改造的过程中,房屋征收补偿已经成为一个引人关注的社会问题,也是在实践中需要不断解决和完善的现实问题。由赵海云教授领衔的研究团队《房屋征收补偿实质公平与市场价值》一书的出版,体现了我国房屋征收补偿理论的系统性研究取得较大的新进展。

研究以公平理论、征收补偿理论、新公共服务理论及公共利益理论等为基础,从房屋征收与补偿的法理分析入手,围绕价格博弈视角下的实质公平分析、房屋征收中政府职能及其转变分析、城市人居生存环境分析、征收补偿完全市场价值体系及实证分析和公平机制创新五方面问题深入研究了我国房屋征收中的公平补偿机制。得出了较新颖的五个观点:(1)房屋征收补偿不能简单地采用"公平的市场评估价";(2)政府实施房屋征收存在对未来土地利用方向的不确定性;(3)在房屋征收补偿过程中,政府存在错误的行政逻辑;(4)应高度重视房屋征收补偿中权益抗争的转变过程;(5)城市房屋征收时平衡系统将处于不稳定状态,如果是最弱的人居环境系统,将面临难以恢复平衡的风险;等等。该研究成果抓住了我国城镇化发展中的理论前沿及热点问题,具有重要的学术价值和实用价值。

该成果的主要建树体现在以下两个方面:(1)作者站在坚持维护社会公平正义,加快推进新型城镇化的高度,揭示了房屋征收过程中"交易公平的基本核心是双方自愿的行为,这是人的基本权利,理应受到尊重";"公平补偿等于房地产市场评估价值加上低估价值的补偿"等问题。认为社会公平的基本条件之一是"给予被征收人适应性补偿以及特定条件下产生的收益预期补偿"。(2)提出了符合城市房屋征收过程实际并体现社会实质公平的新思路和对策。

该研究通过系统化思考,以问题为导向,以理论为基础,以数据为实证，得出了一系列有价值的研究结论。

希望本书的出版，能引起广大学者对房屋征收补偿的进一步探讨，同时也能引起政府、被征收人和社会团体在征收补偿过程中对行政逻辑、行为性质的高度关注。

同济大学经济与管理学院教授、博士生导师 施建刚

2014 年 7 月

前　言

本书是在 2011 年国家哲学社会科学基金项目"城市房屋征收补偿中的公平机制研究"成果基础上修改完善后形成的。2011 年年初《国有土地上房屋征收与补偿条例》公布，同时废除《拆迁条例》。本书从众多形式公平的研究中解析出实质公平对房屋征收的重要影响，貌似公平的市场评估价背后潜藏着极大的不公平，因为市场交易是一种自愿的行为，而征收带有强制性质，这是人们常常以极端的方式诉诸社会的根本原因。党的十八大提出必须坚持维护社会公平正义。通过政府的廉租房或者在拆迁中给予适当照顾处理好被征收人、被拆除房屋承租人中的贫困家庭，使这部分困难家庭能够得到最基本的居住空间和生活保障。本书的主要内容：政府为了公共利益的需要，在提高社会整体福利的情况下可以征收私人房屋，个人必须做出适当的牺牲，但政府应按照法律法规要求，对财产被征收人给予充分的补偿。这里有两个方面容易误读，第一，牺牲就是不仅要放弃原居住地或经营地，而且获得的补偿是按照市场价得来的，这个市场价偷换了一个概念，也就是当被征收人自愿将物业在市场上交易时，才有市场价，否则市场价对他们无意义。第二，这个"充分"很容易被忽视，在我国出台的各类法规政策中，只是用正常公平的市场交易评估价代替了充分补偿。本质上看，充分补偿的内涵是指被征收人获得的补偿不仅要高于市场评估价，而且还要足够的高。美国的补偿是 125%，我国深圳已有案例达到 125%。房屋征收与补偿的市场公平和实质公平存在本质区别，有约束的征收与市场交易是不同背景情形下的交易，不能用市场评估价来替代。因此如果处于被迫交易，显然买受人应该给予更高的补偿作为代价才能实现通常意义的市场交易，只有这样房屋征收补偿才能做到真正的实质公平。

影响房屋征收补偿实质公平的因素很多，如被迫交易、忽略房屋人文社会属性、独立评估等，其中任一因素出现扭曲都可能导致征收补偿的不足。从构建博弈矩阵出发，由于参与人的不完全理性和机会主义倾向，往往不会得到博弈最优结果。解决上述问题的关键在于完善被征收人及利益相关者的利益表达渠道，实施和完善讨价还价机制，以保护权益抗争人的合法权益。权益抗争人与"钉子户"既有区别也有联系，若权益抗争人权益没得到及时合理保护，则有可能逐步向"钉子户"转化，从而加大处理的难度，增加协调成本，不利于社会稳定。结合权益抗争人的特征及其动态演化路径，征收人应利用各种合法、合理缓冲手段，有效化解权益抗争人向激化阶段的转化。本书结合舆论广泛关注的征收补偿案例，揭示了权益抗争人的转变过程。

住宅不是简单的居住空间，是通过一定时期形成的相对稳定平衡的生存综合体。是人居平衡系统。许多被征收人属于弱势群体，他们的经济收入正好可维持生活的平衡。一旦这种平衡被外力打破，靠自身的力量很难恢复生活的平衡。比如换得的货币无法在原处置换新房，外迁费用负担加重。强制搬迁本身就造成了社会成本增加，即所谓外部不经济问题，这是以一方的获利建立在另一方的损失或痛苦之上的。搬迁造成生活环境的改变，会对居民产生许多不适应，包括学习、生活、交通环境和成本的提高。由不适应变成适应，通常要有成本支出才能实现。因此征收不能仅仅局限于房屋或房屋面积，而忽略居住其间的人的存在，尤其是居住者本身居住体验以及与其结成的各种社会关系。通过马斯洛需求理论、亚当·斯密社会公平公正的理论分析和不同平衡系统内人的消费行为特征分析发现，不同阶层、不同收入的群体其生活或生存底线是不同的。通过动迁产生的影响居住生活成本主要因素分析，挖掘生存利益点。实际上对被征收人的冲击首先来自精神层面，来自被动搬迁将产生对长期结成的社会关系和生存网络的破坏，其影响远远大于简单的空间迁移。任何因其极具复杂性忽略不计而获得效率的做法，都是对人的生存权的侵害和践踏。在房屋征收问题上不存在少数服从多数的选择。

实现实质公平需要承认征收补偿的低估价值，房屋征收补偿完全市场价值包含正常的市场评估价和低估价值，即包含房屋与土地本身的价值、住户被迫增加的社会成本价值、土地未来发展权收益在内的综合价值，还应保障居民的最低居住权。本书结合南昌地铁建设房屋征收活动，选择不同站点的三户被征收户进行了实证分析。通过分析，在实际城市房屋征收中，如果按照完全市场价值补偿，不考虑奖励因素，则被征收人的权益平均只获得一半补偿，即完全市场价值比市场补偿价值分别高出76.09%、86.09%和90.35%，显示出较大的不公平，不利于我国社会主义和谐社会的构建。

在征收活动过程中，相对于征收人而言，被征收人往往处于弱势地位。本书更多地从维护被征收人利益出发展开讨论，试图为征收人保持公平公正提供一个新的视角。

本书由施建刚主审，大纲设计、总撰稿为赵海云。具体分工：第一、八、九章、附录六赵海云；第二章赵海云、王文彬、张子英、易好、杨伶；第三章赵海云、胡细英、易好、曾国辉；第四章赵海云、王文彬、易好；第五章张子英、赵海云；第六章赵海云、石丹；第七章胡细英、石丹、曾国辉、赵海云；附录一赵海云、胡细英、曾国辉、易好、徐浩文、石丹、王文彬等；附录二、三、四徐浩文；附录五石丹。胡细英教授、王文彬同学为成果出版做了大量的工作，丁宝华、董亚楠为研究提供了有益的资料，参加编辑的还有方程、彭丽娜、黄荣萍、吴立强、周嘉伟、张馨元、吴彬等同学。本书的撰写和出版，柴强博士和施建刚教授给予了悉心指点，江西省住房和城乡建设厅房地产市场监管处两位处长蔡勇、李玮，赣州市房地产管理局房屋产权登记管理处处长杨琳等给予了大力帮助，中国社会科学出版社卢小生主任给予细心指导，同时得到了国家哲学社会科学基金以及江西师范大学的资助与支持，在此一并致谢。由于本书研究是一个系统工程，我们的知识结构、认识能力、政策和研究水平都很有限，难免存在许多问题，不妥之处敬请批评指正。

摘　　要

　　房屋征收不可避免会触及部分被征收人利益，征收人如何理性征收和避免抗争人出现极端行为是社会和谐的基础。本书首先提出城市房屋征收中以市场评估价代替公平交易存在的局限性，征收仍然存在强制成交，违背民法中的自愿成交原则，犯了无意偷换概念的错误，即以形式公平掩盖了实质公平。其次对实现实质公平的可能性进行分析：住宅不是简单的居住空间，是在一定时期内形成的人居平衡系统。在房屋征收问题上也不存在少数服从多数的选择。在必须征收的情况下，应该给被征收人充分的补偿，即应该为被征收人的被迫搬迁付出高于市场公平价更高的代价。通过对城市人居生存环境分析发现，不同阶层、不同收入的群体生活或生存底线的差异，借此提出人居平衡临界点的概念，并对房屋征收补偿完全市场价值进行量化研究。主要结论是：（1）房屋征收补偿不能简单地采用"公平的市场评估价"。（2）在房屋征收补偿过程中，政府存在错误的行政逻辑。（3）高度重视房屋征收补偿中权益抗争的转变过程。（4）当城市房屋征收时，平衡系统将处于不稳定状态，如果是最弱的人居环境系统，将面临难以恢复平衡的风险。（5）尽快构建房屋征收完全市场价值体系。

Abstract

House expropriation inevitably encroaches on the interests of part of the expropriated people. Rationally expropriating and avoiding intriguing extreme behavior of holdout residents serve as the foundation of social harmony. Rationally expropriating and avoiding extreme behavior of holdout residents serve as the foundation of social harmony. This book points out that there exists certain limitations of replacing fair housing transaction with appraisal price in the market, in that market fairness is based on the voluntariness of both parties, but in house expropriation there still remains mandatory trading, which inadvertently make a mistake of disguised displacement, that is to use the formal fairness to cover the substantive justice. House is not a simple living space, but a balanced living system formed in certain period of time. The principle of the minority obeying yielding to the majority cannot be used in house expropriation. In order to meet the demands of public interest, in the case of compulsory collection, the expropriated should be given full compensation. That is to say, the expropriated people who are forced to move shall be compensated more money than fair market price. The expropriated in foreign country have obtained enough compensation and the cases shows up that particular expropriated house owner obtained 25% more money than the market value of his house. Through the analysis of urban human settlements environment, the differences of various class, diverse income groups' living and survival bottom line have been found. To take the advantage of this, this volume puts forward the concept of human settlements balance point and makes quantitative research on full market value of house expropriation compensation. The main conclusions list as follow. First of all, fair market evaluating price cannot be simple used in house expropriation compensation. Secondly, the logic errors of government administration exist in the process of housing expropriation compensation. Thirdly, much attention should be paid to the transformation process of rights struggle in house expropriation compensation. Fourthly, when the city house is levied, balanced system will be in a state of flux and the weakest living environment system will face a risk of difficulty to restore balance. The last one is to build a sound market value system in house expropriation.

目　　录

第一章　绪论 ………………………………………………………… 1

　第一节　研究背景、意义 …………………………………………… 1

　第二节　主要内容、基本观点与重点 ……………………………… 2

　　一　主要内容 ………………………………………………………… 2

　　二　基本观点 ………………………………………………………… 3

　　三　研究重点 ………………………………………………………… 4

　第三节　研究思路与技术路线 ……………………………………… 4

　　一　研究思路 ………………………………………………………… 4

　　二　技术路线 ………………………………………………………… 5

　第四节　主要创新 …………………………………………………… 6

　　一　本书揭示了交易公平的基本核心是双方自愿的行为，
　　　　这是人的基本权利，理应受到尊重 ………………………… 6

　　二　本书提出适应性补偿以及特定条件下产生的收益预期
　　　　补偿的观点，这是社会公平的基本条件之一 ……………… 6

　　三　以房屋征收为视角，提出了权益抗争人的内涵、
　　　　性质及其过程转变 …………………………………………… 6

　　四　加强公共利益项目后期运营的监管 …………………………… 6

第二章　国内外相关研究及理论实践基础 ……………………… 7

　第一节　国内外相关研究 …………………………………………… 7

　　一　国内相关研究 …………………………………………………… 7

　　二　国外相关研究 ………………………………………………… 12

　第二节　理论基础 ………………………………………………… 16

　　一　征收补偿理论 ………………………………………………… 16

二　公平理论 …………………………………………………… 18
　　　三　博弈论 ……………………………………………………… 26
　　　四　新公共服务理论 …………………………………………… 26
　　　五　公共利益理论 ……………………………………………… 27
　　　六　政府失灵论与市场失灵论 ………………………………… 28
　　第三节　发达国家和地区房屋征收补偿借鉴 …………………… 29
　　　一　美国 ………………………………………………………… 29
　　　二　英国 ………………………………………………………… 30
　　　三　日本 ………………………………………………………… 31
　　　四　新加坡 ……………………………………………………… 31
　　　五　中国香港 …………………………………………………… 32
　　　六　中国台湾 …………………………………………………… 32
　　　七　借鉴与启示 ………………………………………………… 32

第三章　房屋征收与补偿的法理基础 ………………………………… 34
　　第一节　房屋征收补偿的法理背景 ……………………………… 34
　　　一　房屋征收法律进程 ………………………………………… 34
　　　二　新颁《征收与补偿条例》主要内容 ……………………… 37
　　　三　房屋征收补偿的法律优化 ………………………………… 38
　　　四　存在的主要问题 …………………………………………… 41
　　第二节　房屋征收补偿的法理性质 ……………………………… 46
　　　一　征收补偿的性质 …………………………………………… 46
　　　二　公共利益问题 ……………………………………………… 50
　　第三节　房屋征收补偿的法理依据 ……………………………… 50
　　　一　被迫交易的合法性依据 …………………………………… 50
　　　二　被迫交易是以合理且足够多的补偿为前提 ……………… 52
　　　三　价值低估与强制成交的不公平性依据 …………………… 53

第四章　价格博弈视角下的实质公平分析 …………………………… 55
　　第一节　房屋征收与补偿的市场公平 …………………………… 55
　　　一　公平补偿原则 ……………………………………………… 55
　　　二　市场公平 …………………………………………………… 57

三　形式公平与实质公平 …………………………………… 58
　第二节　评估定价的错误假设 ………………………………………… 61
　　　一　假设交易自愿，不计"被迫"成本 ……………………… 61
　　　二　假设房屋是单纯自然空间，忽视人文社会属性 ………… 62
　　　三　假设评估公平公正，忽视政府潜在影响 ………………… 63
　　　四　假设房屋孤立存在，放任外部不经济 …………………… 63
　第三节　房屋征收实质公平补偿的修正 ……………………………… 63
　　　一　被迫交易 …………………………………………………… 63
　　　二　房屋人文社会属性 ………………………………………… 64
　　　三　独立评估 …………………………………………………… 64
　　　四　保障因素 …………………………………………………… 65
　第四节　价格博弈及其公平补偿 ……………………………………… 66
　　　一　价格博弈模型 ……………………………………………… 66
　　　二　房屋征收补偿的讨价还价要素 …………………………… 68
　第五节　权益抗争人的性质转变及形成过程 ………………………… 72
　　　一　权益抗争人的内涵 ………………………………………… 72
　　　二　权益抗争人的性质 ………………………………………… 73
　　　三　权益抗争人的形成过程 …………………………………… 74
　　　四　权益抗争人的合法权益保障 ……………………………… 77
　　　五　案例分析 …………………………………………………… 79

第五章　政府职能及其转变分析 ………………………………… 85

　第一节　政府职能的本质 ……………………………………………… 85
　　　一　政府职能 …………………………………………………… 85
　　　二　房屋征收过程中的地方政府职能 ………………………… 85
　　　三　政府职能转变 ……………………………………………… 86
　第二节　房屋征收中的政府职能错位 ………………………………… 87
　　　一　"公共利益"的滥用 ……………………………………… 87
　　　二　利用征收谋取私利 ………………………………………… 87
　　　三　公共利益与商业利益的相互交织 ………………………… 88
　第三节　房屋征收中地方政府行为分析 ……………………………… 89
　　　一　地方政府具有垄断地位 …………………………………… 89

  二 地方政府在土地征收中的利益驱动 ……………………… 90
  三 房屋征收法律法规的不健全 …………………………… 91
  四 政府主导房屋征收模式不完善 …………………………… 91
 第四节 政府角色及其利益制衡 ………………………………… 93
  一 政府扮演"双重角色" …………………………………… 93
  二 严格控制政府征收权利的放大 …………………………… 93
  三 征收协调机制的探索 ……………………………………… 94

第六章 城市人居生存环境分析 …………………………… 96

 第一节 城市人居环境 ………………………………………… 96
 第二节 城市人居平衡系统 …………………………………… 97
  一 人居平衡的提出 …………………………………………… 97
  二 系统内涵 …………………………………………………… 97
  三 系统层次 …………………………………………………… 97
  四 系统结构 …………………………………………………… 98
 第三节 城市人居最低生存标准 ……………………………… 101
  一 人居平衡的临界点 ……………………………………… 101
  二 满足生活最低标准的需求与公平分析 ………………… 102
 第四节 最低生活标准或生存底线实证 ……………………… 107
  一 原理 ……………………………………………………… 109
  二 模型与方法 ……………………………………………… 109

第七章 房屋征收补偿完全市场价值 …………………………… 115

 第一节 房屋征收补偿完全市场价值的内涵 ………………… 115
  一 房屋征收补偿存在的主要问题 ………………………… 115
  二 房屋征收补偿完全市场价值的内涵 …………………… 116
 第二节 房屋征收补偿完全市场价值体系的设计原则 ……… 117
  一 系统性设计原则 ………………………………………… 117
  二 保障性原则 ……………………………………………… 118
  三 可操作性原则 …………………………………………… 118
 第三节 房屋征收补偿完全市场价值体系指标选取准则 …… 118
  一 系统性 …………………………………………………… 118

二　科学性 ……………………………………………… 118
　　三　客观性 ……………………………………………… 118
　　四　可量化 ……………………………………………… 119
　　五　预见性 ……………………………………………… 119
第四节　房屋征收补偿完全市场价值的指标构成 ……………… 119
　　一　房屋与土地本身的价值 …………………………… 119
　　二　被征收人被迫增加的社会成本 …………………… 120
　　三　房屋及土地的未来发展权收益 …………………… 122
第五节　房屋征收补偿完全市场价值的量化分析 ……………… 125
　　一　指标数据的收集 …………………………………… 125
　　二　指标的量化 ………………………………………… 126
　　三　指标权重的确定 …………………………………… 131
　　四　完全市场价值的确定 ……………………………… 132
第六节　房屋征收补偿完全市场价值的实证分析 ……………… 133
　　一　数据来源 …………………………………………… 133
　　二　数据信息 …………………………………………… 133
　　三　数据处理 …………………………………………… 136
　　四　结果分析 …………………………………………… 138

第八章　公平机制创新 …………………………………………… 140

第一节　构建房屋征收补偿的完全市场价值体系 ……………… 140
　　一　构建完全市场价值体系 …………………………… 140
　　二　充分地保障居者有其屋的权利 …………………… 140
　　三　明确被征收人因房屋征收而被迫增加的社会成本 …… 140
　　四　赋予被征收人分享土地未来发展权收益的权利 … 140
第二节　建立房屋征收行为制约机制 …………………………… 141
　　一　社会力量评估政府业绩 …………………………… 141
　　二　建立责任追究机制 ………………………………… 141
　　三　构建正当的征收法律程序 ………………………… 141
第三节　建立房屋征收监督机制 ………………………………… 142
　　一　科学构建监督机制 ………………………………… 142
　　二　加强公共利益项目后期运营的监管 ……………… 142

  三 建立房屋征收第三方独立公正机构……………………142
 第四节 建立价格质询机制………………………………………143
 第五节 建立被征收人的跟踪服务机制…………………………143
  一 提供后续跟踪服务预算……………………………………143
  二 政府应为困难居民提供多种住房选择……………………143
  三 建设拆迁安置临时过渡板房………………………………144

第九章 结论与展望……………………………………………………145
 第一节 结论………………………………………………………145
  一 房屋征收补偿不能简单地采用"公平的
    市场评估价"……………………………………………145
  二 政府实施房屋征收存在对土地未来利用方向的
    不确定性…………………………………………………145
  三 在房屋征收补偿过程中，政府存在错误的行政逻辑……145
  四 高度重视房屋征收补偿中权益抗争的转变过程…………146
  五 关注最弱人居环境系统，保障最低生存空间……………146
  六 创新征收补偿机制…………………………………………146
 第二节 展望………………………………………………………146
  一 如何改变政府双重角色，如何从利益格
    局中退出，研究有待深入………………………………146
  二 对城市房屋的国有土地所有权及其价值研究不够…………147
  三 人居生存临界点的研究不够精准……………………………147

附 录………………………………………………………………148
 附录一 南昌市地铁一号线建设房屋征收补偿情况调研报告……148
 附录二 各城市征收细则中非市场价值的比较分析………………165
 附录三 2001—2011年国有土地上房屋征收（拆迁）补偿政策、
    变化特点及焦点事件………………………………………170
 附录四 国有土地上房屋征收补偿法规演变轨迹………………177
 附录五 第六章相关数据………………………………………………182
 附录六 某市2010年房屋征收（拆迁）项目
    补偿协议（摘录）………………………………………191

参考文献……………………………………………………………………200

第一章 绪论

本书从形式公平的研究中解析实质公平对城市拆迁的影响，貌似公平的市场评估价背后潜藏着极大的不公平，因为市场交易是一种自愿的行为，而征收带有强制行为，这是人们常常以极端的方式的根本原因。

第一节 研究背景、意义

我国在城市化过程中片面追求经营城市，政府从垄断、运作土地市场取得了丰厚回报。而被征收人[①]经济补偿不到位，实际生活水平下降，加上强制拆迁程序和操作不规范，客观上已造成大量纠纷与矛盾，影响了社会的稳定。2001年《城市房屋拆迁管理条例》（以下简称《拆迁条例》）对指导城市房屋拆迁起到了一定作用，但还存在法律盲点和缺陷，尤其到2003年，由拆迁引发的群众大规模上访事件有增无减。2011年年初，《国有土地上房屋征收与补偿条例》（以下简称《征收与补偿条例》）公布，同时废除《拆迁条例》。《征收与补偿条例》，从内容上看，主要局限在形式公平即程序和手续完善上，对拆迁的表达形式有所变化，拆迁的本质没有变化，对于房屋搬迁的内涵或法理表达尚不完整。

本书从对众多形式公平的研究中解析出实质公平对城市拆迁的重要影响，貌似公平的市场评估价背后潜藏着极大的不公平，因为市场交易是一种自愿行为，而征收带有强制性，这是人们常常以极端的方式诉诸社会的根本原因。构建和谐社会、树立科学发展观是党在新时期社会发展和经济建设的重要任务。党的十六届三中全会指出，"要着眼于我国基本国情，

---

① 2011年《国有土地上房屋征收与补偿条例》已将过去拆迁人和被拆迁人的提法改为征收人与被征收人。

坚持一切从实际出发，因地制宜，把改革的力度、发展的速度和社会可承受的程度统一起来，及时化解各种矛盾，确保社会稳定和工作有序进行"。党的十八大提出，必须坚持维护社会公平正义。通过政府的廉租房或者在拆迁中给予适当照顾，处理好被征收人、被拆除房屋承租人中的贫困家庭，使这部分困难家庭能够得到最基本的居住空间和生活保障，实现公平优先兼顾效率。

第二节　主要内容、基本观点与重点

一　主要内容

（一）将城市房屋征收中市场评估价代替公平的局限性

市场的公平性以双方自愿为前提，征收仍然存在强制成交，违背民法中的自愿成交原则。犯了偷换概念的错误，即以形式公平掩盖了实质公平。

市场的公平性即实质公平要以被征收人的后续生活成本补偿得到满足为前提。以往的补偿差额至少为50%—100%，以2010年南昌旧城改造的近700万平方米建筑面积的成功拆迁为例，作为技术性操作，根据被拆迁户搬离的时间节点分两次给予的奖励比例达到40%，实际获得的补偿是140%，当然40%的奖励其实也是"羊毛出在羊身上"，说明市场评估价被低估了。

应该看到，住宅不是简单的居住空间，是在一定时期内形成的人居平衡系统。因此征收不能仅仅局限于房屋或房屋面积，而忽略居住其间的人的存在，尤其是居住者本身居住体验以及与其结成的各种社会关系。

（二）实现实质公平的可能性分析

1. 房屋的买卖应该有一个前提，即是人们自愿交易。在以往的房屋征收或者拆迁过程中，政府基本逻辑是房子首先是必须拆的，其次是可以给被征收人提供合理的补偿。事实上，一方面，有些房屋是否必须征收存在法律上的严谨约束，包括模糊公共利益概念以及恣意扩大规划红线。另一方面，征收补偿计算中往往只注意形式公平，政府一厢情愿地认为给予被征收人市场评估价作补偿就是科学与合理的，但忽略了房屋征收其实并非自愿交易而是属于被迫交易，由于交易环境与背景发生改变，必然导致房屋征收补偿价值发生改变，被迫的代价只能是提高补偿价值。

2. 通过房屋征收产生的影响居住生活成本主要因素分析。通常认为房屋搬迁只是生活空间发生转移，是一种形式上的改变，对被征收人不会产生多大的影响，并且这种影响是在人的可控范围内。实际上，对被征收人的冲击首先来自精神层面，来自被动搬迁对长期结成的社会关系和生存网络的破坏，其影响远远大于简单的空间迁移。

3. 城市人居最低生存环境分析。在城市人居环境系统中，人的生理适应程度、心理感受程度、住宅本身品质以及经济合理性和社会关联性等能否在一定阶段得到最大限度的满足，当条件满足时则实现平衡，当条件不满足时则失去平衡。通过马斯洛需求理论、亚当·斯密社会公平公正的理论分析和不同平衡系统内人的消费行为特征分析发现，不同阶层、不同收入的群体其生活或生存底线是不同的，借此提出人居平衡临界点的概念。结合城市相关数据，运用统计软件可拟合出城市低、中、高收入阶层的最低生存线。

4. 房屋征收补偿完全市场价值的量化。房屋征收补偿完全市场价值是包含房屋与土地本身的价值、住户被迫增加的社会成本价值、土地未来发展权收益在内的综合价值。从构建和谐社会角度出发，还应保障居民的最低居住权。测算完全市场价值首先应建立科学、可行、完整的指标体系。本书结合城市地铁建设房屋征收活动，选择不同站点的三户被征收人进行了完全市场价值实证分析。通过分析，在实际城市房屋征收中，如果只按照完全市场价值补偿，而不考虑奖励因素，则被征收人的权益平均只获得一半补偿，即完全市场价值比市场补偿价值分别高出76.09%、86.09%和90.35%。显示出较大的不公平，不利于我国社会主义和谐社会的构建。

二　基本观点

如何实现实质公平，即由现行的经济公平加上社会公平作为改变现状的必要条件。现在的市场评估价是地方政府或开发商行为，它忽略了人们的主观意志，因为市场评估价是建立在市场经济前提下，强制性行为改变或破坏了居民正常的生活秩序和生存平衡。因此，个人意志必须获得尊重，而尊重的形式必须由额外的补偿来实现，要通过被征收人及其关系人对未来居住生活的成本核算获得基本平衡的满意度为前提。被征收人及其关系人原来居住的动机不同，改变居住条件的生活成本也不会相同，均衡划一并不能完全解决问题。对于被动搬迁或不自愿的搬迁,现有的房地产市场评估价普遍被低估。

居民住宅不是简单的居住空间,是通过一定时期形成的生存综合体。绝大部分被迁居民属于弱势群体,他们的经济收入正好可维持生活。需要挖掘生存空间,找到由于改变生活环境而产生的影响生活成本的指标。

我国城市房屋搬迁尚无一个有效的协调机制,双方利益难以在法律的框架中有效地进行协商,而作为被迁居民更多的是处于弱势被动的一方。被迁居民的合法权益受到不公平侵犯,甚至使部分居民"因拆致贫",失去生存基础。政府必须转换角色,从利益集团中脱离出来,这需要体制创新。[①]

三 研究重点

阐述实质公平的可能性。传统的征收补偿包括建立适应性补偿、后续生活补偿等,其中适应性补偿是多年来人们在征收补偿研究中相对薄弱的环节。通过法理分析、价格博弈分析和人居平衡系统研究,深入挖掘形式公平与实质公平的差别,为科学测算征收补偿价值提供坚实的理论支撑。改变单纯以房屋面积补偿的原则,充分考虑被征收人适应新环境的成本支出,建立完全的市场价值体系。同时充分考虑征收对于被征收人的影响,就一户被征收人而言,实际存在多人的利益诉求,必须尊重被征收人的各个个体人的利益诉求。转变政府职能。首先是政府转换角色,尊重法律的严肃性,从市场上的运动员解脱出来,专心做好服务与管理的职能,促进政府多元化发展城市经济,而不是靠政府替代企业。其次是保证征收程序公正,完善征收听证制度,准确界定征收的性质,建立畅通的申诉渠道,充分听取被征收人的申诉主张。

第三节 研究思路与技术路线

一 研究思路

结合调处纠纷案例以及典型拆迁事件,研究其缘由、性质、发展及其结果。

挖掘公平补偿的深层次内涵,阐述公平补偿的必要性。现行法规片面

---

① 曾国平、许峻桦:《政府在城市拆迁中的角色定位》,《云南行政学院学报》2004年第3期。

地将公开的市场评估价值作为衡量公平的砝码，忽略了社会公平，割裂了公平的内涵，犯了逻辑上偷换概念的错误。按照现有政策和法规，强行把弱势群体的居住生存权利和基本的人权拿到市场上交易，这显然与国家宪法相悖。2004年我国首次在宪法中明确提出保护私有财产，《宪法修正案》规定："公民的合法的私有财产不受侵犯"，第三十九条规定："中华人民共和国公民的住宅不受侵犯。禁止非法搜查或者非法侵入公民的住宅。"住宅不受侵犯是公民享有的基本权利，是公民的生存权和基本人权，任何人不得随意剥夺。

公平补偿的可能性分析，重建房地产的低估价值。《征收与补偿条例》强调按照房地产市场评估价补偿，没有顾及市场评估价是以自愿为前提。对于被动搬迁或不自愿的搬迁补偿若按照市场评估价容易失灵，这里存在房地产价值被低估的可能性。因此，需要重建房地产的低估价值。影响因子显然比单纯按照产权面积或空间面积计算复杂得多，但结果肯定更加科学严谨，真实可靠。

遵循系统化原则，建立城市房屋征收补偿的公平机制。

二 技术路线

本书遵循图1-1的技术路线展开。

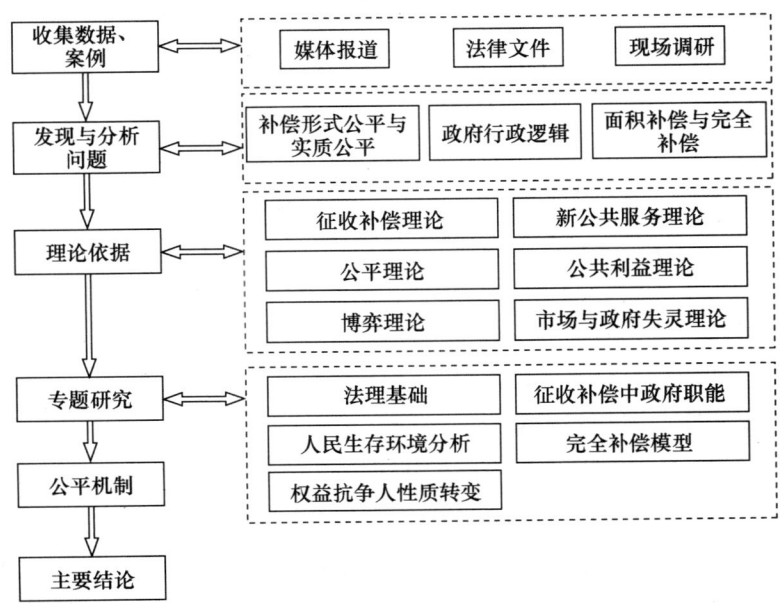

图1-1 技术路线

第四节 主要创新

一 本书揭示了交易公平的基本核心是双方自愿的行为，这是人的基本权利，理应受到尊重

城市房屋征收以强制性和有限时间搬迁，是一方凌驾于另一方之上的行为。即使是为了公共利益，也不能简单地将他人意愿强加给被征收人，而应在对被征收人给予充分补偿后实现公共利益。通常人们以为市场评估价就代表了公平，就可以强制执行。而忽略了人们如果不愿意交易自己的房屋，其实也是受法律保护的行为。

二 本书提出适应性补偿以及特定条件下产生的收益预期补偿的观点，这是社会公平的基本条件之一

强制搬迁本身就造成了社会成本增加，即所谓外部不经济的问题，是以一方的获利建立在另一方损失或痛苦之上的。所谓适应性是指生活环境的改变，会对居民产生许多不适应，包括学习，生活、交通环境和成本的提高，因为由不适应变成适应，通常要有成本支出才能实现。另外，对于具有收益性的物业，不能充分考虑其收益预期。实际上，公平补偿等于房地产市场评估价值加上低估价值的补偿。

三 以房屋征收为视角，提出了权益抗争人的内涵、性质及其过程转变

房屋征收过程中，征收人对政策的把握和理解直接影响被征收人的思想和行动，被征收人自始至终都是以权益抗争人的角色出现的，并且作为一般意义上的权益抗争也是合情合理的。只是随着征收活动的深入，被征收人利益的个体差异也就逐渐显现，他们可能有激烈抗争行为，也有可能最终发展成为"钉子户"。征收人要正视这种客观性的存在，并适时观察和调整征收行为，为将来和谐征收积累经验。

四 加强公共利益项目后期运营的监管

防止表面上为公共利益项目，实际上被各类投资商瓜分，或以其他利益进行交换。公共利益项目的确定和实施必须保证投资主体的纯洁性，即是完全的财政投入或各种基金投资，绝对不允许借融资之名在后期运营时混入其他投资主体，采用金蝉脱壳的方式进行运作。可以在项目中期检查时通过公众参与的方式接受质询，以保证项目的纯洁性，彻底清除投资商因利益驱动带来的不良影响。

第二章　国内外相关研究及理论实践基础

国内房屋征收补偿公平机制的研究主要从哲学、经济学、法律等层面入手，对我国目前实行的法规政策进行评价和调整。西方理论界对财产征收公平性问题的研究，主要集中在对政府和公共利益的范围等问题上。各个国家的普遍规定是，在政府基于公共利益的需要而启动征收行为时，居民从大局出发做出让步，但前提是政府必须提出需要征收的足够理由和不低于市场价格的足够补偿。

第一节　国内外相关研究

一　国内相关研究

针对国有土地上房屋征收补偿公平机制的研究主要集中在两个方面。一方面，主要从哲学、经济学、法律等层面探讨公平机制问题；另一方面，主要从征收补偿制度的法律制度、被征收人的权益保护、政府的角色与职能、补偿价值的确定等方面入手，并对我国目前实行的法规政策进行评价和调整。主要存在下列观点：

（一）公平性与公平机制

公平性与公平机制方面的研究多集中在从哲学、经济学、法学、心理学等方面探讨建立公平制度问题。刘宗粤（2000）[①]对公平的来源、演变过程进行系统梳理发现，公平实质上是一种心理比较行为，通过建立良性的公平机制可以有效调节社会问题。王霞（2011）[②]认为，过去的城市房屋拆迁实践中存在补偿内容不完整、不清晰，补偿与社会保障、补偿费与

---

① 刘宗粤：《公平、公平感和公平机制》，《社会》2000 年第 7 期。
② 王霞：《房屋征收评估与补偿的公平性问题探讨》，《价值工程》2011 年第 2 期。

评估价相混淆，评估机构的中立性差等问题；《征收与补偿条例》的实施在补偿内容、补偿原则等方面做了规定，对促进房屋征收评估与补偿的公平性有一定的积极作用；但立法中仍存在一些不明确的问题，需要地方政府制定相应的配套措施，保护低收入弱势群体的利益，保障房屋征收评估与补偿的公平与公正。胡菁菁、蒋品洪（2012）[①] 认为，房屋征收的前提是公平补偿，它也是对征收的限制和对被征收人利益的保护，公平补偿的实现只有靠公正的评估结果，因此提出建立评估机构之间相互竞争、监督和制约的机制和评估报告说理制度，以实现房屋征收评估的公正有效。吴德刚（2006）[②] 基于对我国教育公平问题的阐述，认为教育公平归根结底是起点公平，应综合政策、法律法规、公众参与等方面综合设计公平的教育制度。黄群英（2010）[③] 分析了我国按劳分配制度的公平问题，认为公平是绝对和相对的辩证统一，充分的自由与民主两大制度可以有效保障分配制度的公平性。

（二）法律制度

王玲美（2011）[④] 认为，《物权法》只对征收补偿做了原则性规定，而补偿方面出现的现实问题，其中一个重要原因是补偿制度体系的不健全，主要表现在立法上的不足和实践中的缺失。在补偿标准的问题上，应在对被征收人房屋进行按市场价值补偿的基础上进行生活补偿；针对补偿制度的不足，应完善征收补偿的法律体系，更好保障公民的合法权益。范俊丽（2011）[⑤] 认为，《征收与补偿条例》仍有一定不足，如立法位阶上违反上位法、适用范围过于狭窄、救济机制的规定不健全等；提出扩大城市房屋拆迁法律的适用范围，完善房屋征收拆迁的救济规定，以期解决房屋拆迁的立法问题。李成玲（2011）[⑥] 从《征收与补偿条例》与《城乡规划法》之间的联系的角度出发认为，《城乡规划法》没有将城市规划与

---

① 胡菁菁、蒋品洪：《国有土地上房屋征收评估如何做到公正有效》，《财会月刊》2012年第6期。
② 吴德刚：《关于构建教育公平机制的思考》，《教育研究》2006年第31期。
③ 黄群英：《浅析公平——兼及我国按劳分配原则下公平的基本要求和实现机制》，《江淮论坛》2010年第3期。
④ 王玲美：《论城市房屋征收补偿的法制完善》，《知识经济》2011年第11期。
⑤ 范俊丽：《城市房屋拆迁立法思考》，《理论探索》2011年第2期。
⑥ 李成玲：《对城市规划中的房屋征收与损失补偿的规制思考》，《上海政法学院学报》（法治论丛）2011年第5期。

城市房屋征收建立联系，提出为规制城市规划中的房屋征收与补偿，在修改《城乡规划法》时就应明确城市规划与房屋征收的关联性，详细规定公众参与程序，以保障城市规划的公益性，并明确界定能够引起房屋征收的城市规划建设项目种类；我国立法对征收要件规定得不够细致或不尽合理，可参考日本法或判例确定公共利益的需要、决定程序和权限、损失补偿的范围等；因城市规划引起纠纷时，还应将城市规划纳入司法审查对象，并可参考日本判例确立的审查方法加以审查。

为实现我国城市房屋征收补偿工作科学合理、等价有偿，必须做到以下两点，即法规健全和产权清晰。① 这是做好征收补偿工作的前提和使得征收补偿工作顺利和谐开展的基础。刘杰（2004）② 认为，表面上，当前城市房屋征收过程中发生的系列矛盾冲突是被征收人的个人利益与开发商的商业利益，或与整个国家的社会公共利益之间的矛盾，但本质上是开发商的国有土地使用权、国家的土地所有权与房屋所有人的房屋所有权及国有土地使用权的矛盾。③

（三）被征收人的权益

钟丽娟（2007）④ 分析了近代宪法保护私产的理论基础，探索私有财产从自然权利到宪法权利、从绝对权利到相对权利的发展轨迹，并针对私产保护与强制拆迁等诸多理论与现实问题，探讨了私产拆迁过程的违法侵权、私产维护的成本考量等问题。沈荔娟（2009）⑤ 认为，重庆"钉子户"的维权斗争是我国民众权利意识觉醒的直观体现，对于权利的追求应包括权利不被滥用和不被侵害两个方面。房屋拆迁安置补偿是对受损权利的救济，应当从物质和精神利益两方面进行补偿，这样才能真正实现权利的应有内涵，也更能激励权利人为权利而进行斗争，对法律产生一定的

---

① 杨宇佳：《城市房屋征收补偿制度的经济学研究》，硕士学位论文，山东建筑大学，2010年，第10页。
② 刘杰：《城市房屋拆迁中利益冲突与制度缺陷》，《太平洋学报》2006年第6期。
③ 杨宇佳：《城市房屋征收补偿机制的经济学研究》，硕士学位论文，山东建筑大学，2010年，第10页。
④ 钟丽娟：《宪法视角下的私产保护——以重庆"最牛钉子户"拆迁案为例》，《理论学刊》2007年第8期。
⑤ 沈荔娟：《透视重庆"钉子户"事件的表象和本质——对房屋拆迁安置补偿标准的置疑》，《科技信息》2009年第18期。

敬仰。① 敖偲（2011）② 从城市建设过程中的个人权利与集体意志角度出发，分析各主体的行为模式，认为政府部门及开发商应尊重人民权利。

（四）政府角色与职能

在过去的拆迁活动中，政府不仅是履行管理职能，而更多的是直接利用行政权力介入或者干预拆迁，甚至利用公权力为拆迁人谋求交易机会。③ 这其中存在着一系列的角色错位，又因缺乏行政行为的监督机制，政府公信力不断遭到质疑。顾大松、史笔（2006）④ 基于物权法的角度阐明了《物权法》出台前拆迁当事人双方以及政府的法律关系，认为从民法关系角度看，拆迁当事人之间的身份是平等的，但在拆迁的实际过程中，由于拆迁人在政治和经济上的雄厚实力，实际上是处于强势地位的，因此双方因房屋拆迁而进行的补偿行为并不属于平等、自愿、协商的民事法律关系。刘杰（2008）⑤ 认为，党的十七大提出了"加快行政管理体制改革，建设服务型政府"的目标，标志着中国的政府改革进入新一轮周期。新的政府改革举措将为建立有中国特色的政府管理体制和政府治理模式打下良好的基础。王莉（2011）⑥ 认为，面对城市拆迁和征收中引发的各种问题，政府作为社会管理者参与其中，应协调好城乡拆迁和征收中的各种关系，处理好各主体的利益得失；要求充分发挥政府在维护社会公平正义、化解社会矛盾，保障社会的稳定与良好秩序中的责任。

（五）补偿价值

在征收补偿价值问题的讨论中，杨瑞荣、孙光卫（2004）⑦ 提出，房屋拆迁的补偿价格与市场价格之间有一定差别，因为房屋拆迁与房屋自由

---

① 沈荔娟：《透视重庆"钉子户"事件的表象和本质——对房屋拆迁安置补偿标准的置疑》，《科技信息》2009 年第 18 期。

② 敖偲：《我国城市建设中的个人权利与集体意志分析——由"钉子户"和"暴力拆迁"现象引发的思考》，《行政事业资产与财务》2011 年第 8 期。

③ 梅林竹：《我国城市房屋拆迁法律规制研究》，硕士学位论文，西北大学，2010 年，第 2 页。

④ 顾大松：《论我国房屋征收土地发展权益补偿制度的构建》，《法学评论》2012 年第 6 期。

⑤ 刘杰：《改革开放以来全能型政府向服务型政府的转变论析》，《毛泽东邓小平理论研究》2008 年第 5 期。

⑥ 王莉：《对城乡拆迁和土地征收纠纷中政府角色与责任的思考》，《中共石家庄市委党校学报》2011 年第 5 期。

⑦ 杨瑞荣、孙光卫：《浅议房屋拆迁补偿中等价交换的缺陷及对策》，《中国房地产》2004 年第 11 期。

买卖地位不同、目的与投资负担都不尽相同；在现实拆迁补偿中，不仅有简单的物与物交换，还存在着间接价值。① 王洪平、房绍坤（2010）②认为，基于不同的财产价值确定基础，形成了不同的补偿标准，如市场价值补偿、收益价值补偿、重置成本补偿和加成补偿等；根据完全补偿原则的要求，征收补偿的标准不应是某一单一的补偿标准，而应是一个补偿标准的体系，视具体的补偿情形作个案选择。③ 强真（2010）④结合我国制度环境特征和城市不动产征收问题的复杂性，提出了分类别补偿模式及计算补偿额度的思路，为科学合理制定城市不动产征收补偿标准提供建议。

（六）补偿对象、范围与原则

关于城市房屋征收的补偿对象，在理论研究和征收补偿条例等方面，都对其进行了明确界定。如王才亮等人表述的，列入补偿范围的房屋，即受偿房屋必须是合法房屋，受偿房屋必须是其所有权人的合法所有，并且房屋本身也是合法存在的，不存在来源上的法律瑕疵。⑤

何虹（2006）⑥等提出，应当扩大我国拆迁的补偿范围，并且阐释了具体的补偿范围。王维洛、王成国等认为，补偿范围应包括被征收房屋的所有权、附属物所有权和收益权三个方面。当然，受偿房屋必须是合法存在的房屋，必须是所有权人合法所有的房屋。受偿房屋的附属物，也应当是合法存在的，包括受偿房屋附属物的设置在法律上不存在瑕疵，其来源和制作安装等方面都应当是合乎法律规定的，并不影响其他相邻房屋的安全和使用。补偿范围中的收益权作为附着于房屋所有权上的一项非常重要的权能，指的是房屋所有人或承租人、承包人、典权人依照法律规定，对由房屋所产生的自然或法定衍息的所有权。⑦

---

① 李顺祥：《基于房地产估价体系的城市房屋拆迁估价研究》，硕士学位论文，大连理工大学，2010年，第4页。
② 王洪平、房绍坤：《论公益征收补偿的标准》，《山东社会科学》2010年第11期。
③ 梅林竹：《我国城市房屋拆迁法律规制研究》，硕士学位论文，西北大学2010年，第9页。
④ 强真：《完善我国城市不动产征收补偿标准的建议》，《价格理论与实践》2010年第2期。
⑤ 杨宇佳：《城市房屋征收补偿机制的经济学研究》，硕士学位论文，山东建筑大学，2010年，第3页。
⑥ 何虹：《完善我国城市房屋拆迁补偿范围的思考》，《城市发展研究》2006年第5期。
⑦ 杨宇佳：《城市房屋征收补偿机制的经济学研究》，硕士学位论文，山东建筑大学，2010年，第3页。

多数学者专家就补偿原则意见一致，认为征收补偿至少应做到等价有偿。徐凡（2004）[1]认为，从本质上说，征收补偿就是一种赎买政策，房屋征收主管部门应遵循市场规律，只有在已经以合理价格购买被征收房屋的基础上，才获得对其进行拆除的资格。[2]

二 国外相关研究

西方理论界在财产征收公平性方面的研究主要集中在对政府的约束和公共利益范围等问题上。各国普遍规定，政府基于公共利益的需要而启动征地行为时，居民必须从大局出发并做出让步，但前提是政府必须以提出需要征地的足够理由和不低于市场价格的足够补偿。美国宪法第5修正案中明确指出，在无合理的补偿时，政府无权征收个人的财产和地产。[3] 美国各个州均据此修正案建立了类似的"重要空间法"及补偿的具体办法和征用细节。张军涛、刘建国（2008）[4]认为，在美国由于补偿是足够的，由此引发的上访、财富转移、群体事件等问题不存在。在美国对于土地所有者来说，其土地被政府征用后，可以通过所获补偿较容易到其他地方购置得到土地。以征用前的市场价格为基准计算土地征用补偿标准，这种方法就充分考虑了土地所有者的利益，不仅补偿到被征土地的现有价值，而且补偿了土地的未来价值。李珍贵（2001）[5]认为，在土地征用补偿时，还必须考虑因征用而导致邻近土地所有者的损失。罗宇琦（2007）[6]指出，发达国家对失地农民实施使他们较为满意的补偿，如日本、英国、法国、荷兰及部分国家，其法律规定对失地农民的补偿必须超过土地的市场价值，以保证失地农民的原有生活水平不至降低。

（一）征收补偿理论

雷利·巴洛维、奥特·玛雅等学者相继提出了既得权益说、恩惠说、公平负担说、公共征用说、社会职务说、特别牺牲说等。其中，特别牺牲

---

[1] 徐凡：《城市房屋拆迁区位综合价格评估研究》，《中国房地产评估师》2004年第8期。
[2] 杨宇佳：《城市房屋征收补偿机制的经济学研究》，硕士学位论文，山东建筑大学，2010年，第9页。
[3] 袁彩云：《我国高速公路征地问题分析》，《中国房地产金融》2004年第10期。
[4] 张军涛、刘建国：《城市房屋拆迁改造对居民生活影响研究》，《财经问题研究》2008第1期。
[5] 李珍贵：《美国土地征用制》，《中国土地》2001年第4期。
[6] 罗宇琦：《城市被拆迁家庭户迁移的社会成本问题研究——以广西N市实证调查为例》，硕士学位论文，四川大学，2007年，第23页。

说是主流,得到大多数学者的认可。该观点注重公平正义,认为政府征收主管部门所实施的土地征用,使得被征用者要履行的义务超出了一般意义上人民的负担,使得被征用者为了全体社会成员的公共利益而遭受的损失超出了一般状态下所有权行使时的社会义务,是一种为公益而产生的特别牺牲,所以为维护公平正义,这种牺牲应当由全体社会公民一起分担。①

(二) 征收补偿制度

早在1789年法国的《人权宣言》中就对征收补偿制度有了明确规定,其中第17条明确规定的"公平补偿"是现代土地征收补偿制度的起源,也是国外大多数学者开展研究土地征收补偿制度的重要参考。② 法国的补偿制度是以公平补偿方式进行的,在整个征收程序中注重被征收人的私权保护,在开始的规划阶段就能充分保护被征收人的知情权和参与权,整个程序均可提起诉讼。美国征收制度依据的是合理、公平补偿的原则,受到宪法规范和制约。美国宪法明确规定了在征收补偿中,"正当程序"、"合理补偿"和"公共利益"三者缺一不可,国家为了公共利益的需要,通过正当的法律程序对被征收者的财产进行征收,并提供公平补偿。德国主要采取的是公平补偿制度,原则和标准实际上是全额补偿,征收补偿范围包括"权利损失及其他财产上之利益"。③ 日本现行法律体现了"完全补偿说"的特点,"完全补偿"制度只是对由征收拆迁造成的损失进行全部补偿的制度。总的来说,各个国家的宪法都对征收补偿制度给予原则性的规定,众多研究西方国家征收(征地)补偿制度的学者形成了基本共识:一是征收的各方需接受共同的规则,并且要保证其公开、开放和透明;二是有独立的司法作为保障,留有司法维权的途径;三是公平的补偿要有现实可行的依据和法律保障。④

(三) 征收补偿公平性

国外学者一般认为,为了公共利益所采取的征收行为体现的是较少数的被征收人为了较多数的社会成员所做的特别牺牲。因此补偿应以对被征

---

① 杨宇佳:《城市房屋征收补偿机制的经济学研究——以济南市为例》,硕士学位论文,山东建筑大学,2010年,第11页。
② 杨哲:《我国土地征收补偿法律制度研究》,硕士学位论文,中共中央党校,2010年。
③ [德]毛雷尔著:《行政法学总论》,高家伟译,法律出版社2000年版,第737页。
④ 鄢康翌:《基于冲突管理理论的城市房屋拆迁补偿研究》,硕士学位论文,中南大学,2007年,第7页。

收人的权益保障为目标，从全社会角度进行公平的补偿。有代表性并被广泛接受的是德国学者奥特·玛雅的理念。他认为，国家的合法征地行为会造成被征收人行使所有权的损害，与国家给予人民的一般责任负担有区别，是让特定人群所做的特别牺牲，因此在补偿时应考虑由全体人民共同负担对被征收人的补偿。① Michal Wiktor Krawczyk 认为，保证程序公平是透明且公正的原则，它可以确保每一个参与的人都享有平等的机会，并获得令人满意的结果。② Bettina Reimann（1997）指出，在东柏林拆迁活动当中，德国政府把以前由政府没收或管理的房产又还给了个人，对城市的重建起了积极的推动作用，同时补偿的原则和结果必须根据财产的不同属性有所差异，包括财产所在的城市规模和城市财产的分配状态。③ Steve P. Calandrillo（2003）从被征收者的感情损失、公平正义和社会总财富三个角度对公正补偿进行定义，他认为公正的补偿必须是从公平以及正义的角度出发，在对被征地者进行物质补偿基础上，还应综合考虑其感情的损失，另外，由于征地活动会使私人财产变为公共财产，因此社会的总财富增加，反过来就应该增加被征地者的利益分享。④

（四）政府职能研究

国外关于政府职能的理论研究及其实践操作主要经历了四个阶段：

（1）受古典经济自由主义理论支配，政府对经济不干预时期。该阶段所处时间是 20 世纪 30 年代前的自由资本主义时期，普遍实行放任自由的经济政策，充分肯定来自市场的作用，并把政府的作用限制在较小的范围之内。亚当·斯密在其《国民财富的性质和原因的研究》中，把政府职能限定在保障国家安全、提供公共服务和维护社会治安三个方面。⑤

（2）受凯恩斯主义理论左右，政府对经济进行强干预时期。该理论

---

① 钟玉：《我国失地农民补偿机制研究》，硕士学位论文，四川大学，2007 年，第 3 页。

② Michal Wiktor Krawczyk, A model of procedural and distributive fairness [J]. *Theory and Decision*, 2011 (1): 111–115.

③ Bettina Reimann, The transition from people's property to private property: Consequences of the restitution principle for urban development and urban renewal in East Berlin's inner-city residential areas [J]. *Geography*, 1997, 17 (4): 301–313.

④ Steve P Calandrillo, Eminent Domain Economics: Should "Just Compensation" Be Abolished, and Would "Takings Insurance" Work Instead? [J]. *Ohio State Law Journal*, 2003, 64 (2): 451–530.

⑤ [英] 亚当·斯密：《国民财富的性质和原因的研究》上卷，郭大力、王亚南译，商务印书馆 1972 年版，第 13—14 页。

盛行的时间段在20世纪30—70年代。1929—1933年发生了世界性经济大危机，产生了使美国的制度学派，凯恩斯主义和瑞典斯德哥尔摩学派凯恩斯学说是最具代表性的理论，其认为市场经济如果没有政府的干预将会出现周期性危机，产生有效需求不足，需要政府采取积极措施来清除和弥补。他主张加强政府对经济干预的力度，创造条件，刺激经济增长，维持社会公正。

（3）受新自由主义理论影响，主张政府对经济减少干预。在20世纪70年代，由于石油危机进而引发了西方国家的经济滞胀以及高失业率，自由主义经济思想席卷而来，新自由主义发起了对凯恩斯主义的批判。新自由主义经济学派主要有现代货币学派弥尔顿·弗里德曼、理性预期学派穆斯、供给学派万尼斯基、公共选择学派阿诺等。

（4）受新凯恩斯主义理论影响，主张政府对经济进行适当干预时期。在20世纪80年代，这段时期的私有化和自由化达到了减少政府财政赤字的目的，但是公共服务的质量并没因此提高，忽视了企业的社会责任，从而导致90年代西方经济的持续衰落。一些新自由主义经济学派学者因此提出了以新公共管理和新制度学派理论为代表的理论，提出政府必须对市场经济进行适度干预、加强社会责任的理论。

（五）征收补偿价值

国外普遍认为在直接征收不动产时，被征收不动产被消费或利用产生的收益为全体社会成员的公共福利。因此为补偿被征收者，大部分征用不动产产生的收入和经营收入回馈给了社会和公众，其中产生的土地增值和利润分配给了土地所有者，同时还考虑相邻不动产的权益。比如，按照美国财产法中的规定，公平合理的补偿标准是依照所有者财产的"公平市场价格"赔偿，不但包括财产的现有价格，还应包括财产在将来所能赢得的折现价格。[1] 日本制定的征收补偿则更具有人性化，体现了生活、环境和造成失业等方面的补偿。1990年韩国出台《土地公示概念法案》，统一以公示地价作为征收补偿的主要部分。此外，还有一些学者对征收补偿标准也有自己的见解。如唐纳德·W. 格拉维斯（Donald W. Glaves[2]）认

---

[1] 刘浩：《市场经济条件下的土地征用问题研究》，硕士学位论文，南京大学，2002年，第16页。

[2] Donald, W. Glaves, Date Unconstitutional Practice of Valuation in Eminent Domain [J]. *Irreverence for University of Chicago Law Review*, 1963, 30 (2): 319-357.

为，在计算征收补偿费时应以市场价格作为计算标准，而且补偿日期是在计算过程当中应考虑的重要问题。理查德·F. 戴伊等（Richard F. Dye et al., 2007）①认为，在设计城市居民区的拆迁补偿计算标准中，应当考虑建筑物的规模、建筑的年代以及周边交通等情况，并且保证土地价值和拆迁费用之间的平衡，而芝加哥房屋拆迁和重建案例的实证模型也支持了该理论。乔纳森·平卡斯和佩里·夏皮罗（Jonathan Pincus and Perry Shapiro, 2008）②则提出了以拍卖的方法达到公正补偿城市土地业主的机制。

第二节 理论基础

一 征收补偿理论

我国《宪法》明确规定，国家因公共利益的需要征收私人财产，应给予被征收人补偿。国家既然有权基于公共利益的需要对国有土地上的房屋进行征收，那么对被征收人进行补偿的理论依据是什么？概括国内外学者的研究成果，代表性学说主要有以下几种。

（一）特别牺牲说

该学说最早是由德国的奥托·梅耶③在19世纪末提出。它清楚阐明了在房屋征收中，对被征收人进行补偿的理论依据。该学说认为个人财产权的行使应当受到一定的社会限制，这种内在的社会限制是所有公民都必须平等承担的一种负担，没有必要补偿，但是，当对财产的限制超过社会内在的平等的限制，而将某种财产限制的负担仅仅落在个别公民头上时，对于这些公民来说，这就是一种特别牺牲，然而这种特别牺牲乃是基于公共利益的需要做出的，因此就必须由公民大众平等地承担对个别公民的牺牲，这样才与基本的公平正义理念相符合。④

---

① Richard F. Dye, Daniel P. McMillen, Tear down sand land values in the Chicago metropolitan area [J]. *Journal of Urban Economics*, 2007, 6 (61): 45.
② Jonathan Pincus, Perry Shapiro, Efficiency and equity in the use of eminent domain, with local externalities [J]. *The University of Adelaide School of Economics*, 2008 (9).
③ 奥托·梅耶：《财产权·法治·宪政》，谢远东译，《法制日报》2004年第1期。
④ 郭杨：《房屋征收补偿制度研究》，硕士学位论文，南京航空航天大学，2011年，第9页。

（二）公平负担平等说

最早提出该学说的是法国学者，在法系国家中有比较广泛的影响。该学说认为，在政府为公共利益实施的活动当中，如果给某些公民、组织造成了损失，这种损失应由所有社会成员平均承担，不该由个别受害人独自承担。因为对于受害人来说，这种负担是纳税负担以外的额外负担，受害人的额外负担应该由全体社会成员平等分摊。公共负担平等学说的核心即在"平等"二字，通过采取财政支出方式体现平等负担的形式。此学说为房屋征收补偿中对被征收人进行补偿提供了现实基础。①

（三）人权保障说

传统经典的基本人权理念是该学说的起源，该学说认为公民的私有财产权是一种天赋的权利，保障人权是民主法治国家必须做到的，财产权应当包含在个人权利之内，无论是受私人的侵犯还是受其他组织的侵犯，国家都有保障受害人利益的责任，追究侵权人责任的义务。② 当其遭受外力非法侵害时，其享有请求补偿的权利，当其遭受外力合法侵害时，同样也享有请求补偿的权利。对于行政相对人来说，如果合法的财产权受到损害而不能得到补偿，那么有关财产权的保障也就变得毫无意义了。人权保障学说主要从自然法意义上对公民的私有财产权进行理论上的明确，随后各法治国家在宪法层面上都对私有财产权采取了明确保护。③

（四）结果责任说

起源于日本的该学说认为，不论合法、违法的行政行为，以及行为人有无故意、过失的行为，只要由行政活动所导致的损害为一般社会观念所不允许，国家或公共团体就必须承担相应的补偿责任，即便是行政机关行使职权的时候侵犯到公民的合法权益，不管在主观方面和合法性层面其行为怎样，只要行为对公民的私有权利造成了客观上的损害，行政机关必须承担其行政法上的损失填补责任。该学说主要从受害人所受损害的视角来看待补偿的先行行政行为。④

---

① 郭杨：《房屋征收补偿制度研究》，硕士学位论文，南京航空航天大学，2011年，第9页。
② 同上。
③ 王亚磊：《城市房屋征收补偿研究》，硕士学位论文，中国政法大学，2011年，第12页。
④ 同上。

（五）不当得利说

该学说认为，国家为了公共利益开展征收活动而给被征收人造成的损失本来应该由社会全体成员承担，但实际只是部分社会成员因征收导致利益受损，最终是全体社会成员受益。社会全体成员因一部分人的利益损失而不当得利，根据公平原则，这部分不当得利必须归还给特定的利益受损人，该学说已在日本行政法学界盛行，被视为行政补偿的基础理论。[1]

（六）既得权利理论

既得权利理论学说认为私有财产是天赋人权，是公民依照自然法天然地获得的一种既得权利，各法治国家无一例外地对公民的私有财产权从宪法和法律上进行了确认。国家仅在宪法和法律层面对该权利进行确认是不够的，而且要对其在实践层面进行切实的保护。当这种法律保护受到外力侵害时，不管这个外力是非法还是合法的，都需要启动救济机制。所以国家基于公共利益需要侵犯了公民的私有财产权，不能作为其免除法律义务的原因，否则有违"有权利必有救济"的法律原则。

我国房屋征收补偿可把人权保障学说、特别牺牲学说和公共负担平等学说结合起来作为其理论基础。对公民的房屋所有权依法予以强制收回，公民因此会遭受特别的损失，从人权保障层面来讲，国家是有义务对该损失进行补偿的。如果国家以其合法性为理由主张免除其损失补偿义务，那么国家的房屋征收权必定会得到盲目的扩张，这样一来就会对公民的私有房产权的保护非常不利。公共负担平等学说强调的是由享受公共利益的公民大众均等地为被征收人所遭受的损失买单，以使在被征收人的权益恢复到遭受损失之前的状态。该理论的不足之处在于没有考虑人权保障，若将两者结合起来就非常符合我国房屋征收补偿的实际。[2]

二　公平理论

（一）公平的含义

所谓公平，就是指公正、平等。在不同时代、不同社会制度甚至不同的人，对公平都有不同的理解。在社会学领域，公平常被理解在社会生活的各个方面、各种合理或不合理的社会现象。[3] 在心理学领域，公平反映

---

[1] 王亚磊：《城市房屋征收补偿研究》，硕士学位论文，中国政法大学，2011年，第13页。
[2] 同上书，第14页。
[3] 黄迪：《城市不动产征收补偿的社会公平性研究》，硕士学位论文，江西师范大学，2011年，第11页。

的是心理承受能力，心理承受能力越好，就越不容易感到不公平。在经济学领域，公平常以成本和收益的比值来衡量，比值越小，越公平。在法学领域，公平与权利、义务联系在一起，是一种有序性的强调，即程序以及权利义务的有序性，程序越规范，公平性就越高，权利和义务越对等，公平性也就越高。①

自古以来，学者都倾向于将公平归到"平等"、"均等"和"德行"等范畴。孔子曰："有国有家者，不患寡而患不均，不患贫而患不安。盖均无贫，和无寡，安无倾"，他从社会秩序和分配的视角表达了追求公平、均等的社会秩序的强烈愿望。柏拉图则在他的著作《理想国》中率先提到公平和正义的问题，重点强调公平即和谐。同时，他把正义视作个人和国家的"善德"，"正义就是只做自己的事而不兼做别人的事"，讲究各司其职、互不妨碍的秩序公平理论。亚里士多德把公平理解为公正、平等，强调一切德行的汇总即是公正。他还说："政治学上的善就是正义，正义以公共利益为依归。按照一般的认识，正义是某种事物的'平等'（均等）观念"。②当代美国政治哲学家和伦理学家罗尔斯提出了以"平等的自由"为核心概念的正义理论，在其著作《公正论》中指出，社会制度的首要美德当属公平。③ J. S. 亚当斯（Adams, 1960）推出了公平理论，认为人们主要从两项的比较来做出对公平的判断，一项是把自己与别人相比较来判断自己获得报酬的公平性，另一项是将目前的自己与过去的自己相比较来判断当前获得报酬的公平性。《辞海》中对公平有这样的定义：作为一种道德要求和品质，指按照一定的社会标准（法律、道德、政策等）、正当的秩序合理地待人处事，是制度、系统、重要活动的重要道德性质。

公平是一个综合性概念，因此在解释公平内涵时，往往要从多学科多角度进行综合阐释。在探讨公平问题时，通常也将公平理论结合到具体研究领域。如郭志鹏（2001）④认为，由于公平在意识形态中拥有跨学科的

---

① 李溪：《武汉市土地征收补偿的公平性研究》，硕士学位论文，华中科技大学，2008年，第2页。
② 柏拉图：《理想国》，郭斌和、张竹明译，商务印书馆1986年版，第156页。
③ 罗尔斯：《正义论》修订版，何怀宏、何包钢、廖申白译，中国社会科学出版社2009年版。
④ 郭志鹏：《社会主义代替资本主义：公平效率观的革命》，《马克思主义研究》2001年第5期。

特性，几乎社会科学的每个学科都可以与公平结合起来。并且他将公平分为四大类，即政治公平、伦理公平、经济公平和文化公平；将公平的标准划分为四个层次，即主客体标准、度量性标准、根据性标准和理想化标准。戴文礼（1997）[①] 也提到在社会生活中，公平概念所涉及的对象极为复杂纷繁，几乎将社会生活的各个方面都涵盖了。其认为一切公平问题究其原因都是人与人的利益关系的合理或不合理的问题，并将公平所涉及的对象分为四大类，即事实公平、制度公平、做法公平和道德公平。有些学者在研究公平时将其与效率联系到一起。如汤玉奇（1996）[②] 就提出与效率相比，公平是个历史范畴。关于公平分歧的突出问题是关于公平度和社会心理承受力的问题，并且在现实生活中将社会公正分为政治公正、经济公正和道德公正三大类。还有些学者把公平引导至人主观的心理评价和认同度上。比如雷弢（1989）[③] 认为，公平是指大众在付出与收益之间进行的社会比较和评价程度。由于能够干扰人们这种主观判断的因素很多，真正在公平与不公平之间亦很难直观地判定。从主观方面来定义社会公平实际上讨论的是人们的公平感，而人们这种公平感正确与否，尚待回到实践中来，即从事实方面来加以证明。[④]

随着人类文明的持续进步和可持续发展理论的日趋成熟，代际公平问题也渐渐引起了人们的关注。爱蒂斯·布朗·魏伊斯（2000）[⑤] 提出，世代之间公平理论的核心是各世代人们在利用地球的自然和文化资源这些大家共享遗产的时候，同其他世代人（即过去和将来的世代人）所特有的内在关联问题。世代间公平遵循三项基本原则，即保护选择的多样性、质量的保持以及获取的保障。黄正元（2004）[⑥] 认为，代际公平问题，主要是指在场的当代人与不在场的后代人之间在利用自然资源与保护环境上的权利和义务的划分问题。但对如何判断代际公平，众说纷纭。佩奇（T. R.

---

① 戴文礼：《对社会主义初级阶段理论的再认识》，《新长征》1997 年第 12 期。

② 汤玉奇：《对社会主义初级阶段社会公平的几点思考》，《科学社会主义》1998 年第 3 期。

③ 雷弢：《城市拆迁中的利益冲突及其调整》，《北京社会科学》2006 年第 2 期。

④ 李溪：《武汉市土地征收补偿的公平性研究》，硕士学位论文，华中科技大学，2008 年，第 3 页。

⑤ [美] 爱蒂斯·布朗·魏伊斯：《公平地对待未来人类：国际法、共同遗产与世代间衡平》，汪劲等译，法律出版社 2000 年版。

⑥ 黄正元：《论代际公平——"在场者"与"不在场者"权利、义务划分问题探析》，硕士学位论文，湘潭大学，2004 年，第 8 页。

Page，1988）在论述代际公平时提出"代际多数"原则，皮尔斯（D. W. Pearce，1993）认为，"当能够保证当代人福利增加也不会使后代人的福利减少时"即达到代际公平。陈基湘等（1998）① 试图建立资源代际转移分配的模型，但他们只是提出理论上的设想，实际操作起来有一定困难。也有人在处理代际间的资源环境分配的时候提到了折现率的方法，但是赵景柱（1995）② 指出"社会折现率资源环境的两难困境"，而且从考虑当代人的需要出发，按当代人确定的社会折现率不能表达下一代人的期望，其本身就不公平。③ 李春晖等（2000）④ 基于"环境代际公平实质是机会均等，但由于未来的不确定性和无法预见性，当代人有责任让后代人的生活环境更好，即后一代人继承的环境质量至少不比前一代差"的观点，提出了环境系数的概念。

（二）公平补偿的辩证观

公平在具体的征收法律制度设计中存在差异，其原因在于"公平"是一个包含价值判断的概念，由于时代的价值观念的不同内容不断改变。古代西方古希腊智者卡里克利斯提出了差别对待公平原则，认为优者比劣者多获得一些是公正的，强者比弱者多获得一些也是公正的。柏拉图将公平等同于正义，在其《理想国》中阐述，所谓正义即于一切正当之人、事物与行为之间完全公平之道。亚里士多德则表述为相同的情况相同对待，不相同的应该差别对待，并把公平分为绝对公平与相对公平。"社会公平是一个古老的有着相当价值判断的话题，历史上曾先后出现过各得其所的等级主义公平观，追求利益最大化的功利主义公平观，权利至上的自由主义公平观和扶助社会弱者的人道主义公平观。"而且公平仍属于典型的不确定性概念。这些不确定概念的轮廓异常之大并向外扩散，而概念核心区域则特别小，只有持续性的司法判决才可能随着时间的推移形成一个固定的概念核心。由此导致了公平补偿原则的不确定性。这可以从德国的土地征收法制的实践中得到证明。

公平补偿原则中的公平主要是制度的公平。这种意义上的公平，主要

---

① 陈基湘：《论自然资源分配的公平性》，《资源科学》1998年第3期。
② 赵景柱：《社会折现率与代际公平性分析》，《环境科学》1995年第5期。
③ 李溪：《武汉市土地征收补偿的公平性研究》，硕士学位论文，华中科技大学，2008年，第4页。
④ 李春晖等：《环境代际公平判别模型及其应用研究》，《地理科学进展》2000年第5期。

是社会制度中权利、义务的分配和社会合作产生的利益划分问题。罗尔斯的"作为公平的正义"理论，阐述的就是这种意义上的公平。"正义原则能以这种方式看待这一重要的事实：它说明正义的要义是公平。"制度的合理性及其有效性取决于其公平性，但是经济分析法学家指出，公平是好的，但是不能为了达到公平而付出巨大的代价。波斯纳认为经济学后面还有"正义"。

综上所述，"公平"是一个因人而异、因环境而异、因时间而异的动态的概念，目前理论界尚未就公平的评价方法形成统一定论，但长期以来公平具有双层含义。

一是平等。古老的查士丁尼正义准则——"给予每个人应得的东西"。相同的情形下应相同对待，不同的情形下应区别对待。哈特指出，一种公平的法律制度"就相互关系而言，个人有资格享有平等或不平等的相关地位。……其重要的格言常常被格式化为'同样情况同样对待'。当然我们需要对之补上'不同情况不同对待'。"在此意义上的平等既包括形式平等、机会平等，又包含实质平等、结果平等。

二是效率。波斯纳认为，公平的第二层含义——效率，也许最具有普遍意义。在某种意义上说效率的引入不是对公平的违反，相反效率的引入深化了公平的内涵。效率可以为法律分析提供一些新的视角，效率更具有客观性，因此基于效率的分析更易被人们所理解接受。效率的引入丰富了人们对公平的理解，使得公平不再是空洞的宗旨和口号，而是有着坚实的人性基础和精致规则支撑的、具有可操作性的公平。公平补偿原则中"公平"居于特别重要的地位。公平作为一种价值理念，一方面，提供了房屋征收法律制度存在的理由；另一方面，公平作为一种价值衡量标准，可以指导和评价房屋征收法律制度的设计。因此，公平补偿原则对于房屋征收法律制度的设计提出了两个方面的要求，即房屋征收补偿应当体现平等性和效率的要求。

（三）公平的理论基础

在国有土地上房屋征收与补偿活动中的公平体现在：

1. 公平与效率的关系。1993年中央在确立社会主义市场经济体制的文件中提出"效率优先，兼顾公平"的分配原则。党的十四大确立了建立社会主义市场经济体制的改革方向，并第一次明确提出要"兼顾效率与公平"。党的十四届三中全会提出，收入分配要"体现效率优先、兼顾公平的原则"。党的十五大和党的十六大都明确提出,要坚持效率优先、兼顾公平。党的十六大还提出,初次分配注重效率,再分配注重公平。这就确立了正确处理效率和公平关系的基本原则。党的十六届五中全会提出,要"注重社会公平"。党的十六届六中全会进一步指出,要"在经济发展的基础上,更加注重社会公平"。党的十七大进一步提出,"初次分配和再分配都要处理好效率和公平的关系,再分配更加注重公平"。这些论述,都坚持了公平的原则,是从实际出发对效率和公平关系认识的不断深化和完善。党的十八大突出提出必须坚持维护社会公平正义,公平正义是中国特色社会主义的内在要求。要全体人民在共同奋斗、经济社会发展的基础上,加紧建设对保障社会公平正义具有重大作用的制度,努力建成包括权利公平、机会公平、规则公平在内的社会保障体系,加快营造公平的社会环境,保证公民平等参与、平等发展权利。

在国有土地上对房屋进行征收时,公平性表现在征收人与被征收人的利益关系方面,效率则表现在城市改造的成效、速率和人民生活水平方面。然而实践中,公平主要是征收补偿的公平,效率则体现在公民的行政义务、公共利益以及国家的强制性上。这样双方就会形成直接的矛盾,政府为了谋取效率而降低征收成本,却忽视公平合理地补偿被征收人。

因此,必须重新认识公平。以勒纳的平均主义、罗尔斯的对自由权的平等分配、托马斯·内格尔的经济平等具有代表性主张,他们都明确了同一个经济学观点,就是在分配时的全民平等性。[①] 同时,许多学者提倡效率优先,像冯·哈耶克、罗宾斯、布坎南等学者。当然他们仍有对平等的要求,普遍认为平等是法律与机会的均等,效率在社会资源分配时需要得到注重。

2. 公平补偿有助于约束政府的行政行为,实现依法行政、法治征收。"财政错觉"是针对做出公正补偿或是不完全补偿的一个概念。征收行为需要付出管理成本和昂贵的机会成本。假如政府不需要予以补偿,或者给予少于征收成本的补偿,政府就可能会受到"财政错觉"的影响,误认为征收的资源没有机会成本或者是机会成本非常低,这就导致政府会做出非理性决策,实施过度或不合理征收,从而造成土地资源的浪费和不合理

---

① 托马斯·内格尔:《全球正义问题》,赵永刚译,《吉首大学学报》(社会科学版) 2010年第6期。

配置。不完全补偿会促使政府做出违背"公共利益"或过度征收的决策。

从另一个角度来分析,作为两个约束补偿的原则,公平原则与平等原则是从不同层面来判定的征收行为。平等倡导的是在社会安排的政治或道德理论下的平等思想,主要体现的是公民在享受利益时的分配关系和全社会和谐程度的标志。公正体现的是在国家、政府约束层面上依赖法律体系从而保障征收的顺利进行。假如一个国家随意收回被征收人的财产,则会造成人们为了维护自身的根本利益而借助欺骗、贿赂和暴力等手段,从而引发社会的冲突。因此,无论是从社会,还是国家政府的角度,公平补偿更加符合我国社会主义特色和本质。

3. 将任意一方的利益绝对化都有失公平原则的体现。征收人和被征人之间的关系是矛盾最突出的利益主体,但是他们之间的利益也不是绝对对立的。公平原则并不是过度强调被征收者的利益,而是确保在利益分配中让各方之间的比例关系变成一个和谐的关系。从广义上讲,单纯过高地补偿被征收人也是不公平的,纳税人是房屋征收补偿的承担者。因此,公平不是绝对的,而是相对的,一定要在衡量各方的利益得失后才能制定合适的补偿标准。

(四)公平的法律基础

公平在我国多部法律法规条文中被作为指导原则加以明确,对于规范我国城市房屋征收具有重要的意义。作为调整社会各方面关系的准则之一,公平原则在我国的基本法、部门法等多部法律中都有论述和路径调整。首先,公平原则属于民法的一项基本原则,其要求是在民事活动中当事人应以社会正义和公平的观念指导自己的行为、平衡各方利益关系。其次,公平原则在《物权法》第一章第三条被明文提出:"国家实行社会主义市场经济,保障一切市场主体的平等法律地位和发展权利。"其意义是在调整不动产征收中保障利益双方的权利。《征收与补偿条例》第二十六条明确提出"补偿决定应当公平"。

(五)不同学者的公平观

1. 罗尔斯的公平观。罗尔斯是美国最著名的哲学家和伦理学家,他从正义是社会制度的首要价值观念出发,认为"某些法律和制度,不管它们如何有效率和有条理,只要它们不正义,就必须被加以改造或废除"。每个人都拥有基于正义的不可侵犯性,即使是以社会整体之名也不能逾越这种不可侵犯性。因此,正义在否认了一部分人分享更大利益的同时，却剥夺了另一部分人的自由的正当性。不承认这样一种观点，那就是多数人享受的较大利益能绰绰有余地弥补少数人的牺牲。罗尔斯把正义当作公平的唯一价值标准，他把这种公平观叫作正义的公平观。他不赞同损人利己的做法，并认为一个人或者一部分人获得利益，不能以损害他人的利益和自由为代价。假如一些人以损害了他人的利益而获得利益，那就是不正义、不公平的。即使社会存在不平等现象，只要当这种不平等的现象能使穷人的生活比富裕的人改善得多，这种不平等就能够被认为是正义的，或者是公平的。

2. 瓦里安、弗利和丹尼尔的公平观。瓦里安和弗利是唯心主义论者，两人把人的喜好或厌恶，羡慕或妒忌作为公平的价值判断标准。瓦里安认为[①]，在分配中，没有人羡慕另外的人，分配就是公平的。他同时又认为，平等而有效率的分配，才是公平的分配。因此，瓦里安是以人的羡慕作为公平的价值标准来认识社会公平的。弗利则是以人的妒忌判断分配的公平程度。一个人从其分配的收入中获得的效用低于他人收入的效用，这个人就会对别人产生妒忌。弗利就认为这种现象是不公平的。丹尼尔发展了他的妒忌的公平观，认为一种分配中假如妒忌某人的人数等于被妒忌的人数，那么此人即被认为是在这种分配状态下在妒忌上是平衡的。假如在某种分配状态下，每个人都在妒忌上是平衡的，那么这种分配就被认为是均衡的。丹尼尔把妒忌上均衡的分配称为正义的分配或者是公平的分配。

3. 帕累托的公平观。对于公平的认识，帕累托是从效率的角度来看的。他认为，某种经济资源的配置如果没有其他可行的配置使得参与该经济活动的个人与他们在初始时的情况同样好，而且至少有一人的情况比初始时更好，此资源配置就是最优的和有效率的分配。从罗尔斯的公平的价值判定准则看帕累托的资源配置，不仅可以认为这种配置是有效率的，同时可以认为是公平的，因为一部分人在资源配置中的利好不应该是建立在另一部分人处境更坏的基础之上的。所以，帕累托的公平观被称作是效率上的公平观。卡尔多从效用的角度发展了帕累托的效率含义，他认为，假如经济发生变化，受益者所获利益的效用高于受损者损失的效用，也就是说，假如受益者补偿了损失者的利益并且有余，这种经济变化就是有效率的。这种发展对效率内涵的扩充是有意义的，可是违背了罗尔斯的公平的

---

① 瓦里安：《平等、妒忌与效率》，美国《经济学》杂志 1974 年第 9 期。

价值判断标准，缺少效率意义上的公平含义。

三　博弈论

博弈论是研究决策主体的行为发生直接作用的决策以及这种决策的均衡问题，博弈论故又称对策论。换句话说，博弈论是研究人们在不同策略的情况下如何开展工作。一般而言，典型的博弈包含参与人、策略、支付函数、结果等要素，其中的参与人即参加博弈活动的有关各方，策略即各参与人采取的措施，支付函数即各参与人的利益计算方式，结果即博弈活动的最终结局。由于具有极强的信息处理性和适应性，博弈论被广泛应用到社会各领域。如分析为什么商业寡头的合作十分不稳定，为什么罪犯团伙作案前信誓旦旦声称绝不泄露信息，被抓后却很快承认作案事实，为什么朝鲜、伊朗等国家动辄以实验核武器威胁其他国家，都包含着博弈论的精髓并使博弈论不断发展。

四　新公共服务理论

新公共服务，是指关于公共行政在以公民为中心的治理系统中扮演的角色的一套理念。新公共服务理论是美国公共行政学家罗伯特夫妇基于对新公共管理理论的反思之上，特别是在对新公共管理精髓的企业家理论缺陷批判的基础上建立的新的公共行政理论，其实质是基于公共利益、民主治理过程的理想和重新恢复公民参与的一场运动。

新公共服务理论主要包括以下内容：

第一，政府的职能在于服务，而不在于掌舵。现今政府的作用主要在于和私营及非营利组织一起，为社区所面临的问题寻找解决方法，角色从控制转为议程安排，而不再是服务的直接提供者，其是调停者、中介人或者是裁判员，为促进公共问题的协商解决提供便利。

第二，公共利益作为行政目标。公共行政官员需要致力于打造集体的、共享的公共利益观念，以创造共享利益和共同责任为奋斗目标。政府的作用更多地表现为把人民聚集在能无拘无束，并且真诚的对话环境中，鼓励公民采用一系列行动，共同商议社会选择的发展方向。此外，政府还需确保由这些程序产生的解决方案能够完全符合公正和公平原则，确保公共利益处于主导地位。

第三，服务对象是公民而不是顾客。政府部门中很难指出谁是顾客，主要是由于政府服务的对象不单是直接的当事人。而且，政府的某些顾客凭借其拥有的更多资源和更高技能可以让自己的需求优先于别人的需求，与政府在提供服务时考虑的公平和公正因素是相悖的。政府应该关注公民的需要和利益，扮演公民角色的人需要关心更大的社区，应该对某些超越短期利益的事务承担义务，愿意为邻里和社区发生的事情承担责任。

第四，对公民权的重视胜过对企业家精神的重视。政府的所有者是公民，行政官员有责任通过担当公共资源的管理者，公共组织的监督者，公民权利与民主对话的促进者，社区参与的催化剂和基层领导者等角色为公民服务，并将其在治理过程中的角色定位在负责任的参与者，并不是将公共资金视为己有的企业家。

五　公共利益理论

公共利益是政府公共政策和公共行政的目标，在行使公共权力时，其客观目的是为了增进社会公共的福祉。从政治学角度讲，"公共利益"最早出现于西方古代社会。从它的演进历史来看，"公共利益"在各个历史阶段、不同的学术派别都有不同的理解。从"个人利益是公共利益的基础，损害了个人利益就损害了公共利益"到近现代时期的"公共利益为个人利益的总和"；再到马克思主义对公共利益的界定，"公共利益不仅仅作为一种普遍的东西存在于观念中，而且首先作为彼此分工的个人之间的相互依存关系存在于现实中"。但是，因为社会力量分布的不均衡，以上无论哪一种观点都会在社会引发一定的问题，有的还会成为一些强势团体的借口。因此，公共利益在政治学中的定义具有不确定性。在当代，公共利益本质是一种个体之间的动态的社会经济关系；不是个人利益的简单总和，也不是单纯的国家政策。公共利益和个人利益是一组对立统一的矛盾体，二者互为前提、互为条件。如果离开了个人利益，公共利益就会失去意义。从法律的角度讲，公共利益是限制公民基本权利的法定事由，也是国家公共权力的合法来源。从经济学的角度讲，公共利益和公共物品有着紧密的联系，公共物品是公共利益的物化表现。

对于土地征收而言，公共利益性是土地征收权合理行使的唯一标准和界限，主要有以下两方面的原因：（1）土地征收权是随着所有权由绝对性向社会性转化而产生。在经济发展的初期，人们的土地利用行为比较简单。此时的所有权具有绝对性和无限制性，所有权概念是建立在个人主义之上的。伴随着经济的发展，土地利用中个人利益和社会利益之间的冲突日益增加，甚至出现个人任意滥用其所有权而损害社会利益的现象。个人利益与个人生活质量是密切相关的；然而，社会利益关注的则是整个社会的稳定和发展，更加重视全体成员的共同利益，当个人利益与社会利益发生矛盾冲突时，社会公共利益一定优先考虑。由于土地征收与土地使用权受法律保护原则的冲突，容易引起土地征收权是否合乎宪法以及是否滥用的争论。因此，土地征收权合理行使的唯一标准和界限是公共利益性。（2）公共利益是限制行政权力在征地过程中扩张和滥用的必要条件。众所周知，行政权力有内在的扩张性。利益诱惑和监督不力会导致行政权力的扩张，行政权力的滥用也会相继出现。具体到征地中也是这样，地方政府出于"以地生财"的考虑，必然会对征地产生强烈的兴趣。因此，为了防范政府在征地过程中权力的不断扩展，必须设立门槛来限制政府的行政行为，而公共利益则是其中最为基本的一条。政府征地必须以"公共利益"为征地的唯一正当依据，并且以此作为国家用来抗辩个人所有权的公认理由。从这个角度讲，公共利益是土地征收权合理行使的唯一标准与界限。

六 政府失灵论与市场失灵论

政府失灵论源于公共选择理论，认为面对社会成员不同偏好与不同利益集团的压力，政府不可能计算出社会福利函数的最优解，政府机构的组成人员与其他社会机构的组成人员同样是由具有个人动机与个人利益的个人组成的，由个人组成的政府自然要把个人利益带到政府和政府决策中，因此，政府失灵就成为必然。政府失灵的原因有：（1）信息不完全。因为缺乏信息，政府不能够按最佳的用途规划资源。（2）政府官员动机。政府官员是为自己利益工作的，但政府政策具有公共物品的性质，使得政府官员没有足够动力来设计符合公共利益的政策。（3）私人部门对政府计划的反应难以预期，从而导致政府行为的后果具有不确定性。政府失灵的后果：政府目光短浅与行为短期化；低效率的政府活动；有势力的利益集团（或个人）利用政府谋私利的行为。由于政府失灵的存在，世界上很多经济学家主张重新创造市场，还市场在资源配置中的主体地位，提出凡是市场能够做的就应该让市场充分发挥其作用，政府不应该干预，否则必然造成效率的损失。

市场失灵论源于西方的福利经济学与西方的公共财政理论。认为市场竞争可以使社会资源达到帕累托状态，然而，市场并不是万能的，同样存在失效，即不能为社会提供私人经济所不愿生产或是不能生产的公共产品；它解决不了自然垄断、外溢性的问题；在产生效率最大化的同时也产生收入分配的不公平；市场竞争易产生生产的无政府状态，从而引起经济的波动和衰退、失业、通货膨胀等问题，这些市场无法起作用的区域必须发挥政府的作用，或是说政府应在以下市场失灵区进行干预：（1）提供公共物品；（2）保持宏观经济的稳定；（3）促使经济外部性内在化；（4）限制垄断；（5）调节收入和财富分配；（6）弥补市场的不完全与信息的不对称。

政府失灵论和市场失灵论都说明，世界上根本不存在纯粹的市场或者纯粹的计划状态，每个国家的经济都必须是"看不见的手"与"看得见的手"共同进行调节，政府与市场是相互补充的关系。在城市房屋征收补偿过程中政府发挥其职能时应充分考虑政府失灵和市场失灵情况，掌握好社会经济发展节奏。

第三节 发达国家和地区房屋征收补偿借鉴

在发达国家和地区，土地以私有制为主导，房屋附属在土地之上，对土地财产的征收补偿相应包含了房屋征收补偿。由于市场经济发展充分，法律法规详细，政府权力受到严格制约，发达国家和地区的土地征收补偿制度比较完善，具有成熟的理论实践基础。

一 美国

美国虽然建国历史短，但借助发达的市场经济和完善的法律体系，成为当今全球公认的市场经济最发达的国家。在土地征收补偿方面，美国也有一套完备的制度体系。

（一）土地征收要经法律批准且程序正当

美国联邦宪法规定，国家严格保护公民的私有财产，非经法律授权及完善的程序，不得剥夺任何公民的生命权、发展权、财产权和自由权。地方各州，都不可以制定未经联邦政府授权和违反保护私人财产法律的地方法律法规。在征收私人土地财产时，只有法律规定领域的项目才可以征收，超出法律规定范围的则不可以征收。而且，要经过十分完备的程序才可以征收，包括：发布征收公告、评估财产损失、被征收人提出意见、听证、司法救济等。

（二）土地征收应基于公益目的

美国联邦宪法规定，只有基于公益目的的项目才可以征收私人土地财产。虽然美国法律没有具体规定哪些项目属于公共利益项目，但借助丰富的司法案例，以及司法机关的客观公正，法官可以比较准确地判定具体项目是否是公益项目。若非公益项目，不得征收私人土地财产。

（三）土地征收必须充分补偿

美国联邦宪法规定，经过法律的批准，可以征收私人财产权为公共利益服务。但必须给予被征收人充分的补偿。不仅要补偿被征收人的直接生产生活损失，还要补偿因财产被征收而带来的相关间接损失。充分的补偿，有效弥补了被征收人的损失，使其不因财产被征收人而遭受意外损失。

（四）土地征收争议解决方式

若对征收人给出的补偿标准不满，被征收人可以向征收评估鉴定委员会申请鉴定，若还不满意，则可以向法院提起诉讼，请求司法解决。法院严格按照法律精神和严密程序判定土地征收补偿争议，有效保护了被征收人的私人财产权益。

二 英国

英国历史悠久，是法律思想的重要发源地，也是发展最早的市场经济国家之一。英国的土地征收被称作"强制交易"，补偿制度也比较合理。

（一）土地征收的行使——公共利益

英国法律规定，只有为了公共利益的需要，才可以征收私人的财产权。非公共利益不得行使征收权，完全由交易双方自由商谈。法律法规的严密和有效的司法监督，避免了公共利益的滥用。

（二）土地征收补偿原则和标准

土地征收补偿完全按照交易双方在市场上的普通交易原则进行，一般以市场交易价格进行补偿。补偿标准包括土地价值损失、房屋价值损失、附属物价值损失、产权析割的损失、生产生活附加损失、他项权利损失（即给予被征收土地他项权利人的损失补偿）及其他相关损失补偿。充分的补偿，有效减少了被征收人的财产损失。

（三）土地征收补偿估价时点的确定

土地征收补偿估价时点的确定，直接与被征收人财产损失评估大小相关。一般会把征收通告日作为估价时点。若诉诸法庭，则以作出判决的前一日作为估价时点。当然,由于英国的房地产市场发展充分,正常情况下估价时点的变化对被征收财产的影响相对较小,若遇到房地产市场变化剧烈时期,则估价时点的变化对被征收财产的影响就会很大。

三 日本

日本是亚洲发展最早的工业国家,也是全球重要的市场经济大国。在日本,土地征收也叫土地征用,由于多山地,可供建设的土地十分有限,相应的土地征收补偿制度也比较严格。

(一)公益建设可以进行土地征收但需要进行补偿

日本《土地征用法》规定,关系到多数人的公益建设项目可以征收私人土地,但需要以被征收土地或周边土地的市场价格进行补偿,并详细列出了可以征收的三十五种情形。《日本国宪法》规定,为公共利益需要而征收私人土地时,对其造成的损失要进行充分的补偿。

(二)土地征收补偿范围广泛

日本的土地征收补偿比较充分,包括直接财产损失补偿(因土地被征收而直接造成的财产损失,如土地价值损失、附着物价值损失)、间接财产损失补偿(因土地被征收而间接造成的财产损失,如生产生活费用的增加、共同精神价值损失、就业价值损失、项目建设对生产生活的不良影响补偿)。总体来说,补偿标准较高。

四 新加坡

新加坡是东南亚的岛国,面积虽小,但凭借其独特的区位优势,发展迅速,成为亚洲乃至全球的航运中心和金融中心之一,严格的土地征收补偿制度是其发展的重要保障。

(一)土地征收程序完善

新加坡的《土地征用法》规定,只有为了公共利益的需要,方可征收私人所有的土地和房屋,虽然没有规定哪些项目属于公共利益,但完善的征收程序防范了政府征收权的滥用。这套程序包括:项目经济社会评估、提交征收申请、批准、公告。

(二)土地征收补偿客观充分

土地征收补偿标准的决定虽由政府决定,但具体补偿数额则以独立专业资产评估师测算的为准,并以征收补偿日的市场价值为基础。补偿范围包括被征收土地和附属物的损失、土地被分割造成的损失、对生产生活造成的不便的补偿、评估土地财产价值所需花费的有关费用。

五　中国香港

按照《中华人民共和国香港特别行政区基本法》的规定，香港的全部土地属于中华人民共和国所有，由香港特别行政区政府代为管理，所得收入全部归香港特别行政区政府支配。而且，土地使用人只拥有土地的使用权，所有权仍归国家（实际上是香港特别行政区政府）。由此，香港的土地征收制度也被称作"土地回收制度"。

（一）征收土地应以公益建设为目的

香港特别行政区《土地收回条例》规定，唯有在法律和规划规定的范围内，基于公共利益的发展项目才可以收回私人和单位的土地使用权。在此之外的项目不得强制收回私人和单位的土地使用权。

（二）征收土地补偿合理

为了公益建设的需要，香港在收回私人和单位的土地使用权时，需要对原土地使用权进行合理的补偿。不仅需要补偿土地和附属物的市场价值，还需要补偿因土地被收回而带来的生产、就业、教育、医疗等损失。若上述补偿还不足以保障被征收人正常的生产生活水平，政府可以追加一笔抚恤金。

六　中国台湾

中国台湾关于土地征收的制度比较全面，在征收的目的、程序、补偿等方面都有详细的规定。

（一）征收土地的公益性

台湾地区"土地法"载明，为了公共利益的建设需要，可以征收私人和单位的土地，但应严格限定在此公共利益的建设范围内。公共利益建设主要包括国防、交通、能源、政府办公、教育、医疗、慈善等建设。另外，台湾当局规定，为了经济政策调整的需要（可以看作全社会的公共需要），也可以征收私人和单位的土地，但严格限定在法定范围内。

（二）征收土地的补偿性

台湾当局对土地征收的补偿较多。主要有：土地价值的补偿、附属物价值的补偿、附属物迁移费的补偿、对邻近土地造成价值减损的补偿。这些项目的补偿都按照征收补偿时的市场价格进行。

七　借鉴与启示

当前，多数发达国家和地区都制定了较完善的土地征收补偿制度，在征收目的、征收范围、补偿标准、价格评估、争议解决途径等方面都具有详细可行的规定,给我国房屋征收补偿制度的完善提供了有益的帮助。

(一) 房屋征收的公益目的

结合前述发达国家和地区的征收补偿制度可以看出,只有为了公共利益需要,才能征收私人房屋。关键是什么是公共利益以及如何界定公共利益。上述国家和地区的经验是,可以用列举的方式列出公益项目,但由于无法穷尽,需要严格的监督制度做保障。另一种方式是规定公共利益的要求,具体项目用法律法规和司法案例来判定,需要严密的法律体系和客观的司法制度。

(二) 房屋征收的范围

房屋征收应严格基于公共利益,在确定了公共利益建设项目后,需要划定其详细的建设红线。超出红线的部分则不属于公共利益范围,不再属于征收范围而变成商业搬迁范围,要由投资人与搬迁人协商确定是否搬迁与搬迁的补偿标准。

(三) 房屋征收的标准

由于房屋被征收,被征收人已经为了公益建设做出了牺牲。此时,需要按照法律规定和人道主义精神,给予被征收人充分的征收补偿,以弥补其损失。不仅需要补偿其直接损失,如房屋价值、附属物价值,还要补偿其间接损失,如生产生活损失、精神损失等。

(四) 房屋征收价格评估

在房屋征收价值评估时,应由被征收人从全国符合征收评估资质的评估机构中随机挑选,以打破地域限制,规避行政机关对评估机构的不当干扰。评估机构应严格遵守评估的职业道德,选取合理方法,测算被征收房屋和附属物的市场价值。

(五) 房屋征收争议解决途径

应设置多种争议解决途径,满足被征收人多样化的诉求。尤其是要发展非政府性的第三方鉴定机构,来客观评定纠纷的性质,为被征收人提供公益司法救济,切实保障被征收人的合法权益。

第三章 房屋征收与补偿的法理基础

我国房屋征收具有行政行为性质，补偿具有民事行为性质。在补偿过程中被征收房屋具有被征收人作为生活基本依靠的意义时，对其损失的补偿就不仅限于对其财产的市场价格予以评估，还应考虑其附带性损失的补偿，甚至有必要给予被征收人为恢复原来的生活状态所必需的充分的生活补偿。

第一节 房屋征收补偿的法理背景

一 房屋征收法律进程

法律制度的建立有一个渐进和完善的过程。新中国成立后，我国实行苏联模式的计划经济体制，一切资源和生产资料由中央政府统一管理和调配。土地全民所有、集体所有、个体劳动者所有和城市私人所有等多种所有制形式存续。国务院于1958年1月6日公布了《国家征用土地办法》，规定："遇有因征用土地必须拆除房屋的情况，应当在保证原来住户有房屋居住的原则下，给房屋所有人相当的房屋，或者按照公平的原则发给补偿费。"1982年5月14日进行了修改，国家因建设需要土地采取征用土地的办法，土地上的房屋仅仅作为土地的附属物进行"适当补偿"，并进行拆除等处理。

1982年12月4日，第五届全国人大五次会议通过了《中华人民共和国宪法》（以下简称《宪法》）。《宪法》第十条规定，城市的土地属于国家所有；农村和城市郊区的土地，除由法律规定属于国家所有的以外，属于集体所有；宅基地和自留地、自留山，也属于集体所有。由此可见，土地的存续仅剩两种：一种是国有土地，另一种是集体土地。城市中的土地，不论是以全民所有制或集体所有制存在，还是个体劳动者或城市私人房地产所有者所有，一律无偿划归国家所有。房地产所有权分成了两部分，即土地所有权和房屋所有权。理论界又把所有权分解为占有权、使用权、收益权和处置权。从此，房地产的所有权变得复杂起来。

改革开放以来，经济发展非常迅猛，各种国家建设纷纷上马，急需征用大量土地。因为城市土地归国家所有，房屋却归私人、集体或国家所有，国家征用土地演变成了城市房屋拆迁。各省、市根据各自经济发展的具体情况相继出台了一系列地方性城市房屋拆迁的法规政策，由地方政府制定城市房屋拆迁管理条例和实施细则。全国人大常委会1986年颁布的《中华人民共和国土地管理法》（以下简称《土地管理法》），修订了有关房屋拆迁的规定，专设第四章"国家建设用地"。

1991年3月22日国务院令第78号《拆迁条例》正式诞生，其对城市房屋拆迁的管理体制、制度建设、审批权限和程序、补偿安置、法律责任等都做出了规定，并把适用范围确定在"城市规划区内国有土地上，因城市建设需要拆迁房屋及其附属物"。对地方政府制定城市房屋拆迁条例实施细则和具体拆迁实施工作起到了指导和约束作用。其基本观点是对房屋所有权人进行重置价格结算，对房屋使用人按照被拆除房屋的建筑面积进行安置，或者按照被拆除房屋的使用面积或居住面积进行安置。条例没有规定对土地使用权进行补偿，只在一定程度上维护了被拆迁人的合法权益，形成了城市房屋拆迁的基本法律框架。

国务院于2001年6月6日通过了对《拆迁条例》的修改，并以国务院令第305号的形式予以公布，标志着我国以《宪法》为基础、以《土地管理法》和《拆迁条例》为中心的城市房屋拆迁法律体系基本确立。但是新法修改后城市房屋拆迁所引发的冲突依然不断产生。这次对1991年旧条例基础上的修改，虽然对土地使用权仍然只字未提，但是在保护房屋所有权人的利益方面做了明确规定：拆迁人由原来的"是指取得房屋拆迁许可证建设单位或个人"改为"是指取得房屋拆迁许可证的单位"，而被拆迁人由原来的"是指被拆除房屋及其附属物的所有人和被拆除房屋的使用人"改为"是指被拆迁房屋的所有人"；并明确规定"对被拆迁人给予补偿"。[1] 拆迁补偿的方式可以实行货币补偿，也可以实行房屋产权调换，拆迁补偿方式由被拆迁人选择。根据被拆迁房屋的区位、用途、

---

[1] 本条例所称被拆迁人，是指被拆迁房屋的所有人。

建筑面积等因素，以房地产市场评估价确定货币补偿的标准。

2004年3月全国十届人大二次会议通过的《中华人民共和国宪法修正案》规定"公民的合法的私有财产不受侵犯"，"国家为了公共利益的需要，可以依照法律规定对公民的私有财产实行征收或者征用并给予补偿。"该法确立了财产征收须以公共利益为前提条件。这些规定，使被拆迁人在房屋拆迁法律中享有拆迁补偿的权利上升为宪法权利，《宪法》以国家根本大法的形式从根本上对私有权利提供了保障，也为今后的立法提供了指引，确定了将来立法工作的方向。①

2004年8月，《土地管理法》根据《宪法》进行了相应的修改，其第二条规定，"国家为了公共利益的需要，可以依法对土地实行征收或者征用并给予补偿。"该法中增加了"征收"，同时将其他的相关法律条款中的"征用"改为"征收"，使得财产征收的概念更加准确和科学。② 2007年3月16日，《中华人民共和国物权法》（以下简称《物权法》）出台，它充分遵循了2004年《宪法修正案》的立法精神，是对《宪法》相关法条的具体化，符合《宪法》对于征收征用的规定。作为保护物权这一财产利益的基本法律，该法的出台在我国立法史上具有里程碑式的重要意义，第四十二条"为了公共利益的需要，依照法律规定的权限和程序，可以征收集体所有的土地和单位、个人的房屋及其他不动产。"强调只有为了公共利益的需要，并且只能依照法定权限和程序，才可以征收房屋等不动产。《物权法》进一步区分了征收与征用，对它们在实施中的条件和程序进行了分别规定。房屋征收的过程由此变为由公共利益的界定到房屋征收决定，再到征收补偿的过程。房屋征收的前提变为公共利益的界定。

2011年1月21日国务院正式颁布实施《征收与补偿条例》，原《拆迁条例》同时废止。它的颁布实施开始了城市房屋征收法律制度的新阶段。这部法规充分吸收了国外先进的立法经验，在结合我国基本国情的情况下，对房屋征收法律制度进行了规定，许多方面都具有开创性的进步意义。《征收与补偿条例》规定了公共利益的界定，规定了听证程序，并对征收补偿做了细化等。

---

① 《宪法》第四次修正案增加了"公民的合法私有财产不受侵犯"、"国家为了公共利益的需要，可以依照法律规定对公民的私有财产实行征收或者征用并给予补偿。"
② 为了公共利益用地需要的国有土地上房屋征收与补偿活动。

二 新颁《征收与补偿条例》主要内容

(一) 征收与补偿的主客体

《征收与补偿条例》规定,市、县级人民政府负责本行政区域的房屋征收与补偿工作;市、县级人民政府确定的房屋征收部门(以下简称房屋征收部门)组织实施本行政区域的房屋征收与补偿工作;房屋征收部门可以委托房屋征收实施单位,承担房屋征收与补偿的具体工作;房屋征收实施单位不得以营利为目的。①

政府是唯一的征收与补偿主体,禁止建设单位参与搬迁活动,明确将房屋征收定为政府行为,避免了过去因建设单位作为拆迁主体而引发的各种社会矛盾。

《征收与补偿条例》第十三条明确了国有土地上房屋征收的客体,规定房屋被依法征收的,国有土地使用权同时收回。国家通过征收不仅取得房屋所有权,同时也取得了该房屋下面的建设用地使用权。

(二) 征收的目的

《征收与补偿条例》以列举的方式界定了公共利益的范围,即国防和外交的需要;由政府组织实施的能源、交通、水利等基础设施建设的需要;由政府组织实施的科技、教育、文化、卫生、体育、环境和资源保护、防灾减灾、文物保护、社会福利、市政公用等公共事业的需要;由政府组织实施的保障性安居工程建设的需要;由政府依照城乡规划法有关规定组织实施的对危房集中、基础设施落后等地段进行旧城区改建的需要;法律、行政法规规定的其他公共利益的需要。②

《征收与补偿条例》与物权法一致,明确了征收的目的是公共利益的需要,非"公共利益"不得征收,强调了征收的前提条件;明确排除了商业拆迁,解决了商业拆迁与政府征收不分的混乱局面;为判断有关建设活动是否符合社会公共利益提供了参考依据。

(三) 征收的程序

《征收与补偿条例》完善了征收的程序,要求尊重被征收人的意愿,

---

① 《征收与补偿条例》第四条规定,市、县级人民政府负责本行政区域的房屋征收与补偿工作;市、县级人民政府确定的房屋征收部门(以下称房屋征收部门)组织实施本行政区域的房屋征收与补偿工作。

② 2011年1月19日国务院第141次常务会议通过的《国有土地上房屋征收补偿条例》第八条"征收决定"。

强化被征收人的参与，在取消"行政强拆"的情况下保留了"司法强拆"，是条例施行的制度性保障。

征收决定阶段：房屋征收部门拟定征收补偿方案，报市、县级人民政府；对征收补偿方案进行论证并予以公布，征求公众意见；涉及被征收人数量较多的，应当经政府常务会议讨论决定；市、县级人民政府作出房屋征收决定前，应当按照有关规定进行社会稳定风险评估；作出房屋征收决定前，征收补偿费用应当足额到位、专户存储、专款专用；市、县级人民政府作出房屋征收决定后应当及时公告；被征收人对市、县级人民政府作出的房屋征收决定不服的，可以依法申请行政复议，也可以依法提起行政诉讼。

征收执行阶段：被征收人在法定期限内不申请行政复议或者不提起行政诉讼，在补偿决定规定的期限内又不搬迁的，由做出房屋征收决定的市、县级人民政府依法申请人民法院强制执行，做到先补偿、后搬迁。

（四）补偿的范围、标准和方式

《征收与补偿条例》明确规定了补偿的范围、标准和方式，为征收补偿的公平性创造了条件，解决了补偿价格明显不公的问题，也充分尊重了被征收人的选择权。

补偿范围方面，《征收与补偿条例》规定对被征收人给予的补偿包括被征收房屋价值的补偿，因征收房屋造成的搬迁、临时安置的补偿以及因征收房屋造成的停产停业损失的补偿。

补偿标准方面，对被征收房屋价值的补偿不得低于房屋征收决定公告之日被征收房屋类似房地产的市场价格。因征收房屋造成搬迁的，房屋征收部门应当向被征收人支付搬迁费；选择房屋产权调换的，产权调换房屋交付前，房屋征收部门应当向被征收人支付临时安置费或者提供周转用房。根据房屋被征收前的效益、停产停业期限等因素确定因征收房屋造成停产停业损失的补偿。

补偿方式方面，被征收人可以选择货币补偿，也可以选择房屋产权调换。

三 房屋征收补偿的法律优化

（一）明确了征收的法律性质

《宪法》第十三条规定："公民的合法的私有财产不受侵犯。国家依照法律规定保护公民的私有财产权和继承权。国家为了公共利益的需要，可以依照法律规定对公民的私有财产实行征收或者征用并给予补偿。"《物权法》第四十二条第一款规定,"为了公共利益的需要,依照法律规定的权限和程序可以征收集体所有的土地和单位、个人的房屋及其他不动产。"该条第三款还规定,"征收单位、个人的房屋及其他不动产,应当依法给予拆迁补偿,维护被征收人的合法权益;征收个人住宅的,应当保障被征收人的居住条件"。要动用公权力收回公民合法所有的房屋,只能采用征收的方式。

过去《拆迁条例》没有对拆迁明确定位,将拆迁领域中的行政行为和民事行为混为一谈,导致许多问题的产生。例如地方政府以公权力为后盾,在被拆迁人对补偿不满抗拒拆迁的情况下,实行强制拆迁。拆迁实践中,涉及拆迁人、被拆迁人和政府三个主体。从拆迁活动的启动到拆迁补偿协议的裁判以及最后房屋拆迁的强制执行,政府都处于绝对主动的地位,被拆迁人处于弱势地位。在拆迁实践中,由拆迁人与被拆迁人协商拆迁补偿的问题,这体现出政府对本该由自己承担的补偿责任的推卸。拆迁改为征收之后,明确了征收的性质属于行政征收行为,征收补偿关系应为行政法律关系。如此,征收的主体应为国家,由地方政府代表国家征收公民房屋并对被征收人给予补偿,这样就厘清了政府、征收人、被征收人三者之间的关系,使学界长期以来对拆迁和征收属于民事还是行政行为的争论有了定论。

(二)征收的目的必须是为了公共利益,做出征收决定前要进行维稳评估

不区分"公益性"和"非公益性",会导致许多地方以"公共利益"名义开展征收活动,实际是地方官员为了拉动 GDP 增长搞政绩工程,在城市建设中大拆大建。被征收人面对政府的征收决定几乎没有"讨价还价"的余地,只能被动接受,从而导致被征收人的合法权益被非公益性行为所侵害。明确征收的目的必须是公共利益,体现了社会法制化的进步,有利于保护被征收人的合法权益。

《征收与补偿条例》规定,政府做出房屋征收决定前,应当按照有关规定进行社会稳定风险评估,如果房屋征收决定涉及被征收人数量较多的,应当经政府常务会议讨论决定。将社会稳定风险评估引入征收程序,不仅保证了决策的民主性和科学性,更重要的是充分考虑到公民的合法权益。[①]

[①] 《国有土地上房屋征收与补偿条例》颁布施行:应当按照有关规定进行社会稳定风险评估;房屋征收决定涉及被征收人数量较多的,应当经政府常务会议讨论决定。

(三) 明确了公正补偿和先补偿后搬迁原则

被征收人为了公共利益的需要，失去自己合法财产，国家应当给予补偿，而且应该公平合理。依据《宪法》和《物权法》的规定，政府为了公共利益的需要可以征收公民房屋，但征收合法有效的一个前提是依法给予公正补偿。在以往的拆迁活动中，拆迁人往往极力压低拆迁补偿价格，以减少拆迁成本，由此引发的拆迁惨剧不在少数。此后的房屋征收立法中，明确房屋征收应以公平补偿为原则，征收人在制定补偿方案前应当听取被征收人意见，保障被征收人的居住条件不因征收而降低。

先补偿后搬迁的原则保证了被征收人的生活不会因征收而受到太大的影响，只有对被征收人给予公平补偿后，才能实施搬迁。而且不等于补偿后就可以野蛮搬迁，作为征收补偿的唯一主体，政府要依法行政、文明执法，即使是补偿完成之后，也禁止野蛮搬迁。

(四) 取消暴力拆迁，实行司法最终原则

过去建设单位是拆迁人，这是由当时的历史条件决定的。从近几年的实践看，由于拆迁进度与建设单位的经济利益直接相关，易造成拆迁人与被拆迁人矛盾的产生与激化。《征收与补偿条例》改变了以前由建设单位执行拆迁的做法，规定政府是征收补偿的主体，由房屋征收部门组织实施房屋征收与补偿工作。房屋征收部门可以委托房屋征收实施单位承担房屋征收与补偿的具体工作，但房屋征收实施单位不得以营利为目的。房屋征收部门负责对房屋征收补偿实施单位的行为进行监督，并对其行为后果承担法律责任。禁止建设单位参与搬迁活动，任何单位和个人都不得采取暴力、威胁或者中断供水、供热、供气、供电和道路通行等非法方式迫使被征收人搬迁。

征收补偿决定生效后，被征收人拒不搬迁的，作为征收与补偿主体的政府无权直接采取措施实现征收决定的内容，只能申请人民法院强制执行。这也是司法最终原则在征收补偿过程中的体现。

(五) 正当程序原则体现了公众参与权

征收中的正当程序原则避免了过去实践中的违法性问题。《行政许可法》第三十六条规定："行政机关对行政许可申请进行审查时，发现行政许可事项直接关系他人重大利益的，应当告知该利害关系人。申请人、利害关系人有权进行陈述和申辩。行政机关应当听取申请人、利害关系人的意见。"第四十七条规定："行政许可直接涉及申请人与他人之间重大利

益关系的，行政机关在作出行政许可决定前，应当告知申请人、利害关系人享有要求听证的权利；申请人、利害关系人在被告知听证权利之日起五日内提出听证申请的，行政机关应当在二十日内组织听证。"《行政许可法》第三十六条、第四十七条中的用词为"应当"而不是"可以"，就说明立法设计中把行政机关作出行政许可前的告知义务作为必要的程序，必须履行，也把公众参与决策的程序性标准作为公众的权利，必须有机会享有。

征收补偿程序应从规划阶段就广泛征求社会公众的意见，科学论证，从源头上保证公民的参与权，强调科学规划、民主规划。在拟定征收补偿方案中，政府不仅要组织有关部门论证，而且也要征求公众意见。除了听取被征收人的意见，还要听取被征收人以外公众的意见，以求增加公众的参与程度。如果多数被征收人或者公众代表认为征收补偿方案不符合条例的规定，听证结果可以影响征收补偿方案。

四 存在的主要问题

（一）下位法违反上位法

我国对于国有土地上房屋征收法律制度的立法主要见于《宪法修正案》、《物权法》、《土地管理法》中，其中《宪法》是国家的根本大法，其对房屋征收制度是概括性和纲领性规定的，对其他法律起到了指引作用。《物权法》是调整以物权为主的财产关系的基本法，不动产制度是物权中的重要组成部分，它从私权保护的角度，以促进经济发展，维护公民基本财产权利的角度，调整和规范不动产征收制度。随着我国对私有财产权的保护意识的不断增强，《宪法修正案》和《物权法》中规定，只有为了公共利益目的，政府才可以实行房屋征收，体现了对私有财产权的尊重和保护。另外《中华人民共和国立法法》（以下简称《立法法》）规定，对非国有财产的征收只能制定法律。这表明，对非国有财产征收的依据只能是全国人大及其常委会制定的法律。《物权法》规定只有为了公共利益的需要，依照法律规定的权限和程序可以征收集体所有的土地和单位、个人的房屋及其他不动产。法律应由全国人大及其常委会制定，而《征收与补偿条例》是国务院制定和颁布的行政法规。国务院制定《征收与补偿条例》和《立法法》、《物权法》的规定相违背，这一行为逾越了《立法法》授权立法的范畴和限度。

房屋征收补偿违反《宪法》保障公民的平等权、财产权和生存权。

首先,《宪法》规定,法律面前人人平等。从外部性理论来看,补偿损失的目的在于实现平等,而土地征收的外部性收益者是全体公民,被征收人既然因土地征收而蒙受特别牺牲,而社会全体成员又因征收的外部性而收益,那么以社会全体来负担完全补偿被征用人的损失,才符合平等原则的情况。但在房屋征收中,其他社会大众并未因拆迁带来的外部经济而付出相应代价,被征收人因政府的补偿偏低而受到损失,同样是国家公民,在同一事件中未获得平等的待遇,违反了《宪法》规定的平等权。

其次,《宪法》第十三条规定:公民的合法的私有财产不受侵犯。房屋征收补偿违反《宪法》规定的财产权。在房屋征收中,被征收人的房屋财产权因房屋征收而受到损害时,保障财产权则应对被征收房屋给予完全补偿,保障被征收人的财产不因房屋征收而缩水,生活水平不因房屋征收而降低,房屋补偿与实际损失应该对等。但实际情况是被征收人在征收事件中财产权被侵害,被征收人的财产权利主张没有途径表达,财产权难以保障,最后容易以极端形式诉求。

最后,房屋征收补偿违反《宪法》规定保障人民的生存权。土地是人们生活的依靠,是衣食住行的基本物质保障。一旦被征用,势必威胁被征用人的生存,唯有给予完全补偿,才能有效保障人民的生存权或生活权。补偿应包括一切附带损失,即补偿不仅限于征用的客体,而且还应包括与该客体有直接或间接关联以及因此而延伸的一切经济上和非经济上的利益。目前的补偿只针对的是实物补偿,对于房屋的历史价值、文化价值、传承价值和社交价值没有充分考虑,以至于一部分被征收人因征致贫,生存权受到挤压。

(二) 房屋征收补偿违反《中华人民共和国合同法》

房屋征收在补偿环节是民事行为,并且在土地收储之后,土地出让用途中大都包含了住宅、商业等经营性用地指标,城市房屋征收不仅仅是为了公共利益,其行政权力也受到约束,因此被征收人与征收人从法律角度来说,都是平等独立的,他们在征收补偿过程中,需要双方共同签订房屋征收补偿安置协议书,其实质就是合同的一种。《中华人民共和国合同法》第三条:合同当事人的法律地位平等,一方不得将自己的意志强加给另一方。第四条:当事人依法享有自愿订立合同的权利,任何单位和个人不得非法干预。第五条:当事人应当遵循公平原则确定各方的权利和义务。第五十四条:下列合同,当事人一方有权请求人民法院或者仲裁机构变更或者撤销：(一) 因重大误解订立的；(二) 在订立合同时显失公平的。一方以欺诈、胁迫的手段或者乘人之危，使对方在违背真实意思的情况下订立的合同，受损害方有权请求人民法院或者仲裁机构变更或者撤销。当事人请求变更的，人民法院或者仲裁机构不得撤销。

征收过程中，被征收人与征收人在权利和义务的确定过程中有失公平。根据经济学观点，政府对被征收人的补偿成本必须等于被征收人的利益损失，并且评估公司因为潜在压力难以用公平公正的态度对房地产价值进行评价。尽管评估公司由被征收人进行抽签选择评估公司进行征收评估，看上去能体现被征收人的利益，实际上带有政府的主观意志。并且目前的征收评估体系不够科学，对于房屋中人的因素考虑不足，土地征收所带来的巨大的利益收益被征收人没有享受到，被征收人与征收人在权利和义务的确定过程中有失公平。

(三) 对被征收人救济的规定不够全面

1. 征收补偿局限在形式公平上。《物权法》提出要保障居住条件，把对被征收人的权益保护从形式层面提升到实质层面。但依据《征收与补偿条例》规定，在征收补偿时只补偿直接损失，对被征收房屋占有范围内的土地使用权以及因搬迁产生的税费等被动消费的损失补偿、因搬迁而造成生活、工作和学习成本增加，以及工作机会丧失的损失补偿等预期收益和无形利益却不予补偿。补偿的方式除了现有的货币补偿和房屋产权置换外，基本没有保障方面的资助。

《征收与补偿条例》第十三条，房屋被依法征收的，国有土地使用权同时收回。《土地管理法》第五十八条第二款规定，对因公共利益需要使用土地和为实施城市规划进行旧城改建而收回国有土地使用权的，对土地使用权人应当给予适当补偿。这条规定可以理解为政府为收回国有土地使用权，应对原土地使用权人因土地使用权收回而做出行政补偿。

对于划拨土地使用权，依据"特别牺牲说"也应当补偿。因为不管其取得是有偿还是无偿，被征收人毕竟是为了公共利益做出了牺牲，而这种牺牲并非所有公众一起承担，因此是一种特别牺牲。

2. 司法救济途径不畅。当前解决房屋征收纠纷的司法救济方式只有行政复议与行政诉讼两种。但是，行政诉讼不适用调解原则，司法变更权有限原则的性质使得法院不可能及时、彻底地解决房屋征收补偿的纠纷。对于行政机关在法律、法规范围内做出的具体行政行为是否适当，原则上由行政复议机关处理，人民法院不能代替行政机关做出决定。行政复议和行政诉讼只对行政行为的合法性进行判定，不针对其合理性。

从"行政强拆"到"司法强拆"的进步，必须是建立在相对完善的制度基础上的。如果不能保证司法的独立性，排除政府对司法的不当影响，兼顾法理和情理，则不但不能保障被征收人的权利，甚至还会造成不良的社会影响。这也是《征收与补偿条例》实施后，强拆过程中被征收人自伤、自焚、自杀的悲剧仍然出现的原因之一。如2011年4月22日上午8时许，株洲市云龙示范区学林办事处横石村，58岁的农民汪家正为阻止强拆，在自家房顶点燃身体，后因医治无效死亡。

（四）被征收人权利保障存在困境

1. 被征收人生存权的保障不足。对公民基本生存条件的保障是国家对公民承担的最低限度的保障义务，作为征收与补偿唯一主体的政府应该依法保障公民的生存权。国有土地上房屋征收直接导致被征收人失去现有的房屋，原有的生活被打乱。因此有征收就应该有公平合理的补偿，补偿应能够弥补被征收人因房屋征收而遭受的全部损失。然而实践中，对被征收人的补偿额往往不能弥补被征收人所受的损失。被征收人，尤其是部分弱势群体在原居住地段无法买到住房，同时他们原来在市中心的简单就业方式也因此被打乱，很可能丧失生活来源，进一步加深其弱势地位。

2. 被征收人生活成本的增加保障不足。被征收人在城市发展建设中实际上是做出了让步的一个群体，不仅失去了房屋，而且还要承担各种无形的损失，生活来源中断、交通、就医、入学等不便事实上增加了这一群体的生活成本，还包括感情上的一种损失。同时他们也丧失了原本具有优势的区位因素，以及依据这一优势所获得的简单就业机会。

（五）政府价值观存在异化

政府以公共利益为由实施的房屋征收，除了可以明确界定为公共利益外，有些是模糊的。比如土地储备所获取的土地并非当年就使用，日后做什么项目也是未知数，可能是公益的，也可能是以经营为目的的开发，关键是政府为了业绩又没有足够的实力，不得已借助市场的力量，容易演变为有商业利益夹杂其中的公共利益。也就是说，某个公园、道路、市政设施由开发商出资，然后在其附近获得一块土地或是在这些项目内部获得特定利益。另外，政府启动公共利益项目，有自身的价值观，即是项目投资核算的成本最优化，由于征收成本较高，其结果是把降低成本的目标放在如何压低被征收人的补偿款上，其斤斤计较的结果是做出第一步重大让步同意被征收的被征收人，在获得补偿的问题上怀疑政府的诚意和信誉，大多数被征收人从来没有因为征收获得过足够的满足，反而在和政府讨价还价中充满了无奈和遗憾而离开家园。

（六）评估价值被低估

评估机构的中立性不强。评估机构的评估结果是确定被征收房屋价值补偿的依据，特别是过去的房屋拆迁中，补偿内容的绝大部分都是依据评估机构的评估结果。因此评估机构的中立性是保障房屋征收补偿公平公正的首要条件。《城市房屋拆迁估价指导意见》规定，"拆迁估价机构的确定应当公开、透明，采取被拆迁人投票或拆迁当事人抽签等方式"。实践中由于被征收人难以组织起来，被征收人参与程度低，甚至无法参与有些方式，因此征收部门掌握决定权。再加上征收评估费用也由房屋征收部门支付，实际操作中很容易造成房屋征收部门干预评估的情况发生，损害被征收人的利益。社会中介机构进行企业化运作的同时，肩负着社会责任，其专业化功能最大限度地发挥在于其专业化和中立化。2011年6月3日，住房和城乡建设部颁布的《国有土地上房屋征收评估办法》第三条规定，"房地产价格评估机构、房地产估价师、房地产价格评估专家委员会成员应当独立、客观、公正地开展房屋征收评估、鉴定工作，并对出具的评估、鉴定意见负责。任何单位和个人不得干预房屋征收评估、鉴定活动。与房屋征收当事人有利害关系的，应当回避"。在现实中，根据《房地产估价机构管理办法》规定，房地产管理部门对评估机构具有监督检查职责。房屋征收是地方政府的中心工作，带有地方政府利益倾向的房地产行政管理部门可能或多或少会对评估机构"施加影响"。

《征收与补偿条例》规定，由具有相应资质的房地产价格评估机构按照房屋征收评估办法，评估确定被征收房屋的价值。可见，征收部门支付给被征收人的补偿费用中，法律规定必须通过评估确定的只是被征收房屋价值的补偿，是总补偿费用中的一部分内容，并不是补偿的全部。评估机构的评估目的是为房屋征收当事人确定被征收房屋的价值提供依据，而不是代替房屋征收部门计算补偿费，这就还原了评估的本质，区分了评估值与补偿费。

（七）征收主体的不平等

征收人实际是指各级人民代表大会，政府是被委托人，属于中间人

（尽管实际代表了国家行使土地权），实际操作上政府存在双重身份，难以剥离。房屋征收补偿法律关系主体的确定是明确补偿权利义务归属的前提。房屋征收补偿法律关系的双方是行政主体和行政相对人。由于我国城市房屋征收具有强制性，处处体现出公权力的影子。是否征收由政府决定，作为房屋所有权人的被征收人参与较少。在征收期限、征收费用多少方面，被征收人与政府并没有实际平等对话的机制。被征收人与征收人之间形成了一种不平等的强制与服从关系。① 无论是面对政府还是开发商，被征收人都处于弱者地位，法律对弱者予以特别的倾斜保护，也是社会公平公正的体现。例如在协议的签订中，违背了合同法的第三条"合同当事人的法律地位平等，一方不得将自己的意志强加给另一方"规定。房屋征收行为其实质是被征收人与政府间的关联交易行为，在交易中政府由于拥有土地的所有权，同时又是征收补偿标准的制定者，在交易中占主导地位。被征收人作为被管理者，都是独立的个体，难以形成同盟，属于弱势群体。因此造成了被征收人与征收人之间的地位不平等。

第二节 房屋征收补偿的法理性质

一 征收补偿的性质

征收就是国家为了公共利益的需要，将公民个人所有的财产收归国有，公民丧失了对该财产的所有权。征收的实质是国家行使权力，对非国有财产实行强制征收。

征收权，原意是"最高统治者在不需要所有者或使用者同意的情况下，将财产用于公共目的的权力"。征收权的核心在于不需要财产所有人的同意而强制取得其财产，属于国家权力即公权力。它符合公权力的要件及特征，征收权主体与被征收人之间处于不平等的地位，不是平等自愿的市场交易主体；征收权以法律、命令、服从为特征；征收权基于国家单方面的意思表示，具有国家强制性。因此征收权不是私法意义上的权力，而是公法意义上的权力。

---

① 曾献红：《我国现有城市房屋征收补偿制度的研究》，硕士学位论文，华南理工大学，2011年。

(一) 房屋征收补偿的法律属性

学术界主要有以下三种观点，即行政行为说、民事行为说和混合说。行政行为说认为房屋征收补偿是一种行政行为。在整个房屋征收中，政府是以征收人的身份出现的，政府在对被征收人进行补偿后，将土地的使用权收回，纠纷的双方是政府和被征收人，开发商只是在政府将国有土地使用权通过征收收回后，从政府手中得到此块土地的使用权。民事行为说认为，政府只是决定征收，而补偿是由开发商来支付的，隐含的意思就是政府只管征收，不管补偿。混合说认为，城市房屋征收既具有行政法律关系的性质，又具有民事法律关系的性质，出现行政行为和民事行为的混合。[1]

目前我国的城市房屋征收实际上主要是通过政府征收来实现的，政府在征收补偿中占据主导地位，因此我国以公共利益为前提的征收行为实质是一种行政行为。明确城市房屋征收补偿的性质，认定征收补偿是民事补偿还是行政补偿，直接影响着法律规范的制定。[2]

我国城市房屋征收补偿的资金来源符合行政补偿的原则。基于公共利益的需要造成被征收人合法利益受损的，都由国家作为代表来进行补偿。被征收人由征收带来的损失必须与获得的补偿对等，双方当事人的地位是平等的，必须在双方签署征收补偿协议的条件下进行征收，而征收补偿协议是一种民事行为，订立过程是自愿的，不存在权利的优越性。补偿过程是一种民事行为。在实际的房屋征收补偿过程中，征收人往往滥用权利，行政权利与民事权利不分，在房屋补偿环节利用行政权致使征收补偿标准低，对被征收房屋进行断水断电，打乱被征收人的生活，迫使被征收人搬离，以及房屋被强拆、"钉子户"、自焚户屡见不鲜，房屋征收补偿问题成为社会尖锐矛盾的导火索。

(二) 房屋征收补偿中的关联交易

1. 征收人与被征收人构成关联

关联交易是经济学和法学的一个通用术语，关联关系的特定主体之间，交易一方能够通过关联关系控制或影响另一方的决策行为，从而造成交易双方地位的实质不平等，在此基础上达成的交易称为关联交易。如果

---

[1] 曾献红：《我国现有城市房屋征收补偿制度的研究》，硕士学位论文，华南理工大学，2011年。

[2] 同上。

一方控制另一方或对另一方施加重大影响,则构成关联方。

我国土地物权可以分为土地所有权、土地用益物权和土地他项权利三大类。

土地所有权是其他权利的基础,土地所有权内容又包括土地的占有、使用、收益和处分四项权能。《土地管理法》规定城市市区的土地归全民所有,国家拥有国有土地的所有权,土地所有权不允许转让。通过土地出让、划拨等获得土地利用方式取得的土地,本质上是国家把现有土地一定时期内的使用权交由土地使用者使用,而土地使用者并不拥有土地所有权,土地使用者对土地的使用和处分都受土地所有权人和相关法律法规的约束。

简言之,我国的城市土地归国家所有,土地使用人拥有土地的使用权、收益权和部分处分权,其权利受到约束。土地使用权人和土地所有权人存在一定的关联关系。

对于城市房屋征收问题,其实质就是权益人之间的关联交易问题。房屋所有人拥有房屋的产权,拥有土地有限期的使用权、收益权和部分处分权;政府作为国有土地管理者,拥有土地的所有权,在房屋所有人的土地到期后,按照国家法律规定,国家可以无偿收回其土地,其依附在土地上的房产同时归土地所有人所有(按照法律规定给予补偿)。即房产所有人与国家之间通过土地构成了关联关系,房产所有人与国家都是关联方,并且国家在关联关系中占有主导地位。土地征收中政府承担征收人的角色,城市房屋征收就是权益人之间的关联交易问题(见图3-1)。

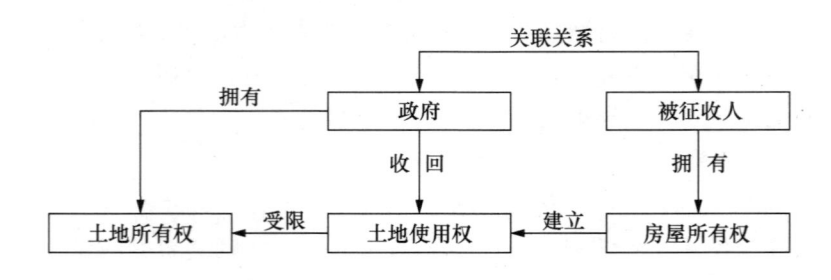

图3-1 城市房屋征收政府与被征收方关联关系

关联交易在市场经济体制下存在积极和消极的两面性。积极的一面是,在交易商谈阶段交易双方因为是关联方,减少了大量因一般商业谈判和信息不对称所引起的交易成本和不确定性因素的发生;在协议执行方面,可以运用行政手段保证合同的优先执行,提高执行力。消极的一面是,由于关联交易方可以运用行政力量推动交易的进行,从而有可能使交易的价格、方式等在非竞争条件下出现不公正情况,交易双方的地位不平等,交易过程不透明等,难以充分体现交易物的市场价值。在房屋征收补偿中,政府就是利用土地的关联关系,运用行政手段,致使被征收人利益难以正常实现。

2. 关联交易下的房屋征收补偿法律性质

房屋征收补偿由政府主导,根据土地利用总体规划,确定房屋征收的具体范围,并给予被征收人补偿。其行为具有双重性(见图3-2):

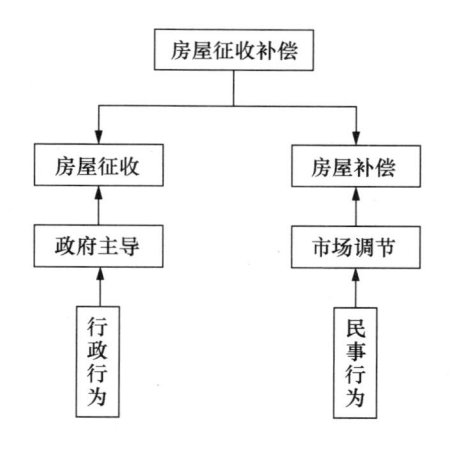

图3-2 城市房屋征收补偿的法律性质

第一,房屋征收补偿是一种行政行为。房屋征收机构在根据土地利用总体规划做出房屋征收决定时,该决定具有明显的行政性,在政府公权力的作用下,由于缺乏有效的公众参与机制,被征收人难以抵抗征收,即房屋征收补偿在征收决定下达的过程中是一种行政行为。

第二,房屋征收补偿是一种民事行为。主要体现在房屋征收补偿环节,法律规定,在基于公共利益需要的情况下,征收人可以收回土地使用权,依附在土地上的房屋也随之转移,被征收人必须放弃房屋的产权。但在补偿环节上,被征收人由此带来的损失必须与获得的补偿对等,双方当事人的地位是平等的,必须在双方签署征收补偿协议的条件下进行征收,而征收补偿协议是一种民事行为,订立过程是自愿的,不存在权利的优越性。因此,补偿过程是一种民事行为。

二 公共利益问题

(一) 公益性征收

《征收与补偿条例》中"拆迁"由"搬迁"取代。"搬迁"是在"公共利益"的名义下，经过征收程序后，房子归政府，房子里住的人要搬走。公益征收和商业搬迁的区分是为了强调，只有基于公共利益的需要方可征收公民的私人财产，没有任何理由要求公民为了开发商的商业开发而放弃公民的财产权益。

(二) 公共利益的层次

公共利益是分层次的，有一般公益和重大公益之分。"重大公益"必须具备"更高"的公益价值，其认定应是立法者的职责，在国家必须达成的任务及尊重人民基本权利（尤其是财产基本权利）之后，以立法的方式来决定。其次，"重大公共利益"由立法机关以列举的方式对其范畴加以限定。立法机关一般是在考虑当时的客观环境以及社会的正义观念之后，对"重大公共利益"加以类型化。公共利益具体包括公路、机场、发电站、电气化铁路建设等。征收只能在没有其他可供选择的手段取得所需要房屋或其土地使用权情况下进行。无论是重大公益，还是一般性公益征收，除了要求对财产的征收获得公正补偿外，还必须符合公共福利的要求。财产权不仅仅体现于对征收的补偿，或者财产权不仅仅是一种物质保障，还涉及人的情感和心理感受等，而这些问题不是单方面的物质补偿可以弥补的。

实践中，立法机关对公共利益只作概括性规定，譬如我国《物权法》仅规定为了公共利益需要依法征收，甚至对公共利益未作任何更多解释，《征收与补偿条例》也只是对公共利益进行了列举性规定，这个列举性规定为实践中的操作留下了很大的自由裁量的空间。

第三节 房屋征收补偿的法理依据

一 被迫交易的合法性依据

我国国有土地上的房屋征收补偿可以看成是一种"被迫交易"行为，征收人因公共利益的需要，以公权力强制被征收人以房屋所有权和土地使用权交换补偿。对于国有土地上房屋征收的补偿，这种被迫交易行为，我国宪法、法律、行政法规、规章等都从不同角度给予了支持。

(一) 宪法对征收补偿的规定

2004年《宪法修正案》第二十条规定,"《宪法》第十条第三款'国家为了公共利益的需要,可以依照法律规定对土地实行征用。'修改为:'国家为了公共利益的需要,可以依照法律规定对土地实行征收或者征用并给予补偿'。"此规定为国有土地上房屋征收补偿提供了宪法依据,同时表明,征收、征用的同时必须给予补偿。

(二) 法律对征收补偿的规定

2000年3月《立法法》出台,第八条明确规定,对非国有财产的征收,只能制定法律,即对非国有财产的征收,只能由法律来规定。第九条规定:"本法第八条规定的事项尚未制定法律的,全国人民代表大会及其常务委员会有权做出决定,授权国务院可以根据实际需要,对其中的部分事项先制定行政法规,但是有关犯罪和刑罚、对公民政治权利的剥夺和限制人身自由的强制措施和处罚、司法制度等事项除外。"本条规定的授权立法,是指全国人大及其常委会专门做出决定,授权国务院根据授权决定行使立法权的活动(《立法法》第九条释义)。《立法法》的相关规定使得国务院针对征收事项制定行政法规有了法律上的依据。

2007年3月《物权法》出台,第四十二条规定,"为了公共利益的需要,依照法律规定的权限和程序可以征收集体所有的土地和单位、个人的房屋及其他不动产"。"征收单位、个人的房屋及其他不动产,应当依法给予拆迁补偿,维护被征收人的合法权益;征收个人住宅的,还应当保障被征收人的居住条件。任何单位和个人不得贪污、挪用、私分、截留、拖欠征收补偿费等费用。"征收导致所有权的丧失,当然会对所有权人造成损害。因此,征收虽然是被许可的行为,但通常都附有严格的法定条件的限制。我国《民法通则》第七十一条规定,财产所有权是指所有人依法对自己的财产享有占有、使用、收益和处分权利。我国房屋的所有权虽受法律保护但并不是没有任何限制的。房屋的所有权受到公共利益,以及其他所有权的限制,所有权都不是完全绝对的,它的行使必须受社会公共利益以及其他所有权的限制。这正是房屋征收合法性的前提,是法律允许政府进行城市房屋征收的法理依据。正是基于所有权的这种社会义务性,法律才会在一定范围内,授予政府具有依照一定的程序和规则对被征收人的房屋进行征收的权力。

（三）行政法规对征收补偿的规定

2007年8月30日全国人大常委会对《城市房地产管理法》进行了修改，在第一章总则中增加第六条："为了公共利益的需要，国家可以征收国有土地上单位和个人的房屋，并依法给予拆迁补偿，维护被征收人的合法权益；征收个人住宅的，还应当保障被征收人的居住条件。具体办法由国务院规定。"国务院根据以上规定颁布的《征收与补偿条例》成为我国国有土地上房屋征收补偿活动实践中最主要的行为依据。

（四）地方性法规对征收补偿的规定

《征收与补偿条例》中针对一些具体的问题，考虑各个地区之间存在客观的差异，没有进行详细的规定，而是授权省、自治区、直辖市根据本地区的具体情况，制定具体的实施办法。例如2011年6月15日，南昌市政府颁布了《南昌市贯彻国务院〈国有土地上房屋征收与补偿条例〉的若干意见》（试行），就征收的补助和奖励、被征收人的低收入住房保障、具体的房屋征收评估办法、房地产价格评估机构的选定办法、停产停业损失的确定办法等作了进一步明确。

二 被迫交易是以合理且足够多的补偿为前提

我国传统观念认为，私人利益应当为国家和集体利益让步，在市场经济条件下，这种思维方式和理论逻辑需要调整。被迫交易虽然违背了自愿原则，强制被征收人搬离原有房产具有不合理性，但征收中的被迫交易是基于公共利益的需要，是为了社会事业的发展，又具有其合理性。如何在国有土地上房屋征收与补偿中做到征收行为合法，补偿公平合理，就是一个利益衡量的过程。

被迫交易的强制征收应强调公平性和合理性。如美国财产法理论认为，"既然政府进行征收是为了公共利益，那么征收就应视为社会要取得进步而必须付出的代价，这种代价当然不应由被征收人单独承受，而应由社会共同承受。"所以，"美国法院普遍接受的是以市价补偿为公正补偿的观点，而这种方案从表面上看也没有使被征收人遭受损失。"但是，市价补偿实际上并没有将被征收人的安置费用、感情附加值以及在房屋价值上涨时的预期收益计算在内。于是，"2006年密歇根州议会提出一项州宪法修正案，要求政府在征收个人的主要居所时，支付房产所有人公平市场价值的125%。"如此，估价的实践性困难不再存在，也消除了对不同被征收人给予不同补偿可能带来的不公平。在某种程度上，它还可以削弱政府帮助私人开发商的利益驱动,保证有价值的公共工程能够顺利进行。①

我国应公平衡量公共利益与被征收人所损失的利益。征收补偿金额除了应遵循经济规律的要求外,不能使被征收人有明显不公平或被剥夺的感觉,如继续采用不完全补偿的做法,将愈加引发大量的社会矛盾,严重危及社会稳定和影响经济发展。因此,补偿应足够多,不仅要以与被征收财产相等的财产价值进行"正当补偿",还要满足被征收人未来生活的"相关补偿"。虽然《征收与补偿条例》第十七条规定了做出房屋征收决定的市、县级人民政府对被征收人给予的补偿范围,但在实际评估过程中,评估机构将评估内容过多地局限于因年代久远而价值所剩无几的房屋价值上,区位的差异则体现得太少。征收房屋时将土地使用权一并收回,但又将征收房屋的价值与土地使用权的价值混为一谈,是极不科学的。②

因此,合理的补偿计算方式应是把土地使用权的价值从房屋的价值中剥离出来,具体包括(第七章详述):一是房屋与土地本身的价值补偿;二是被征收人被迫增加的社会成本补偿;三是房屋及土地的未来发展权收益的补偿。

三 价值低估与强制成交的不公平性依据

(一)被征收人与征收人在权利和义务的确定过程中有失公平

一个公平的房屋征收补偿,根据经济学的观点,政府对被征收人的补偿成本必须等于被征收人的利益损失,对于被迫交易还必须满足更高的交易代价。目前的征收补偿主要考虑房屋以及土地的价值,补偿标准偏低,并且在房地产价值的评估中,评估公司与政府为雇佣关系(尽管可以由被征收人选择),在评估中难以用公平公正的态度对房地产价值进行评价,评估公司必然带有政府的主观意志。并且目前的征收评估体系不够科学,对于房屋使用人的因素考虑不足,土地征收所带来的巨大的利益收益被征收人没有分享,被征收人与征收人在权利和义务的确定过程中有失公平。

(二)被征收人与征收人在协议签订过程中违背自愿原则

在征收事件中,不难发现两点:第一,被征收人属于弱势群体。他们

---

① 于霄:《美国人拆迁的道理〈美国财产法〉中的土地征收》,《检察风云》2010年第12期,第71页。

② 黄辉明:《城市房屋征收立法冲突与法律保留》,《中共南京市委党校学报》2010年第5期。

的许多合理诉求得不到伸张，无论是无奈地做"钉子户"被政府"歧视"，还是用自焚来传达自己对征收的不满，他们的权利被忽视，征收与被征收人的地位不平等。第二，政府在与民争利。深入分析征收事件的内在原因，基本是由于征收补偿方案没有被征收人自愿接受，被征收人的房屋价值没有得到公平的补偿，政府在与民争利。在房屋征收过程中强拆逼迫被征收人就范的案例不在少数。因此，被征收人与征收人在协议的签订过程中违背自愿原则。

第四章 价格博弈视角下的实质公平分析

公平有多种形式，限于知识、个人利益等因素，每个人或每一类人对公平的内涵都有自己的理解，从而对房屋征收补偿制度有不同的认识。本章剖析当前房屋征收补偿制度在理论和实践中存在着假设前提不成立、征收人和被征收人地位不平等、被征收人利益申诉渠道不畅通等缺陷，以微观经济学中的博弈论理论分析建立讨价还价机制的必要性和可能性，提出相应的对策措施。

第一节 房屋征收与补偿的市场公平

一 公平补偿原则

（一）公平补偿原则的内涵

公平补偿原则是由德国以立法形式最先确定的，其基本法第十四条规定："为公共利益的需要，可以依照法律强制取得公民的财产。征收补偿额应由双方协商。协商不成的，可以提请司法审议。"从中发现，公平补偿原则的确定是很抽象的。到具体个案中，要以公平补偿原则确定补偿的具体范围，需要征收人与被征收人通过程序上的互动参与和利益上的博弈来界定补偿的实质内容。

公平补偿原则要求合理平衡公共利益与私人利益并给予被征收人公平的补偿。它与不完全补偿原则既有区别也有联系。一方面，两者实现目标的方式不同，不完全补偿原则偏向公共利益，而公平补偿原则认为公共利益和私人利益同等重要，避免了不完全补偿原则对公共利益的过分保护，以期取得公共利益与个人利益的相对平衡。另一方面，两者目标相同，都是为了调和个人利益与公共利益的冲突，本质上并无区别。①

(二) 公平补偿原则的理论依据

公平补偿原则的理论依据是特别牺牲说。特别牺牲说认为，虽然国家是基于正当理由强制取得公民的财产，却超过了政府行使所有权的必要限制。与社会其他负担不同，不动产被征收人为了社会利益做出了特殊的牺牲，从保护公民权利上讲，理应对此被征收人做出相应的补偿，以保证在不损害个人利益的前提下实现公共利益。

所以，为合理补偿被征收人的损失，一般应按照公正的市场价格进行测算和补偿。当然，一些特殊因素也应当适当考虑。例如，被征收人的房屋财产是基本生活依靠时，除了补偿房屋财产的客观市场价格外，还应当结合其综合损失进行补偿，以使被征收人的生活水平至少不因房屋被征收而下降。在这种情况下，最终的补偿可能就会超过房屋财产的公开市场价格。从中我们发现，公平补偿原则更加灵活，更加适应当代社会所有权理性约束的规则，它不仅可以减少完全补偿原则对个人所有权的过度关注，还避免了不完全补偿原则对个人所有权的忽视，充分保障了既能实现社会利益，又可以弥补个人利益的损失，做到了个人利益和公共利益的有效平衡。也因此，公平补偿原则为多数发达国家和地区所采用。如美国宪法第五修正案明确规定联邦政府征用私人财产时必须给予公平补偿；日本宪法第二十九条第三款规定："私有财产，在公平补偿之下可收归公共所有"。②

(三) 公平补偿原则的实践依据

国务院于2001年修订的《拆迁条例》在城市房屋征收的程序、主体、范围、司法救济等诸多方面存在重大缺陷，是造成城市房屋征收补偿矛盾不断加深的重要原因，对其质疑声从来没有停歇过。鉴于此，2011年新制定的《征收与补偿条例》在上述诸方面进行了优化，应当给予肯定。

首先，公平补偿更加适应当前大规模的城市建设实践。在发展阶段，一个国家要发展进步，需要不断进行城市建设，也才能不断提高城市形象，改善人居环境。只有给予被征收人合理公正的补偿，才能有效保障人

---

① 李集合、彭立峰：《土地征收：公平补偿离我们有多远?》，《河北法学》2008年第9期。
② 同上。

民利益的实现。

其次，公平补偿使得公共利益与个人财产权利相协调。虽然一般来说，公共利益的行使往往会限制个人利益的实现，但正因为限制了个人权利的随意行使，才使得其他人的权益能得到更大程度的保障。①

最后，公平补偿可以实现公平和效率的统一。公平公正的补偿不仅有效约束了地方政府盲目建设的冲动，而且使得房屋征收补偿更加市场化，以实现维护和保障被征收人权利的目的。国外学者夏皮罗和平卡斯提出一个以拍卖的方法达到公正的补偿城市土地上的私营业主的机制，并讨论了它的政治经济学原理。文中延伸的拍卖机制提供了一个有效的测试：提出的这个征收决定会不会增加土地的价值使之胜过其受到影响的价值？使得征收决定之前就预先对征收补偿及未来发展收益的结果进行市场化评估。市场化的方法——拍卖，不仅评估被征收人应获得怎样的补偿，也包括当地的外溢利益和城市发展所需要产生的费用，来对比通过征收而能得到的优势。只有在拍卖过程中出现有竞争性招标时，该机制才是有作用的。被征收人被要求参加拍卖过程，该机制是利用整个征收区域作为一个整体而进行的单一拍卖，以每个投资人或开发商所需的最低价格为他们自己的财产。根据固定和详尽的股份制度，所有拍卖所得款项将分发给各被征收人。只有当中标是有效的并且满足所有被征收人对其私有财产的保底价时，总财产才会被出售。拍卖可以用来确定征收和重建能否产生超出成本的增值，包括当地的外部性利益。也就是说，这个机制具有公平与效率的吸引力特性。

二 市场公平

房屋征收补偿的市场公平是指被征收人和利益相关者因房屋及有关权利被征收而获得的补偿，与在市场上交易被征收房屋的所有权（包括其占用范围内土地的所有权或使用权）及有关权利所获得的交易额相同或相近，即不低于在竞争市场上自愿出售被征收房屋和有关权利所获得的补偿。国外，特别是发达国家和地区，对房屋征收补偿的普遍规定是：征收补偿标准以市场价格计算，不仅包括被征收房屋的现有价值，而且充分考虑了其未来可预期的稳定收益，不仅计算了房屋所有人的利益，而且很好

---

① 薛刚凌：《补偿公平：立法的核心价值追求》，《苏州大学学报》（哲学社会科学版）2011年第1期。

地考虑了被征收房屋利益相关者（如房屋承租人、抵押权人、相邻房屋所有者等）因房屋所有者的房屋被征收而导致的收益损失。这种以被征收房屋市场价值为基础的补偿方式，使被征收人获得了较为满意的补偿，因为它体现的补偿价格不是以单方意志来确定的，征收双方均可依据程序提出自己的要求，最终取得的是双方都能接受的补偿价格，能较好地实现市场公平。但市场公平应以双方自愿为前提，征收仍然存在强制成交，征收是征收人的依法行政，违背市场交易的自愿成交原则。无意间犯了偷换概念的错误，即以市场公平掩盖了实质公平。

三　形式公平与实质公平

市场公平区分为形式公平与实质公平。形式公平，即权利享有的平等，即"理论上"人人皆有可能。指不区分具体条件、不承认差别存在的同等地位与对等，实际指平等，侧重于公平双重含义中的平等。一切法律上的规定都属于形式公平，在这个意义上它就是法治本身。推行法治就是倡导形式公平。形式正义撇开了具体内容，内在含义是平等地对待每个人。平等是公平的基本含义和基本价值之一，没有平等就没有公平。形式公平，即程序公平，是法律适用或执法阶段的公平，内在地包含中立、平等、公开、科学、效率、文明等价值。[1]

实质公平，即实际利益享有的公平，是现实的和本质的，指在具体条件和客观存在差别的基础上，综合考虑得出各价值的平衡点，实际指公正，侧重于公平双重含义中的效率。实质公平与形式公平相对而言，是社会的、具体的、实体上的公平，更符合道德观念的要求，关键在于参与各方地位的平等和对利益的公平分配。房屋征收补偿的实质公平是指从最终结果上看，被征收人因房屋被征收而获得公平和充分的补偿，被征收人的生活水平不因房屋被征收而降低，这与国外，特别是发达国家的房屋征收补偿中的市场公平的含义基本一致。现实生活中，我国房屋征收补偿往往过分侧重形式公平，即表面上的补偿公平和从市场层面来讲的公平，而忽略了实质公平。过分地追求形式公平，力图实现程序上滴水不漏，会影响到征收的效率，也将损失实质公平的崇高价值。以形式公平论，我国多次出台房屋拆迁或征收方面的条例，从法制层面上讲，国家非常重视征收活动的立法，建立健全保护弱势群体的法制体系，从源头和程序上遏制政府

---

[1] 曾立红：《论形式正义和实质正义》，《湖南税务高等专科学校学报》2004年第3期。

违法违规征收的行为。当然，法律不可能无缝存在，仍然留有空间。不可避免会导致不公平事件的发生。以市场公平论，我们在房屋征收实践上还停留在双方自愿交易的假设上。事实上，房屋征收是一种被迫交易的行为，被迫交易与自愿交易有着本质的区别。我们一直都在强调征收补偿是按照公开的市场评估价确定的，忽略了这仅仅适用于自愿交易的情形，对于被迫交易的情形，这个评估价显然低估了。因此，我们需要论证的是除了征收人给予被征收人公开的市场评估价外，被迫的代价、足够多的补偿到底是多少的问题，从而完备表达实质公平。

前已述及，美国财产法认为"既然政府进行征收是为了公共利益，那么征收就应视为社会要取得进步而必须付出的代价，这种代价当然不应由被征收人单独承受，而应由社会共同承受。""美国法院普遍接受的是以市价补偿为公正补偿的观点，而这种方案从表面上看也没有使被征收人遭受损失。"但是，市价补偿实际上并没有将被征收人的安置费用、感情附加值以及在房屋价值上涨时的预期收益计算在内。"2006 年密歇根州议会提出一项州宪法修正案，要求政府在征收个人的主要居所时，支付房产所有人公平市场价值的 125%。"很显然，这是抵偿被迫交易代价，也是被征收人获得充分的、足够多补偿的实质公平依据。或许有人认为，我国土地制度与美国不同，土地所有权为国家所有，房产价值只是包括了房屋价值、土地使用权价值，并没有包含土地所有权价值。如果以美国征收补偿制度为参照，那么在 125% 的合理补偿价值内，应该还包括国家土地所有权的价值，那么被征收人恐怕连 100% 即所谓的 1:1 的补偿也得不到。我们认为，我国土地所有权为国家所有是一种泛化的国家福利，对国民而言是平均分配的，通常只是由国家托管。国家在出让土地使用权的时候，是基于国民对土地需求的不均衡而做出的法律关系调整。因此，国家收取的土地出让金即土地使用权价值，实质上就是土地所有权价值，不存在土地所有权还具有额外的价值。

房屋征收中形式公平和实质公平二者是对立统一的辩证关系。

第一，坚持形式公平是实现实质公平的基础，是实质公平的第一步。没有形式公平，也就没有实质公平。程序公平作为形式公平的一部分，如 Michal Wiktor Krawczyk 所说，"是透明并且公正的原则，它可以确保每一个参与互动的人享有平等的机会并获得令人满意的结果"。在房屋征收中，若没有程序上的合法合理、征收规则的公正和信息的公开透明，则房屋征收就成了权钱交易的发源地，实质公平也无法体现。因此，为消除不公平补偿现象，就应保证被征收人获得由政府因公共利益征收房屋所造成的各种损失的公平补偿。而保证公平的一个主要途径便是严格依照法规条例实施现代房屋征收制度。

第二，形式公平是实质公平的重要手段。没有形式公平，实质公平将成为一句空话。①《征收与补偿条例》取消了行政强拆，实行司法强拆，以坚持司法的独立性为前提。它能加强有效监督，有利于保障程序上的公平。以行政法规方式规定了补偿应包含的三个部分、征收程序中应有的听证制度等，都是为了保证被征收人的利益，杜绝征收主体的违规行为，以形式公平达到实质公平。政府是征收的唯一合法主体，严格监督政府的征收活动，是保障实质公平的重要方式。正如罗尔斯所说："即使具有不同正义观的人也仍然会一致认为，只要在分配基本权利和义务时不在人们之间任意制造差别，只要这些准则能够对社会生活中相互对抗的利益要求确立恰当的平衡，那么体制就是正义的。"② 现实生活中，我国房屋征收补偿往往过分侧重形式公平，如征收规则公平、程序公平和信息公平等，而忽略了实质公平，即征收补偿的公平合理性，主要表现在以下两个方面。

一是被征收人之间的公平。简单地根据市场状况，相同情况、相同对待，对具体被征收人的特殊情况缺乏人文关怀。如经济困难、家庭成员多的被征收人，在房屋与周边房屋一样的情况下，征收之后该家庭的生活水平很有可能下降，但形式公平并没有也不可能考虑这些因素。

二是征收人与被征收人之间的公平。在房屋征收补偿活动中，政府按照法律法规规定的程序进行了房屋征收补偿活动，看似征收人和被征收人地位平等，实则被征收人处于弱势地位。一方面，政府往往首先确定了要征收才进行征收补偿，很少考虑被征收人的意见。另一方面，一旦双方就征收补偿额发生分歧，除了暴力抗法，被征收人往往只能被动接受政府给定的征收补偿款，司法救济渠道还很不通畅。所以，应全面考虑影响征收与补偿的各个环节和因素，规定一系列的具体制度来保障补偿的公平，才能真正促进征收补偿的实质公平。③

---

① 张设华、张云霞：《政府采购：程序公平还是实质正义》，《中国市场》2008 年第 3 期。
② 江帆：《罗尔斯：在遥远的地方还可以听到掌声》，http://blog.sina.com。
③ 薛刚凌：《补偿公平：立法的核心价值追求》，《苏州大学学报》（哲学社会科学版）2011 年第 1 期。

补偿公平是《征收与补偿条例》追求的核心价值。其不但与被征收人对补偿是否满意,对政府征收行为的认同程度相关,而且与如何通过法律程序上的形式公平最终走向征收补偿的实质公平相关。国有土地上房屋征收补偿,应以实现实质公平为目的,按照完全市场价值进行补偿,通过最低保障维持被征收人的生活状态。

第二节 评估定价的错误假设

通过对房屋征收补偿的形式公平、市场公平与实质公平内涵的分析发现,当前我国城市房屋征收补偿看似公平,实则不公平,因为其假设前提不客观,忽视了被迫情境,并以自愿交易条件下公开的市场评估价代替了被迫交易情境下的房屋客观价值。

一 假设交易自愿,不计"被迫"成本

市场经济的重要原则之一是自愿交易。所谓自愿原则,即当事人有是否交易(或订立合同)和与谁交易(或订立合同)的自由,任何人和任何单位均不得强迫对方与之交易(或订立合同)。在不违反法律规定的情况下,当事人对交易(或合同)的内容、交易(或合同)的履行方式等均应遵循自愿原则,任何单位和个人不得非法干预。而以往征收的逻辑是房子首先是必须拆的,只要政府(或开发商委托政府)确定了要征收房屋的具体区域,在获得拆迁许可证的情况下,被征收人通常只有被迫按时与征收人签订补偿协议并在征收日之前搬离被征收房屋,即使对政府或开发商做出的征收补偿不满意,由于征收人和被征收人地位的不对等,被征收人利益表达渠道的缺乏,他们通常通过聚众闹事、上访、自焚等极端方式来维护自己的合法权益。由于征收本身是一种行政行为,具有强制性,这也就意味着房屋征收补偿是征收人的一厢情愿行为,不是一种自愿交易,严重背离了自愿原则。结果导致断水、断电、断气、砸窗、破坏房屋等暴力征收的发生,甚至有人员伤亡。即使是与征收人签订了征收补偿协议的被征收人,他们中多数内心里也是出于种种原因而被迫签订,不是出于自愿。比如,上级领导要求被征收房屋所在街道办、居委会下级基层干部带头按时签订征收补偿协议并要求劝导其家人、亲戚和朋友,可能会被要求暂缓上班、辞退、扣除奖金和工资等;一些被征收人看到邻居被断

水、断电、断气、砸窗、破坏房屋等暴力征收后，可能迫于压力或害怕，或者没有时间和精力而被迫与征收人签订征收补偿协议。有些地方对工作人员搞责任承包，不可避免出现一些不和谐征收，比如把重点监控对象列为黑名单，以防上访，以及规劝被征收人子女停课，美其名曰帮父母搬家等。在城镇棚户区改造中，多数被征收人属于中低收入和低收入家庭，搬迁虽然能在一定程度上改善居住条件，但由于补偿标准低，很多被征收人拆了房子还要掏钱或借钱买房子，导致被征收人因拆致贫。多数征收还建房远离市中心，交通、教育和医疗等基础设施落后，配套设施缺乏，给被征收人及其家属在就业、子女入学、就医等方面造成诸多不便，生活成本增加，引起一系列不良后果，不利于和谐社会建设。

二 假设房屋是单纯自然空间，忽视人文社会属性

过去的房屋征收补偿理论和实践中，通常假设住宅仅是居住的场所，营业用房仅是商业活动的载体。但实际生活中，住宅不只是简单的居住空间，它除了满足人们最基本的居住需要外，还能带来视觉和精神享受，愉悦心情，陶冶情操；商业用房不只是营业场所，它还具有景观功能和社交功能。每个房屋都有其独特的历史、文化、时间传承以及它的未来并具有不可替代性，有它的"社会关系网络"，对被征收人和社会公众而言，它具有特定的历史情结，显示着祖辈的生存方式和生存观点，包含了既有的社交关系，充溢着某种特别的气息和氛围，包含着世代传承的经营理念，这也是为什么很多人特别是老年人不愿意搬离祖屋的重要原因——"金窝银窝不如自己的老窝"，他们具有浓厚的恋家情结。但随着征收的到来，这一切都随之消失，时间停止了，它的未来也没有了，而征收赔偿的通常只是这间房屋在这个特殊时刻的部分货币价值，没有考虑其历史价值、文化价值、传承价值和社交价值，也没有很好考虑其未来价值，征收不能仅仅局限于房屋或房屋面积，而忽略居住其中的人的存在，需要在公平公正前提下，在保障被征收人原有生活水平不降低的基础上，根据被征收人的具体情况，综合考虑房屋的实体价值、历史价值、文化价值、传承价值和社交价值，让被征收人获得不低于独立评估机构做出的基于完全自愿原则下的交易评估额，降低被征收人的物质和精神损失，使其合理分享房屋（包括其相应范围内的土地使用权）用途变化所带来的增值。

三 假设评估公平公正,忽视政府潜在影响

现实征收评估中,往往是地方政府制定选取评估机构的具体办法,甚至直接指定评估机构评估被征收房屋及附属物,评估机构为了获得业务或出于其他考虑经常以政府或征收人的"指导价"为基准进行评估,政府成为房屋征收补偿标准的单方制定者,结果导致评估机构独立性的丧失,不可能得出公平公正的评估结果。即使是 2011 年 1 月后执行新的房屋征收补偿条例,政府让被征收人自己选择政府提供的评估机构,由于被征收人不具备专业知识,缺乏对专业评估机构评判和选择的能力,公平难以实现。

四 假设房屋孤立存在,放任外部不经济

房屋部分征收对建筑整体的功能存在影响。以往的房屋征收补偿实践中,往往只补偿具体的被征收那部分房屋的价值,而忽略了事实上房屋是一个有机体,部分房屋被征收可能对房屋整体功能的发挥产生很大负面影响,甚至直接导致房屋整体功能的丧失。比如一间 50 平方米的餐馆,扩充道路时需要征收这间餐馆的一半,导致余下的一半空间拥挤,顾客明显减少,但政府征收补偿时可能只补偿被征收的部分,未考虑征收部分营业空间对餐馆整体的不利影响。即使加入了房屋(主要是营业用房)营业损失,这种补偿也是微乎其微,不足以弥补被征收人的损失。外部不经济是经济学的重要概念,其含义是经济主体的行为对他人产生有害的影响,却没有对他人进行相应补偿的活动。若无相关法律法规的保障和市场经济的高度成熟,经济主体将竞相做出外部不经济行为,因为这样做他们才是理性的。由于房屋部分征收对建筑整体的功能存在不利影响,房屋征收活动也可能产生负外部性。

第三节 房屋征收实质公平补偿的修正

传统征收补偿的假设前提有诸多不足,本节拟通过几个因素修正,以实现实质公平。

一 被迫交易

在房屋征收中被征收人往往是被迫征收,因此征收人在给付补偿款时可以对独立评估公司做出的初始评估额进行修正,即在初始评估额的基础

上乘以一个修正系数，该修正后的数额即征收补偿额，使做出的补偿达到或接近被征收人在竞争市场上自愿交易被征收房屋所得到的交易额。计算公式为：

$$R_1 = R_0 k \qquad (4-1)$$

式中，R_0 为独立评估公司做出的初始评估额，k 为被迫交易修正系数，R_1 为加入被迫交易修正系数后的补偿额。

被迫交易修正系数因地区和项目的不同而不同，要视具体情况而定，可根据以往大量的城市房屋征收补偿案例通过回归分析法近似求出。

二 房屋人文社会属性

以往房屋征收补偿中对房屋功能的单一假设，只注重生硬的空间面积，忽视房屋对人的影响以及人对房屋施加的影响。对于住宅，除了考虑其区位、环境状况、配套设施、基础设施、结构、装修等居住性常规因素之外，还要考虑被征收房屋的历史、文化、传承和社交等非居住性常规因素及相应的价值。同样地，对于商业用房，除了考虑其区位、配套设施、基础设施、交通便捷度、商业繁华度等常规性商业因素之外，还需考虑其景观功能和社交功能等非常规性商业因素。因为商业建筑特别是具有独特风格的商业建筑往往还是特定区域的名片，可以为人们的交往活动提供优良场所。在被征收房屋所在街道办和小区居委会提供的有关被征收房屋历史、文化、传承、景观和社交等方面资料的基础上，通过实地调查及咨询有关专家和人士，运用收益还原法可以近似得到历史、文化、传承、景观和社交价值。计算公式为：

$$V_i = V_i = \frac{a}{r}\left[1 - \frac{1}{(1+r)^n}\right] \qquad (4-2)$$

式中，V_i 为历史价值、文化价值、传承价值和社交价值等修正价值，a 为相应功能每年所带来的收益，r 为还原利率，n 为被征收房屋的理论最高安全使用年限。

$$V = \sum V_i \qquad (4-3)$$

式中，V 为总的功能修正额，V_i 为相应的功能修正额。

三 独立评估

实现评估客观公正有两种途径，一种途径是政府不干预被征收人选取的具有征收评估资质的房地产评估企业，被征收人对被征收房屋补偿价值有异议的，允许被征收人要求原评估单位重新评估，也可向房屋所在地房屋征收评估专家委员会申请价值鉴定，同样允许被征收人选择其他房屋评估公司（特别是外地评估机构）对被征收房屋进行重新评估，若评估价值差别较大，则应选取评估价值较大的评估额作为补偿额。政府也应从征收具体事务中分离出来，只参与征收的监督和管理（主要是监督和管理征收人和开发商），不直接参与一线征收。被征收房屋所在地政府不能直接或间接指示或暗示评估公司做出违反评估独立性的行为，让评估公司公平公正地评估被征收房屋，及时将评估结果告知被征收人，保持评估公司估价结果的客观公正性，切实维护被征收人的合法权益。另一种途径是，若政府有意或无意间已经影响了独立评估公司的评估过程，则应对被政府影响的评估额进行修正，与被迫交易修正系数类似，独立评估修正系数也因地区和项目的不同而有所差异，要视具体情况而定，独立评估修正系数可根据以往大量的城市房屋征收补偿案例通过回归分析法近似求出。计算公式为：

$$S_1 = S_0 d \tag{4-4}$$

式中，S_0 为独立评估公司做出的初始评估额，d 为独立评估修正系数，S_1 为加入独立评估修正系数后的补偿额。

四 保障因素

生存权是我国公民的基本人权，在房屋征收补偿中要对中低收入特别是低收入被征收人给予足够的生活补偿，确保他们有居住的场所，生活水平不因征收而降低。对于选择完全货币补偿的，在被征收人所在街道办和居委会提供的有关被征收人收入、就业和家庭人口状况等因素的基础上，结合政府的社会保障政策，对经济困难的被征收人给予充分的征收补偿，落实党中央以人为本的科学发展观。对于选择房屋产权调换补偿方式的，应尽量避免将征收返建房建设在郊区、工业区等基础设施和配套设施落后的区域，要给予被征收人足额的交通、医疗、教育等补贴，减少和避免因拆致贫现象的发生。计算公式为：

$$T = \sum T_i \tag{4-5}$$

式中，T 为总的保障因素修正额，T_i 为相应的保障因素修正额，包括交通、教育、医疗和就业等补偿，可根据地区和项目的具体情况给予补助。

另外，对于房屋被部分征收，除评估被征收部分的价值外，还应科学计算这部分房屋被征收而对房屋整体功能带来的损失；因房屋被征收而给相邻房屋所有权人及利益相关者（如房屋承租人、房屋抵押权人）带来损失的，还应对他们的损失做出足够的补偿。

第四节 价格博弈及其公平补偿

一 价格博弈模型

在充分考虑被征收房屋的实体价值及被征收人的社会保障后给予足额补偿，一般会使多数被征收人觉得满意而同意搬迁。对于那些对征收补偿有异议的被征收人，是否可以建立讨价还价机制解决征收方和被征收方的矛盾和冲突，即根据征收难度级别对被征收人进行谈判分级，每个征收难度级别对应一个谈判策略。受偿意愿越高，征收难度级别越低，谈判的难度越小，谈判的次数越少；反之，受偿意愿越低，征收难度级别越高，谈判的难度越大，谈判的次数也越多。可以引入博弈理论来对城市房屋征收补偿的讨价还价机制进行分析。

城市建设的不断发展，城市基础设施和配套设施的逐步完善，难免会征收部分单位和个人的房屋所有权和相应范围内的国有土地使用权。房屋征收的实质就是打破原有的利益格局，重新进行资源的整合和分配，必然引起征收人、被征收人及利益相关者对利益的争夺和占有，形成强烈的博弈行为。我们可以运用博弈论来建立一种讨价还价谈判机制。

假设征收人是政府，被征收人是城市房屋所有权人（也可以是与被征收房屋有利益关系的其他人）。征收人和被征收人都是理性经济人，双方的根本目标都是自己利益的最大化，双方都尽力获取有关征收补偿的有关信息（包括对立面信息），但每个参与人，包括被征收人和征收人，不知道其他参与人采取了什么行动，也不知道其他参与人为了达到某个目标所愿意支付或获得的数额。征收人可以采取给予充分的房屋征收补偿策略，也可以采用给予非充分的房屋征收补偿策略，被征收人可以采取同意房屋征收补偿方案并在规定期限内签订征收补偿协议的策略，也可以采用不同意房屋征收补偿方案，不在规定期限签订征收补偿协议的策略。如表4-1所示。

表 4-1　　　　　　　　征收人与被征收人的博弈矩阵

参与人/策略		被征收人	
		同意征收补偿	不同意征收补偿
征收人	非充分征收补偿	(a, b)	(-c, -d)
	充分征收补偿	(e, f) 理想的纳什均衡	(g, h)

博弈一开始（第一轮博弈），征收人做出非充分补偿的策略，被征收人可以采用同意征收补偿策略，也可以采用不同意征收补偿策略，如果被征收人采用同意征收补偿策略，此时征收人获得利益 a，被征收人获得利益 b，且 a>b，即此时的支付矩阵为 (a, b)。如果被征收人采用不同意非充分征收补偿策略，此时征收人获得利益 -c，被征收人获得利益 -d，且 c、d 均为正数，即此时的支付矩阵为 (-c, -d)，与支付矩阵 (a, b) 相比，征收人和被征收人的利益都大大减少，这种格局对应于强制征收（搬迁）的情况。在被征收人采用不同意非充分征收补偿策略后，政府为了顺利及时完成征收工作，进一步采取了提高征收补偿标准，即实行充分征收补偿策略，这时，多数被征收人都会同意征收补偿，此时征收人获得利益 e，被征收人获得利益 f，由于征收人获得了及时征收的好处，所以有 e>a>-c，f>b>-d，这样双方的支付矩阵就变成 (e, f)。在征收人采取完全补偿策略情况下，如果被征收人仍然不同意征收补偿，想借机获取额外的不合理补偿，征收人不会同意被征收人的不合理要求，这时征收人获得利益 g，被征收人获得利益 h，且 g<e，h<f，在这种情况下，双方的支付矩阵变为 (g, h)，这种情况对应于征收无结果或延迟进行的情况。很明显，不管征收人采取充分补偿策略还是非充分补偿策略，被征收人的最优策略是采用同意征收补偿的策略。同样地，如果征收人想尽快结束征收任务，无论被征收人采用同意征收补偿策略还是采用不同意征收补偿策略，征收人的最优策略是采取充分补偿策略。从而，博弈的纳什均衡解是征收人采取充分补偿策略，被征收人实行同意征收补偿策略，此时的支付矩阵为 (e, f)。

　　实际上，由于参与人的不完全理性和机会主义倾向，往往不会得到这种最优结果，通常出现的是其他三类情形。一方面，征收人有压低房屋征收补偿额的主观倾向以获得更多的利益（土地储备部门储备的土地出现这种情况的可能性较大，这部分差额很有可能被政府工作人员变相挪用）；另一方面，被征收人也不是完全理性的，被征收人往往是一个大群体，且被征收人在受教育程度、收入等方面存在较大的差异，以及被征收人没有有效地申诉自己利益的渠道和途径。他们是一个松散的联盟，导致被征收人无法做出最优决策。但在客观上可以从自然因素、经济因素、人文社会因素和程序设计等角度进行思考，并借助第七章的完全市场价值模型做出客观的评价与补偿。

二 房屋征收补偿的讨价还价要素

房屋征收补偿讨价还价涉及几大要素，主要包括房屋本身和自然景观等方面：

（一）自然要素

（1）建筑年代。普通建筑物（构筑物）建造时日越早，已使用时间越长，房屋的价值越低，相应的，房屋征收补偿额就越少。但对于特殊建筑，比如带有历史纪念意义、人文理念和环境的房屋，其价值反而随着时间的久远而使价值增加，因此，在征收和补偿年代较长的房屋时，不能一概认为破旧的房屋价值肯定低、补偿额肯定少，应充分听取被征收人及利益相关者的倾诉，科学合理地征询文物、历史学专家的建议，做出客观、公正、合理和充分的补偿，保护被征收人和社会公众的合法权益，保护具有历史纪念意义的建（构）筑物。

（2）建筑面积。房屋的大小对于既定的房屋单价，建筑面积越大，相应地房屋价值越大，补偿额也就越大。同时，对于某种特定用途的建筑，比如结构、装修等一致的情况下，面积不一定越大单价越高，而是应区分具体的用途。例如，居住房屋，对于特定的人群，变现难度的大小不一样，其单价遵循倒 U 形曲线。在某个面积临界点（120 平方米）可能单价最大，小于 120 平方米，房屋的单价随着面积的增加而增加，120 平方米达到极值，随后，再增加面积，流通的难度增加，单价可能反而会有所降低。因此，要注意面积的临界点问题。

（3）建筑成新。成新率越高，房屋价值越大，补偿额也就越大。

（4）建筑结构。在其他条件一定情况下，砖木结构比简易结构价值高，砖混比砖木结构价值高，钢混结构又比砖混结构价值高，特殊结构执行特殊结构的价值评估规则。在建筑结构的认定过程中，要充分调研，由评估人员和专家做出房屋的结构认定。

（5）自然景观。被征收房屋的自然环境，包括地形地势、地质构造等。地形越平坦，地基越稳定，越适合在其上建造建筑物，从而提高房屋的价值。周围的自然景观越秀丽，特别是对于居住、旅游和高档酒店等用途的房屋，就有可能使房屋价值提高。在补偿这些房屋时，应允许被征收人及利益相关者叙述其房屋的自然环境，评估人员应到实地进行勘验并做好记录，并在评估结果中体现出来。

（二）经济要素

从影响房屋价值的经济因子方面来完善讨价还价机制，主要有：

（1）地段。房屋的经济地理位置，即距离商业网点、交通基础设施、金融配套服务网点等的距离。居住、商业用途的房屋，对交通、商业等基础设施和配套设施的要求较高，工业用途的建筑，对道路通达性（包括对内通达性和对外可及性）的要求较高，对于劳动力资源的丰富程度也有一定的要求。因此要考虑到被征收人房屋的区域位置的优劣，让被征收人拿出相应的证明文件证明其房屋的合法用途，根据被征收房屋的合法用途进行充分合理的补偿。

（2）生产生活便利性。对于居住和商业用途建筑，要充分考察房屋征收对被征收人造成的生产和生活损失，如对就业的影响、购物的影响、对生产成本的影响等，应细心倾听被征收人关于房屋被征收对其生产生活的影响，要根据被征收房屋的合法用途给予被征收人完全的补偿。

（三）人文社会要素

从保障居民（被征收人及利益相关者）的基本居住权利和基本人权方面来完善讨价还价机制，主要有：

（1）家庭人口。本着保障居民基本人权的原则，对于人口较多的家庭要充分考虑其利益诉求，当被征收人提出产权调换时，要适当考虑产权调换用房的户型、结构及间数，照顾家庭成员结构组成，包括几代同堂、成年异性子女的居住安排等，在搬迁补贴、临时补助方面也要适当增加费用，保障其基本的居住权利和生活水平，这也是政府维护公平正义的表现。

（2）年龄分组。年龄较大的被征收人其恋家情结较浓厚，对房屋的空间要求不大，但会预留一部分空间让子女回来看望他们时使用，年龄较小的被征收人往往追求高质量的居住环境，对空间的反应较大，在征收补偿时，应充分考虑这些实际存在的影响因素，使做出的征收补偿能满足被征收人对空间的不同需求。

(3) 对新环境的适应能力。对于在某一区域长期生产生活的被征收人来说，其已经习惯于既定的生活生产环境，若搬迁到另一区域，对新环境的适应难度可能会加大，比如生活成本增加，企业招工变得困难等。此时，应完善被征收利益申诉渠道，适当增加环境适应补贴，加入房屋征收补偿总额。

(4) 邻里关系。与对新环境的适应能力一样，对于长期生活在某一区域的被征收人，其已经形成了稳定和睦的邻里关系。若在另一区域生活，则必须重新构建新的邻里关系，这势必增加生活成本；类似地，工业企业可能形成了固定的产业链和集聚经济，若某一或某些企业搬走，剩余的企业以及要搬迁的企业的既定格局可能被打破，造成生产成本的增加。因此，要合理考虑被征收人的实际情况，根据其生产生活状况，给予邻里关系重建补贴。

(5) 生产生活成本。在城市棚户区改造时，原来区域的土地价值都比较高，基础设施和配套设施较齐全，征收人提供的回迁用地一般都不如原有区域位置有利，势必增加被征收人生活成本，比如增加就业费用，增加医疗费用和子女的教育费用，增加交通费用和用工成本等，因此，要充分考量被征收人的生活和生产成本状况，依据具体项目的不同，相应增加生产生活补贴。

(6) 风水民俗情况。某些地区，特别是具有浓厚民族特色和生活习惯的区域，居民对风水有着特殊的关切，因为他们相信风水会给他们带来吉祥、财运等，从而风水给他们以心理暗示。在房屋征收补偿中，要综合考虑其风水情况，适当增加对其征收补偿，不能一概否认风水状况的存在和价值。

(7) 收入状况。被征收区域，特别是城市棚户区改造中的被征收人，多数被征收人收入水平较低，若搬迁到其他区域，会增加就业成本、生活成本和生产成本，实际上造成被征收人可支配收入能力降低。对于工业和商业征收也是如此，转移到其他区域也可能造成营业收入的减少，因此，要统筹考虑征收房屋对被征收人的收入能力造成的影响，给予适当的补贴，使被征收人的收入不因房屋被征收而降低，切实保障被征收人的合法利益。

(四) 程序设计要素

程序公平是实现实质公平的基础和前提，在房屋征收补偿中也应强调程序公平，主要有：

（1）征收人做出征收决定的公示和听证。征收人在做出征收决定前，应将有关征收的地点、时间、程序、补偿标准、安置方案等在互联网、报纸和街道办（或居委会）宣传栏进行广泛、完全的公布，征收人应和基层干部一起走访每户被征收人，向他们详细解释征收的目的、意义、范围、补偿、安置方案等内容，做好宣传工作，力争使每户被征收人了解和配合征收。与此同时，举行由征收人、被征收人、政府有关部门、专家、其他市民参与的听证会，被征收人、专家、其他市民参会者应达到参会人员的2/3以上，避免听证会流于形式。征收人和有关部门要认真听取被征收人及有关专家、市民的意见和建议，对于有益意见和建议要在下次公示和听证时展现出来，逐步完善征收补偿方案，对于不太合理或无法实施的意见和建议应给出清晰的和有说服力的解释。做出的征收决定和征收补偿方案，应该充分听取民意，尽可能让每个被征收人接受。

（2）按时签订协议和搬迁奖励。实施按时签订协议和搬迁奖励制度，可以有地推进征收进程，创建和谐征收新局面。按照补偿公平公正的前提和基础，包括征收区域补偿协议及时搬迁的，给予房屋征收补偿总额一定比例的奖励，越早签订征收补偿协议，越早搬迁，奖励的比例越高。当然，这一部分奖励额应该单独增加征收补偿款，不能从被征收人的房屋征收补偿款中扣除，否则给予被征收人的补偿款不增反降，有悖于公平征收补偿。

（3）评估机构自由选择和对评估结果不满意复议。评估机构由随机选取和投票选取决定。具体操作方案是：

第一轮，让所有房屋被征收人在具有房屋征收评估资质的评估机构中以投票方式选择，以简单唱票方式进行，得票多者（比如前五位）进入下一轮，按照具体项目的不同，再以同样的方法进行若干轮投票，最终选取最优的评估单位对所有被征收房屋进行客观公正的评估。另外，征收人不干预评估机构的评估工作，对评估结果不满意的，被征收人可以申请原评估单位复核评估结果，对复核评估结果仍不满意的，允许被征收人选取其他评估机构进行评估或申请房屋评估专家委员会评估。若最终结果相差较大的（如超过10%），选取较大的评估额作为最终补偿额。

（4）被征收人特殊情况申述。建立被征收人特殊情况申述制度，可及时了解被征收人及其房屋的有关情况。通过网络建言献策、投递信件、听证会发言等方式发表自己的观点，申述自己的利益。例如，若被征收人述说自己的房屋具有历史文物价值，征收人应组织文物部门的有关专家进行鉴定，确属文物的，可以异地搬迁，并给予被征收人充分的补充；不属于文物的但确实带有祖屋性质的，适当考虑房屋的历史价值。再如，被征收人表明自己搬迁后无法保持原有生活水平的，征收人和有关部门应实地查看被征收人的情况，听取被征收人所在街道办、居委会、邻居和同事的意见和建议。若确实存在困难的，应适当增加对其的搬迁补偿费、就业补偿费、教育补偿费等，保障被征收人及其家庭成员的生活水平不因房屋被征收而降低。

（5）房屋征收补偿标准动态更新。现实征收补偿实践中存在房屋征收决定做出后，很长时间才开始征收的情况。在这期间，房价涨幅可能很大，但征收人做出的补偿却依然依据前几年的标准制定，此时被征收人得到的房屋征收补偿没有得到同等幅度的提高，变相侵占了被征收人应得的份额。随着《征收与补偿条例》的出台，房屋征收补偿标准也应动态更新，使其符合变化了的市场实际情况，达到加快征收进度，减少纠纷上访目的。

第五节 权益抗争人的性质转变及形成过程

一 权益抗争人的内涵

权益是指依法享有的权力和利益，即应该享受的而不容许侵犯的权利。广泛地讲，所有为维护其合法权益而奋起抗争的人都是权益抗争人。由于房屋征收补偿在这些维权事件中反响最强烈、影响最深远、处理最复杂，因此，很有必要研究房屋征收补偿权益抗争人的内涵、成因、变化等一系列问题。权益抗争人不同于"钉子户"，但在特定条件下可能发展成为"钉子户"。"钉子户"是指在房屋征收及征收补偿工作中拒不接受合法、合理的征收决定及征收补偿，无理要价、提出不合理要求的被征收人。具体地讲，权益抗争人包括以下含义：

（一）权益抗争人具有存在的客观基础

权益抗争人的形成客观上存在补偿明显不公的情况，尤其是被征收人是被迫搬迁或离开家园，也就是说"被迫"需要有代价。而自愿的搬迁代价是通常意义上按公开的市场评估价补偿，它的前提是你情我愿，自愿交易。显然自愿与被迫存在差别，传统认知是把按公开的市场评估价补偿套用在被迫搬迁的当事人身上。

(二) 权益抗争人不仅是个体，也是一个群体概念

房屋被征收人为了维护其合法权益，常常群体性地向征收人申述自己的利益。开始阶段，可能是某一房屋被征收人首先争取自己的合法利益，随后其他被征收人也加入进来，维护自己合法利益的呼声逐渐高涨。从这个意义上说，在针对具体的房屋征收补偿纠纷中，权益抗争人可以指向某一具体的房屋被征收人，但从更广泛的意义上讲，权益抗争人是一个群体，该群体形象地描述和代表了房屋被征收人的集体合法权益。

(三) 权益抗争人维护的是自己的合法权益

只有合法利益，才有维护之说，如果是非法利益，就不适用维护，也就不可能得到法律的保护。相反，很可能还会受法律的制裁和社会舆论的谴责。这是正确看待权益抗争人维护自己合法权益一系列行为的前提。

(四) 权益抗争人的维权诉求会发展变化

为维护其合法权益，权益抗争人会做出一系列维权行为。这些行为包括征收决定公示和听证阶段的公众参与、征收补偿标准制定阶段的公众参与、征收补偿额的协商和讨价还价、被征收人的利益申述，以及以身抵抗暴力强拆等。

二 权益抗争人的性质

房屋及其附属物是被征收人的重要财产权益。当今所说的私有财产，经历了自然权利到法律权利，理论上的绝对权利到现实中的相对权利这一发展轨迹。自然权利者认为，自然权利是个人依据自然法则和人性得来的权利，作为天赋之权，其具有不可剥夺的特性。由于人们在自然状态中就拥有财产权，政府成立后只能保护它，而不能侵犯这种权利，即使"最高权力，未经本人同意，不能取去任何人的财产的任何部分"。正如法国启蒙思想家卢梭所言，"财产权的确是所有公民权中最神圣的权利，它在某些方面，甚至比自由更重要"。随着1776年美国《独立宣言》、1789年法国《人和公民的权利宣言》、1791年美国《联邦宪法》等法律法规的颁布和实施，自然权利就通过法律这一制度化的形式得以具体化并获得法律的有力保障。西方近代自然权利者主张，即使是出于公共福利，也不允许法律或国家侵犯私有财产。但绝对的权利和自由只存在于理论中，当来

自国家的限制成为一种必要且正当时，私有财产并不是绝对不可侵犯的。当今许多国家的法律都一方面承诺对私有财产权的保护，同时又对私有财产权做出了必要的合理的限制。

我国《宪法》第十三条规定：公民的合法的私有财产不受侵犯。国家依照法律规定保护公民的私有财产权和继承权。国家为了公共利益的需要，可以依照法律规定对公民的私有财产实行征收或者征用并给予补偿。《物权法》第六十六条规定：私人的合法财产受法律保护，禁止任何单位和个人侵占、哄抢、破坏。第四十二条规定：为了公共利益的需要，依照法律规定的权限和程序可以征收集体所有的土地和单位、个人的房屋及其他不动产。征收单位、个人的房屋及其他不动产，应当依法给予拆迁补偿，维护被征收人的合法权益；征收个人住宅的，还应当保障被征收人的居住条件。任何单位和个人不得贪污、挪用、私分、截留、拖欠征收补偿费。《征收与补偿条例》第二条规定：为了公共利益的需要，征收国有土地上单位、个人的房屋，应当对被征收房屋所有权人（以下称被征收人）给予公平补偿。

综上可以认为，权益抗争人是维护其合法权益而采取一系列行动的房屋被征收人，是一个特定情境下出现的维权群体。从法律角度讲，只要被征收人不做出违背法律法规的行为，保护自己的合法私有财产不受非法侵犯完全合法合理。现实征收搬迁实例中，权益抗争人为保护自己的房屋及其他合法财产不被非法侵犯而做出的诸如站在自家大门口与征收补偿方讨价还价、放狗咬搬迁队、放烟花爆竹阻止搬迁队伍入场等都属于抗争行为，虽然有些行为，比如后两类抗争行为方式欠妥，但这是我国司法保护效率不太理想的直接后果。若权益抗争人上诉到司法机关，申请保护自己的合法权益，司法机关可以及时高效地做出公开、公平、公正和有效的判决或裁决，权益抗争人就不会花费高昂的时间和金钱代价与房屋征收人诉诸公堂，更不会也不敢与政府部门公然"作对"。因此，权益抗争人所作出的维护自身合法权益的行为在我国这样一个司法实践掺杂一定程度的行政干涉和"人情味"，公民法制观念还有待进一步提高的情况下应该得到一定的肯定和支持。

三 权益抗争人的形成过程

权益抗争人的形成过程包括四个阶段，即萌芽阶段、强化阶段、成型阶段和激化阶段（向"钉子户"转化阶段），如表4-2所示。

表 4-2　　　　　征收人实际行为、权益抗争人的演化路径

征收人的通行做法	权益抗争人的演化路径
经济发展和城市扩张的行政化	权益抗争人的萌芽
征收目标与征收补偿方案的单方决定,不做详细和充分的调研和论证	权益抗争人的强化
征收补偿方案的机械性,缺乏对被征收人及其房屋(含附属物)特殊情况的考虑	权益抗争人的成型
对被征收人及利益相关者的弱关注和不关注	权益抗争人的激化和向"钉子户"转化

（一）萌芽阶段

权益抗争人不是先天形成的,其形成需要一定前提条件。从心理学角度讲,房屋被征收人首先要对征收人的征收决定和征收补偿标准产生一定的认知。通过对征收决定的合法性和合理性的分析,做出自己关于征收决定实际可行与否的认知判断;通过与同一区域（或邻近区域）征收补偿标准的对比,得出是否接受征收补偿的决定。

在萌芽阶段,房屋被征收人会根据自身阅历和经验、新闻媒体的报道以及与其他房屋被征收人的交流与讨论,对本区域房屋征收决定的程序是否合理启动自我认知。由于受教育程度、家庭背景、收入情况、家庭成员数量、就业状况的差异,被征收人对同一征收决定的认知也不尽相同。若是基于完全意义上的公共利益征收决定,只要征收决定程序严密,补偿安置到位,被征收人一般都会舍弃自己的一部分利益来取得社会未来更大的利益,也能理解政府的征收决定。若是基于非完全公共利益的征收决定,特别是商业行为征收,由于征收人的比较心理,他们的征收补偿预期往往比基于纯公共利益的征收补偿预期高,对征收决定的程序要求更为严格,对征收补偿安置方案的要求也就更高,只有在征收人的补偿额达到或接近市场交易下的补偿额时,被征收人才会积极配合征收人的征收行为,征收人的征收行动才不会遇到太大的阻力。

（二）强化阶段

在征收人做出征收决定、安排好征收补偿安置方案后,被征收人的权益维护意识逐渐高涨,并为最终形成权益抗争人做好准备。

在强化阶段,征收决定是否合法,征收补偿标准是否客观公正合理,成为被征收人关注的焦点。若征收人事先没有做好征收决定的可行性分

析，没有通过广泛征求公众的意见来做出征收决定，补偿标准偏低，极有可能会碰到很大阻力，特别是大片区的以"棚户区改造"或"旧城改造"为名义的征收项目，因涉及的被征收人层次多、数量大，很容易出现群体性的被征收人维权事件，若解决不及时，就容易导致被征收人向权益抗争人的转变。

在强化阶段，从众（或服从）也是导致被征收人向权益抗争人转变的重要原因。从众（或服从），也叫从众效应，是指当个体受到群体影响（引导或施加的压力）会怀疑并改变自己的观点、判断和行为，朝着与群体大多数人一致的方向变化和发展，也就是说，个体受到群体的影响而怀疑、改变自己的观点、判断和行为等，以和他人保持一致，即通常人所说的"随大溜"。

当个体对自己的判断不确定的时候，很可能遵从群体标准，因为在一定的条件下，人们不管群体判断合理与否，为了获取群体的认同，一般都乐于接受他人或群体提供的信息，进而与群体的观点或态度保持同步。当出现以下情况时，单个房屋及附属物被征收人往往更容易遵从群体观点：

1. 单个被征收人（个体）感到力不从心或有不确定感。
2. 被征收人（群体成员）数量达到3人以上时，而且一般群体成员数量越多，单个被征收人（个体）遵从群体观点的可能性就越大。
3. 被征收人（群体成员）的意见或观点一致时，只要有一个人持不同意见，他的支持就会极大地增强其他人做出不从众行为的勇气。
4. 单个被征收人（个体）崇拜被征收人群体的地位，觉得被征收人群体具备特有的吸引力。
5. 单个被征收人（个体）的举动可以被征收人群体观察到。
6. 单个被征收人（个体）所处的社会环境倡导人们尊崇社会标准。

虽然群体的力量是巨大的，但个体的力量有时也是如此，个体（或少数派）有时候也能改变群体（或多数派）的想法和观点，尤其是当个体（或少数派）坚定一致地表达其观点的时候。因此，当征收人做出的征收决定手续合法、程序合理、补偿安置到位时，最先同意搬迁安置的被征收人就会影响其他还没有及时签订征收补偿安置合同的被征收人。

（三）成型阶段

若被征收人的意见和建议没有得到很好倾听，补偿标准不尽合理，没有考虑被征收人的个体差异性，则会使被征收人发展为权益抗争人。

在成型阶段，征收补偿标准成为权益抗争人的最大关注点。在被征收人无法使得征收人放弃已经做出的征收决定后，被征收人就只能靠争取提高征收补偿标准来维护自己的合法权益。双方讨价还价的焦点是征收补偿的范围、征收补偿额的大小、安置房的区位、就业安置等方面。抗争行为既可能是间断性的，也可能是持续性的，这取决于权益抗争人的抗争情境，即权益抗争人被征收房屋的区位、历史传承、邻里关系、家庭成员数量、就业状况等，如果忽略了这些方面，权益抗争人的合法权益得不到司法机关、政府有关部门的及时有效保障，有可能迅速向"钉子户"转化，给征收人、社会带来负面影响。此时，应建立一种或几种表达权益抗争人诉求的渠道，如听证制度、网络建言献策机制、司法救济制度等，发现问题，及时解决和化解矛盾，加快征收进程，维护权益抗争人的合法权益，保持社会和谐稳定。

（四）激化阶段（向"钉子户"转化阶段）

在被征收人向有关部门反映征收决定决策不合理不合法，补偿安置不到位等诉求得不到及时、有效回复，有关征收补偿事宜不能得到有效解决时，被征收人就有可能采取种种行为和手段，有时甚至采取过激手段，来维护自身的合法权益。

在激化阶段后期，权益抗争人已经对合理获得补偿失去希望，并具有私有财产神圣不可侵犯的强烈愿望，因此才附带提出一些不合理要求。此时，如果政府强拆，必然会有极端事件发生。权力抗争人的维权性质也就发生转变，不仅成为我们通常定义的"钉子户"，也成了政府眼中的邪恶之人，必然造成"钉子户"转变成"自食其果"或被专政的受害人。

四 权益抗争人的合法权益保障

权益抗争人之所以抗争，往往是因为在征收补偿中没有得到合理的财产补偿，利益诉求没有得到应有的重视，征收补偿矛盾没有及时化解。因此，在开展征收补偿工作时，不仅要体现多数人的意愿，也要充分考虑少数人的特殊情况和合理要求，要更加重视维护权益抗争人在土地、财产、就业、社会保障和公共服务等方面的合法权益。

（一）完善权益抗争人合法权益保障法律法规，确保征收补偿公平公正

建立和完善权益抗争人权益保障法律法规关系到我国城市化进程的有序推进，事关改革发展与稳定的大局，关系到人民能否安居乐业的切身利益。我国目前的《土地管理法》、《城市房地产管理法》、《国有土地上房

屋征收与补偿条例》的相关法规在维护被征收人的合法权益方面缺乏可操作性，造成有法不可依情况的出现。因此，应尽快出台《〈房屋征收与补偿条例〉实施细则》及配套法律法规，在征收决定的决策程序和决策过程、补偿安置标准制定的依据、被征收人合法权益的申述、国家赔偿、违反法律法规的处罚和责任追究等方面进一步做出完善、明确、规范和可行的规定，切实保障权益抗争人的合法权益。

（二）转变政府职能，剥离联结的征收补偿经济利益

按照现代民主法治国家一般要求，国家不应干预经济主体（企业和个人）的微观经济行为，只需做好市场监管和提供充足可靠的公共服务。然而，在我国，由于受传统政治思想的影响以及当前官员考核指标的经济化，地方政府倾向于不断进行土地和房屋征收，进而靠扩大城市建设规模来展现官员政绩和获取经济利益，诸多权益抗争人的产生也在所难免，并广受诟病。因此，为建设现代型国家，政府需要切实从具体的征收补偿利益中剥离开来，补偿数额应完全依照市场价格进行，并做好征收后被征收人的工作、生活保障工作。

（三）加强对权益抗争人的认识工作，减少不必要的征收矛盾

鉴于权益抗争人是特定情境下出现的维权个（群）体，其在房屋征收补偿进度和效率方面又起着至关重要的作用，有关部门应对权益抗争人的内涵、性质及其转化过程有充分认识，对其形成机理的微妙细节进行捕捉，在征收补偿实践中正确运用相关理论，将与权益抗争人有关的冲突减至最少，防范和化解矛盾风险，确保建设工作有效推进。

（四）构建畅通的权益抗争人合法权益申诉体系，倾听大众呼声

完善的合法权益申述体系，可及时让权益抗争人合法、合理表达自己的诉求和关切，及时了解权益抗争人心理状态，有效化解征收人和被征收人的矛盾，减少伤亡等极端征收补偿事件的发生。如在符合有关政策和规划的前提下让一部分被征收人合理分享土地增值收益，充分考虑家庭人口较多被征收人的家庭状况，听取和处理老年人的"故居"情节等。建议在调节或仲裁机构、公益法律组织援助、政府司法救济、第三方机构公证等方面加强权益抗争人合法权益申述体系建设，使权益抗争人合法权益得以全面表达。

（五）强化征收补偿公众参与制度建设

房屋征收补偿实质上是一种公众行为，公众自始至终都应该是征收补

偿活动的重要参与主体。从这个意义上说，公众（被征收人及其他利益相关者）是房屋征收补偿活动中不可或缺的重要角色。房屋征收补偿工作的公开、公平、公正、科学、合理，离不开公众的积极参与。

传统的征收补偿方案制订过程中（见图4-1），征收人（一般是政府及其组成部门）完全不考虑公众的意见，或公众完全不参与征收人的征收政策制定过程，这样做出的征收政策由于缺乏与公众，特别是被征收人及利益相关者的沟通，在其执行过程中往往会遇到很大的阻力。

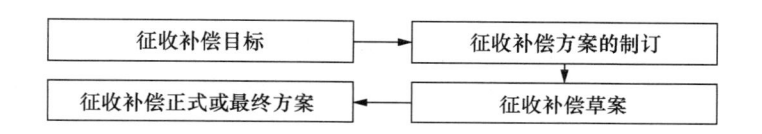

图4-1　传统的征收补偿方案制订过程

与传统的征收补偿方案制定过程相比，公开式公众参与征收补偿方案制定模式（见图4-2）大大提高了征收政策执行的可行性。该模式首先由征收人提出征收补偿目标，然后征求公众，特别是被征收人及其他利益相关者对征收目标的看法，随后公众确定问题、目标和解决方案，接下来经过与公众深入讨论，由征收人制订出征收补偿草案，进一步征求社会的意见和建议，在多轮公众参与下，做出正式或最终征收补偿方案。

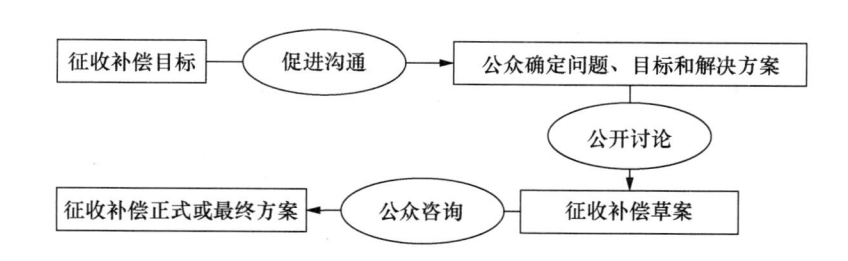

图4-2　公开式公众参与征收补偿方案制订过程

五　案例分析

（一）宜黄拆迁自焚事件

事件描述：

2007年，宜黄县兴建河东新区客运站，开始对涉及该项目的居民住宅进行拆迁。然而，由于宣传不到位、补偿价格难让人们满意等原因，一直到2009年年底，才将大部分居民住宅拆除，而钟如田家的三层楼房则成为最后拆迁的对象，虽然协调多次，但双方一直无法就安置和拆迁条件达成一致。征收方虽然提供了包括就近安置三套房产、提供一定年限的低保和另外提供宅基地三套补偿方案，但钟家认为这些补偿方案根本不能满足他们正常的居住需求，补偿价款偏低。为了顺利推进拆迁工作，宜黄县政府要求县供电公司停止向钟家供电，准备强制拆迁，钟家的生活受到严重影响。

2010年9月10日分管城建、房管的副县长李敏军带队，包括房管局、城管局工作人员和几十位警察强行进入钟家大院，态度相当蛮横。这让情绪本来就很激动的罗志凤、叶忠诚和钟如琴情绪更加激动，在看到政府人员强制进入了他们家院子后，他们认为政府要强拆房子，随即点燃倒在身上的汽油，由于火势迅猛，没有医生及时施救，导致三人当场严重烧伤，其中叶忠诚因伤势严重经抢救无效死亡。

自焚发生后，钟家的相机和手机甚至围观群众的拍摄机器都被收缴。政府甚至不让新闻媒体采访伤者家属，并派出便衣阻止伤者家属上访。然而，越堵越乱，有关媒体还是借助发达的网络，迅速将该事件传播，引来广泛关注，最终包括副县长李敏军在内的多名有关责任人被免职。

案例分析：

本案例是一起典型的暴力征收（拆迁）而导致的自焚案件，分析和梳理整个案件的发展过程，我们不难发现：

（1）征收人没有很好地考虑被征收人的具体情况而导致被征收人的反抗，是导致自焚惨剧的关键原因。从2007年开始，宜黄县有关部门就开始为兴建河东新区客运站而征收拆迁，但直到2009年年底才搬迁了大部分被征收人。钟家属于外来人口，家里人口较多，生活并不算富裕，他们要求获得公平的补偿，房屋被征收后家人的生活水平至少不低于房屋被征收前。可以说，从征收活动一开始，钟家就萌芽为权益抗争人。钟家要求原地安置，且要考虑到其家庭成员较多的特殊情况给予合理和公正的补偿。虽然协商多次，但征收人没有很好地考虑该房屋的历史渊源，给予的补偿一直无法让钟家满意，促使钟家从萌芽阶段的权益抗争人向强化阶段的权益抗争人转化。

（2）征收人没有认真及时回复被征收人的利益诉求是导致自焚惨剧的重要原因。河东新区客运站项目征收补偿拖延时间较长，征收人对社会稳定风险评估不到位。包括钟家在内的9家拆迁户曾集体向上级部门提出行政复议，没有得到任何回复。申诉无果后，钟家转变为实质的权益抗争人。

（3）征收人的武断行动是导致事件的直接原因。事件当天，征收人调集大量工作人员对钟家发起"袭击"，使得罗志凤和叶忠诚误以为房屋要被强拆，彻底击碎钟家希望，进一步演变成激化阶段的权益抗争人，并最终以生命为代价来维护自己的合法权益。

悲剧发生后，舆论一片哗然，当地官方发布新闻通稿称自焚是"不慎误伤"。在舆论的强烈质疑下，官方通过调查开始承认逼迁导致自焚的事实。不再限制被拆迁者及其亲属人身自由，让其接受媒体采访；不惜一切代价救治伤者，抚慰受害者家属情绪；对自焚事件中负有责任的官员进行调查和追责。

假若法律法规对征收补偿工作作出详细可行的规定，被征收人的诉求可以被及时和有效地倾听，政府有关部门严格按照法律法规和相应的程序办事，断绝与开发商的"利益链"，把人民群众的生命和财产安全放在首位，广大新闻媒体工作者积极参与权益抗争人的维权行动，极端事件就会少发生。

（二）重庆最牛"钉子户"的两年"战斗"

事件描述：

被征收房屋位于重庆市杨家坪鹤兴路17号，是一栋祖传下来的砖混结构二层小楼，具有完整的产权。房主是杨武与吴苹夫妇。房屋虽旧，但由于位于繁华的商业街，房屋可以当门面使用，收益不菲。

由于鹤兴路附近多是砖木结构和简易结构的老房子，容易引发火灾，下水道经常堵塞，居民生活不便。对此，有关方面准备对这一区域进行危旧房改造，建设新的商业街。1993年，重庆南隆房地产开发有限公司获得该地块并进行拆迁。但不久便遇到房地产宏观调控，开发商从银行贷不到款，开不了工，导致项目一再拖延。2004年8月，由于新的开发商的加入，该区域进入拆迁阶段，居民陆续搬出，到2006年9月，鹤兴路拆迁片区只剩杨家。后来，二人和开发商多次协商，吴苹要求实物补偿，并且要求还给她的房屋必须是原位、原朝向，双方一直无法达成协议。开发商向房管局提出行政裁决申请，要求二人限期搬迁，房管局做出限二人15日内自行搬迁，否则将申请法院强拆的裁决。15日后，法院没有强拆。因为《物权法》刚获得正式通过，这意味着公民的合法私有财产不受侵犯。

后来，随着媒体的广泛关注和开发商的资金压力以及政府的调节，夫妇二人与开发商达成一致，2007年4月2日晚房屋被拆除。

案例分析：

本案例是国有土地上房屋所有权人维护自身合法权益的经典案例。综观"最牛钉子户"的形成和发展全过程，可以得到如下启示：

（1）征收方在做出征收决定时应进行全面的经济、社会和技术论证，为征收及征收补偿后期的纠纷预留出足够的协调空间。本案中，第一个征收人（重庆南隆房地产开发有限公司）对国家房地产市场的调控政策研究不足，缺乏长期的预见能力，以致拖了10年才和其他开发商合作开发。既造成被征收人的利益受损，使吴、杨夫妇初步萌芽为权益抗争人，也浪费了开发商自身的资金和资源。

（2）征收方的补偿数额及方案存在较大的漏洞。吴、杨夫妇的这栋被征收的房屋产权明晰，房产证和土地证齐全。对吴苹、杨武夫妇而言，这栋房屋及其占用的土地还具有特殊的历史价值，是他们先辈生活历程的见证。吴、杨夫妇的这栋被征收的房屋属于砖混结构，比其他被征收人的房屋造价高一些。开始时，征收人给予吴、杨夫妇的补偿单价与给予其他被征收人的补偿单价基本一致，导致吴、杨夫妇的不满，随后的几次协商也都不欢而散，使吴、杨夫妇向权益抗争人的强化阶段转化。

对于吴苹、杨武夫妇的原位置、原朝向安置的要求，征收人依然久久没有同意。开发商到房管局寻求行政裁决，吴、杨夫妇拒不搬迁。房管局与开发商请求法院裁决，吴、杨夫妇仍拒不搬迁，这导致吴、杨夫妇完全转化为权益抗争人，夫妇二人将床、液化气罐、炊具等搬入房内，并在房顶插上国旗，墙上贴出《宪法》和《物权法》，随时准备抗争到底。

（3）吴、杨夫妇的权益抗争行动得到社会舆论的广泛关注以及上级领导的批示，是矛盾最终化解的主要原因，充分显示了舆论在征收补偿时巨大作用。在整个事件的形成和发展过程中，特别是在权益抗争人的成型和激化阶段，新闻媒体的有力介入和社会公众的普遍关注，使得征收人重新考虑其对吴、杨夫妇的征收补偿方案，在重庆市最领导班子的表态下，最终吴、杨夫妇与开发商达成协议，选择异地实物商品房安置，并获得 90 万元营业损失补偿。这是一个"双输"的结局——拖延了建设时间，增加了利息成本。吴、杨夫妇也耗费了较大的时间成本，并面临着人身和财产风险。

（三）中国最贵"钉子户"

事件描述：

被征收房屋为 6 层楼房，面积约 780 平方米，始建于 1997 年，距离深圳地标建筑——地王大厦仅百米。房屋的主人是蔡珠祥、张好莲夫妇。1997 年二人借钱在宅基地上盖起了这座 6 层小洋楼，此后，出租这栋房屋的租金成了二人的主要收入。2004 年 10 月 15 日，蔡、张夫妇所在城中村近 4.6 万平方米土地（包括宅基地）被卖给京基房地产开发公司，规划建设蔡屋围金融中心，是当时深圳投资规模和影响较大的旧城改造工程。

京基公司一开始给出的拆迁安置补偿方案是可以按"一比一"选择回迁，其中的 120 平方米可以现房安置，补偿价为 6500 元/平方米。而这时，蔡屋围一带二手房的单价超过万元，蔡珠祥认为补偿不公。双方一直僵持。随后，京基公司调整了对蔡、张夫妇的补偿标准。如二人选择拆一补一、回迁安置的补偿方式，拆迁人给予他们过渡期 25 元/平方米/月的补偿；如被拆迁人选择现金补偿方式，拆迁人同意现金补偿标准在原 6500 元/平方米的基础上适当调整至 9000 元/平方米。蔡、张夫妇仍不同意，事情一直拖延。

2007 年 9 月 21 日，罗湖区法院和拆迁双方调解了四次。双方终于签下了天价拆迁补偿协议。9 月 22 日，1200 余万元补偿款打入蔡家账上。

案例分析：

本案例是分析钉子户形成过程的经典案例。回顾事件发展的始末，对于指导房屋征收补偿具有现实意义。

（1）做出征收决定时应全面公示，征求被征收人、专家学者的意见。本案中，虽然政府注意了程序合法，在有关报纸上进行了公示，但却忽略了这些报纸阅读对象的特定性，没有深入到被征收区域宣传，也没有结合被征收人的特点进行一对一的解释工作，导致蔡、张夫妇和其他村民都很愤慨，用他们的话说，"卖我的东西，却不让我知道"。以后的征收难度可想而知，这也是刺激蔡珠祥向"钉子户"一路狂奔的首因。

（2）要合理界定公共利益范围。本案中，被征收区域规划建设深圳市金融中心，从长远来讲，可以极大提升深圳在全国改革开放桥头堡的地位。然而，短期内，被征收人认为其中的商业开发比重较大，因而必须按商业拆迁补偿标准进行补偿。事先若政府多方面进行宣传，征收人协调好与被征收人的关系，可能就不会遇到这么大的阻力，也不至于使蔡、张夫妇成为权益抗争人。

（3）应合理制定征收补偿标准。如蔡、张夫妇所言，评估机构根本没有进入其房屋，得出的结果让人怀疑。同时，近年来，深圳被征收区域房价一路飞涨。也正因为此，根据对市场的判断和对法律法规的研读，蔡、张夫妇坚决维护其合法权益，一度被媒体形容为"情比金坚"。此时，征收人不应干预评估机构的客观公正评估，评估机构也不能为了获取业务而舍弃房地产评估的基本道德准则，真正做到补偿的客观公正、充分合理。征收人不能等到"钉子户"出现后才给予高额补偿，否则就可能成为鼓励全体被征收人去做"生命不息，战斗不止""钉子户"的诱因。

（4）要考虑被征收人的特殊情境。蔡、张夫妇是村里的外来户，和同村人关系一般，交往不多。并且，由于没有融入蔡屋围村，二人无法获取村里的资产股权。正如蔡珠祥所说，"我没有村里的股权，只有这块宅基地。如果房子得不到公平补偿，那拆了就拆了，我什么都没有了。"社交网路的限定性导致二人对外界的不信任，使得房屋成为他们最值得信赖的物件。事实上，二人正是靠出租房屋的租金来维持家庭的有效运转，如果一开始征收人就了解清楚这些信息，并采取切实有效措施化解这些矛盾，可能就不会有下面的直接"对抗"，就不会导致工作的延迟。

（5）舆论在征收补偿时具有重要作用。双方进行过多次谈判，但都因补偿标准的不一致而失败。此时，正值重庆钉子户事件讨论激烈时期，各路媒体纷纷报道，给政府和征收人带来了巨大的压力，也正是这些压力，最终导致双方相互妥协，造就了当今中国的最贵"钉子户"。

不论是物权法下私人物权的保障，还是滥用权利的漫天要价，给我们提供了研究权益抗争人心态和行为呈阶段性变化的思路。

第五章　政府职能及其转变分析

城市房屋征收过程中带来的诸多问题要求地方政府重新定位自己的角色和职能转变，加快从发展型政府向服务型政府的转变，施政方式从注重依靠行政手段管理向注重依靠经济法律手段管理的转变。党的十八届三中全会清晰界定了政府职能和作用，可以概括为五项职能，即宏观调控、市场监管、公共服务、社会管理、保护环境。明确提出切实转变政府职能，建设法治政府和服务型政府，完善发展成果考核评价体系，纠正单纯以经济增长速度评定政绩的倾向，代之以资源消耗、环境损害、生态效益、产能过剩、科技创新、安全生产、新增债务等软指标的权重。

第一节　政府职能的本质

一　政府职能

政府职能是指政府为了给社会成员提供公共服务，在一定的时期内对国家的建设以及社会发展所应当发挥的功能和作用。通常情况下政府职能也被人们称为行政职能，它主要是指国家的行政机关在管理国家和社会公共事务时所应当承担的职责。政府职能为国家的行政活动规定了基本方向，具体而言，政府职能包括政治职能、经济职能、文化职能以及社会职能，其中政治职能是首要的，它关系国家的安全和社会的稳定。经济职能主要是管理社会经济以促进国家经济的发展。

二　房屋征收过程中的地方政府职能

在我国，房屋征收是一种行政行为，必须由政府向房屋所有者进行。地方政府在房屋征收的整个过程中作为一个全程参与者，权限较大。房屋征收的主要目的在于实现资源的有效配置，加快城市建设、经济发展和提高人民的生活质量。在房屋征收过程中，地方政府职能主要涉及政治职能、经济职能以及社会职能，具体而言即是要保证国家相关政策的合理实施，维护社会秩序的安全稳定；在确保经济秩序有效运行的前提下积极推动社会经济的快速发展；切实有效地维护被征收人的合法权益和应得利益，保证城市的发展建设和社会经济的发展能够惠及于民。但在房屋征收具体实施过程中，由于制度和监管的缺失，地方政府作为房屋征收者有权根据相关法律来对"公共利益"的范围具体化，同时也可能凭借法律对公共利益规定较为宽泛的缺陷，对公共利益概念进行人为的扩大以增加其所应该管理的范围并做出房屋征收的决定。

在城市房屋征收的过程中地方政府作为公共利益的代表者，公民权益的维护者，市场经济运行的协调者、管理者和服务者，政府及其工作人员应依法行政，秉公处事，协调好各个方面的利益，解决好征收补偿过程中错综复杂的社会矛盾。

然而近年来，城市房屋征收中被征收人的财产权利及人身权利频频受到损害，严重影响社会的安定与和谐。因此，必须对城市房屋征收中的政府职能进行改革，要转变思想，解决政府被赋予的公权力究竟为谁服务和为什么服务等问题。政府什么时候该作为，什么时候不该作为，以及如何定位政府在城市房屋拆迁中的角色已成为一个重要课题。

三 政府职能转变

政府职能转变，是指国家行政机关在一定时期内，根据国家和社会发展的需要，对其应对社会公共事务管理的职责和所发挥的功能、作用的范围、内容、方式的转换与变化。政府职能转变的必然性，是由影响政府职能的诸多因素决定的，包括管理职权、职责的改变（对哪些事物负有管理权责，管什么，管多宽，管到什么程度），管理角色（主角、配角等）的转换，管理手段、方法及其模式的转变等。[①] 党的十六大报告指出政府的职能主要包括社会管理、经济调节、市场监管和公共服务；十七大报告要求建立权责一致、分工合理、决策科学、执行顺畅和监管有力的行政管理体制，加快推进政企、政资、政事分开，政府与市场中介组织分开，减少政府对微观经济运行的干预。十八大是我国在深化改革开放、加快转变经济发展模式时召开的，十八大报告要求加快转变政府职能改革，增强政

---

① 魏亚飞：《"社会管理创新"语境下的公民社会培育研究》，硕士学位论文，中共四川省委党校，2013年。

府经济调节和市场监管的职能，强化政府公共服务职能，强化政府社会管理职能，特别是对深化行政体制改革提出了明确要求，要建设职能科学、结构优化、廉洁高效、人民满意的服务型政府。党的十八届三中全会清晰界定了政府职能和作用，可以概括为五项职能，即宏观调控、市场监管、公共服务、社会管理、保护环境。明确提出切实转变政府职能，建设法治政府和服务型政府，完善发展成果考核评价体系，纠正单纯以经济增长速度评定政绩的偏向，加大资源消耗、环境损害、生态效益、产能过剩、科技创新、安全生产、新增债务等软指标的权重。

第二节 房屋征收中的政府职能错位

一 "公共利益"的滥用

所谓房屋征收，是对公民房屋所有权和国有土地使用权的征收，在法律上导致土地权利流转给征收人。房屋征收合法性的判断依据是征收土地是否符合法律规范，这是第一位的，而在土地征收的过程中，合法性的判断则要看是不是出于对共同利益的满足。《征收与补偿条例》仍然把很多裁量权给了地方政府，而地方政府又有难以抑制的土地财政冲动，进而导致政府借公共利益需要之名为开发商谋取利益。

马克思、恩格斯指出：正是由于私人利益和公共利益之间的矛盾，公共利益才以国家的姿态而采取一种和实际利益脱离的独立形式，也就是采取一种虚幻的共同体形式。在征收过程中最初目标和实际情况往往发生背离，起初政府是为公众谋利益，但在操作中由于受各种利益诱惑偏离初衷，使群众需求得不到满足。另外，在对建设项目进行审批时，政府权力使用不当，混淆了商业项目与公益项目的界限，将商业性质的项目定性为公益项目，并借助行政手段顺利推进。

二 利用征收谋取私利

过去城市化过程中，政府往往利用手中的行政权力要求特定土地上的居民搬迁。将土地回收后，政府又以高出征收补偿款很多倍的转让价将土地使用权转让出去，以此获取巨大的差额。在这场利益的博弈中，在利益分配机制缺失的情况下，本应是利益获得者的被征收人成为"牺牲品"。而相对于个人，政府具有巨大的信息优势和权力优势，政府往往利用这种信息的不对称，轻而易举地聚敛大量财富。对于有巨大升值空间的土地，政府会想方设法采取行使城市建设规划权等手段收回国有土地的使用权，即通过将这些地区规划建设成高档住宅区和商业中心的方式，使地段的价值得到有效提升，当商品房和店铺以高额的价格卖出后，政府就能获得巨额利润。政府受到巨大利益的驱使积极进行征收活动。权利与资本结合，政府与开发商合谋，与民争利，公众的利益特别是原土地使用权人的利益受到严重的损害。

三　公共利益与商业利益的相互交织

政府应代表公众的整体利益，是城市建设与开发规划政策的制定者。它从人们不同的需求出发，确定优先发展的项目和资源调配。以地铁建设为例，一个城市的交通政策是政府根据城市发展的总体框架而制定的，在地铁等城市公共交通系统的建设和发展问题上，政府的公共职能部门有责任确定公共交通服务的具体内容和形式，划定公共交通服务的覆盖区域，以及为实现这些目标进行投入和建设运营。

政府为了项目融资的便利，在大型基础设施建设项目中多采用PPP模式、BOT模式和其他委托投资模式。而香港地铁作为全世界为数不多的能够盈利的地铁建设模式备受推崇。所谓香港模式即"地铁+物业"，简单地说就是香港地铁公司同时开发地铁项目和地铁沿线房地产，通过沿线房地产的开发来弥补地铁项目亏损并获得收益。在兴建铁路的同时，香港地铁公司邀请地产商合作发展沿线车站及周边物业。地铁公司除负责管理落成后的物业，亦会选择保留商用物业作为投资，并使用现有的资产及技术开拓新的商业。香港地铁在一开始规划阶段就把发展社区考虑进去，而随着地铁网络的不断延伸，地铁与社区的沟通协作越来越宽泛和紧密，为地铁提供了稳定而不断增长的客流，而客流回报地铁最直接的就是铁路业务量的不断增长。[①]

香港地铁公司是私营的大型上市公司，投资运营和管理完全合为一体，其投资和收益具有完整和严密的策划，利益归属则相当明确。而国内地铁建设带有浓重的政府色彩，在项目的运作过程中政府虽然作为公共利益的代表，但为了降低资金利用的机会成本，政府借公共利益之名征收的土地进行商业开发对建设项目进行补贴，带有政府背景的轨道公司以地产

---

① 徐刚：《香港地铁的盈利模式研究》，硕士学位论文，西南财经大学，2009年。

开发商的思维及营销模式进行物业综合开发、建立市场化运作机制以保证项目如期进行。这种开发模式带来一系列问题，激化了社会矛盾。

第三节 房屋征收中地方政府行为分析

一 地方政府具有垄断地位

在权力高度集中的计划经济时代，地方政府作为代表中央政府，根据宏观政策的指导，在其管理对象、范围、层次内行使行政权力，它几乎没有包括自己经济利益在内的独立利益。地方政府在其权限范围内，其最基本选择是要服从国家的整体利益，因而地方经济发展缺乏驱动力。改革开放以前，为适应形势和任务的变化，我国多次调整中央与地方政府的关系，但都只是在行政体系内实行纵向调整，没有打破原有的经济政治高度一体化的格局。1980年以后的分权改革致力于打破这一格局。中央政府针对以往的经济体制改革没有解决的职权划分问题，在新一轮改革中，政府强调处理好党、政府同经济组织、群众团体之间的关系，要实现政企分开，让企业拥有更大的自主权，同时给予地方政府经济权力、财产权力和人事权力。

（一）地方政府的财产权力

为了激发出地方政府的经济活力，带动财政收入增长，在"统一领导、分级管理"原则的指导下，中央政府改变了计划经济体制下财政统一管理的过度集中的管理模式。地方政府实现了从被动安排财政收支到主动参与经济管理的转变，并且拥有了更多独立的利益。随着财力的不断增强，政府对本地区重点项目建设能力增强，对各种公共事业的投入增大，对地方经济社会发展确有促进和推动作用。

（二）地方政府的人事权力

为了调动社会的积极性，努力满足人民的物质和精神方面的需求，将大量责任下放给地方政府。中央将地厅级行政官员的权利下放给省（市，自治区）管理，县一级领导的管理权被下放到地（厅）级。因此地方政府应该大力发展当地经济，实际维护人民利益，提高地方人民的生活福利，这样政策才能得到有力支持，政府在地方才有较高的权威，如果地方政府不能做好，就会受到地方舆论的谴责。随着地方财政收入的增加和财政权力的扩大，并且拥有了人事权力，这使得地方政府容易做出与中央相抗衡，违背人民利益的行为，再加上地方部分政府官员素质不高，容易主观臆断，做出专断的行为，这将进一步激化征收中的矛盾，导致潜在暴力事件的发生。

（三）地方政府的经济权力

中央通过权力下放发展了地方经济，也减少了政府开支，地方政府拥有更独立的行事权力。

二 地方政府在房屋征收中的利益驱动

政治代理人具有公职人员和利益个体双重身份，在履行公共责任时总是存在平衡公众利益和自我利益的困扰。如果一种职业仅仅代表他人或公共利益，而没有直接代表从业者利益时，这就使得委托人与代理人容易出现矛盾，因而代理人可能背离委托人的利益。地方政府在房屋征收过程中既是公共利益的代表，又是私人利益的代表，所以政府行为都是围绕着对这两种利益的追逐进行的。

（一）社会经济利益取向

政府征收取得的土地是用来提供非排他性和非市场竞争的产品。地方政府通过征收土地发展城市，使城市功能更加完善，空间资源得到充分利用，让城市在区域中更好发挥集聚和规模效应。政府为了实现公共利益最大化，通过土地征收实施一些可以发展经济，完善基础设施的措施。被征收人可以是市场上的一方，有资格对政府提出的补偿条件讨价还价，但不能对经济补偿进行无限度的追求。

（二）个人利益的追逐

城市土地一级市场的供应方是政府。对于开发商而言，从申请选址到获得土地使用证，需要经过复杂的土地报批程序，并须办理一系列的手续，中间环节过多，不仅会增加开发投入成本，也会使交易成本偏高。与此同时，开发商还要承担由于等待带来的商业机会错失的风险以及其他闲置资产带来的不菲的交易费用。由此可以看出，长期与政府保持良好的合作关系是开发商最好的选择。开发商与政府的交易不是一次性的，而是长期的。开发商也会利用其资本优势，对政府相关部门及其管理人员进行投资，以期长期维持与政府的合作关系。这就是政府公职人员以权谋私行为的源头。对个人利益的追逐，进一步导致政府人员在征地工作中随意化、主观化的政策倾向。例如，一些房地产商打着经济适用房的幌子以协议或划拨的方式从政府有关部门获得土地使用权，将征来的一部分土地建成商品房，获取高额的利润；有的地方通过对经营性土地先行立项，先行选址等方式来规避招标、挂牌转让和拍卖，从而获得土地的使用权。

（三）政治利益的驱动

政府热衷土地财政的另一个重要因素是地方官员任期内的政绩激励机制，这种压力主要来自中央政府部门。虽然分权改革使地方政府拥有很大的自由裁量权，但是，中央政府对地方政府的考核还是主要通过政绩考核方式。中央政府通过分解任务，量化管理指标，给地方政府一些刚性任务，迫使地方政府与开发商合作。地方官员要努力达到指标，才能得到上级的肯定和信任，更容易得到自己需要的政治经济资源。因为信息的不完善，中央政府很难直接观察地方官员的表现，也很难对地方官员政绩综合评定。由于没有更可行的评价方法，中央政府只能将领导目标细化为一些方便观察和操作的具体指标作为评定政绩的依据。

就中国现行的政治体制而言，在考核地方官员的过程中，更关心的是经济增长，例如财政收入状况，GDP 增长情况，招商引资力度，甚至一些"形象工程"等。当地经济的发展情况直接关系地方政府官员的提升，地方经济发展得越好，地方官员提升的概率越高。此外，国内在经济增长的统计方面只是对各项增长指标进行简单的量化和比较，这在很大程度上造成地方官员急功近利，把主要精力放在时间短见效快的项目上，其中就包括能带来巨大经济利益的土地项目。

三 房屋征收法律法规的不健全

首先是公共利益界定的不明确。公共利益的界定历来是个难题。公共利益与私人利益存在此消彼长的关系。虽然我国《宪法》第十三条也明确规定：国家出于公共利益的考虑，可以在法律规定的范围内依法对公民的私有财产实现征收并给予被征收者相应的补偿，但公共利益的含义过于笼统，在实践中多由行政机关确定什么是公共利益。其次是补偿的数额法律规定不明确。数额的认定虽有评估机构，但由于受制于政府，其随意性较大。我国发生的暴力强制征收也大都是因为补偿数额和权利人期望之间的存在较大差距所致。[1]

四 政府主导房屋征收模式不完善

在《征收与补偿条例》中政府成为唯一的征收主体，在征收过程中

---

[1] 郭秉菊：《房屋拆迁中地方政府职能定位之法律分析》，《金陵科技学院学报》（社会科学版）2011 年第 3 期。

居于主导地位，而不是处于居中位置，负责平衡征收人和被征收人的利益。政府作为土地代理人与公共利益具有一致性。

政府主导的房屋征收模式方向虽然是正确的，但由于房屋征收补偿涉及千家万户的切身利益，涉及方方面面的问题，必须及时跟进其他配套的制度措施，加强对政府征收补偿的监管。

从立法的角度，政府角色的转变是个进步。政府主导征收可以最大限度地去除商业利益，政府进行征收的唯一前提是公共利益。但此制度设计并未达到预定目标，甚至带来了一些负面影响，最直接的表现就是对于被征收人的救济力度变弱了。之前，征收许可证是所有从事征地的单位必须具备的合法凭证，要取得征收许可证必须具备立项审批、规划许可证等五个前提条件，这些条件均可诉讼。现在，征收只需征收许可书，虽然征收决定的合法权可以审查，但判断征收是否合法主要看是否出于公共利益，而对公共利益的界定有很大的争议，这导致诉讼变得极为困难。在《征收与补偿条例》中，明确界定五种属于公共利益的情况，这是新条例的进步；但最后一项条款，准许行政法律法规另有规定，这意味着赋予政府较大的权利和自由空间，易出现以公谋私的现象，例如，根据城乡规划法有关规定政府有权组织实施对基础设施落后、危房集中等地段进行旧城区改建。但针对旧城区改造程序的问题，新征收条例的草案和定稿存在很大出入，第二次征求意见稿中规定需获得超过 90% 的被征收人同意。然而许多地方政府对此条抱着强烈的抵触情绪，在后来正式出台的条例中模糊的"多数人"取代了具体规定。

不论是 90% 以上的被征收人同意还是相对模糊的"多数人"同意，剥夺个人私有财产都是违宪的，因为任何人都不能剥夺公民的私有财产。近些年，在城镇化建设、旧城改造等过程中一些久拖不决的拆迁补偿纠纷，引入直接民主，让利益直接相关者投票决定是否强拆渐渐成为一种趋势，即便不能依靠投票彻底解决问题，至少也能够争取舆论同情，抵消因为拆迁而给民众留下的不良印象。

从一定意义上讲，能够引入直接投票让民众参与决策，遵从"少数服从多数"的原则是一个进步。但必须注意到，有很多事情是不能依靠简单的"少数服从多数"来决定的。

我国是政府主导型社会，行政权力集中，政府的定位不明晰。政府的行政职能应当是管理而不是经营。在实际情况中，拍卖土地获得的收入是地方政府财政的主要构成部分,土地财政是政府征收的原动力。过去,政府是以幕后征收人的身份活动,以潜能量影响征收。而现在,政府在《征收与补偿条例》的庇护之下堂而皇之从征收的幕后走上台前。之前政府参与征收都是在暗地里进行的,新条例为政府参与征收开辟了一条绿色通道,原本希望被征收人利益得到更好保护的预期并没有得以充分实现。

第四节 政府角色及其利益制衡

一 政府扮演"双重角色"

现实生活中政府实际有多重角色,其中有两个角色最重要,一个就是作为服务者提供公共产品,另外政府也可以从事商业活动。但在房屋征收补偿过程中,政府的两个角色是错位的。

政府代行属于国家所有的城市土地的所有权,在维护公共利益进行的房屋征收过程中扮演两个角色,既是土地所有权代理人,又是公共利益的代表者。在所有权与使用权分离的情况下,居民拥有的仅仅是该土地的使用权。政府这两方面的角色相互支撑:一方面作为公共利益的代表,政府必须是出于维护公众利益而征收房屋;另一方面作为土地所有权的代理人,政府有权决定是否征收或收回土地。征收过程中,如果作为土地临时拥有者的居民不从属于征收范围的土地上搬离,这样不仅违背了公共利益,也使充当土地所有权代理人的政府的权利受到损害。因此,在必要的时候,政府可以出于维护土地所有权和公众利益的目的采取相应的强制手段。由于政府把自身的权力和土地所有权结合起来,这样,被征收人自始至终处于弱势地位,而政府从来就认为其行为是完全正当的。

二 严格控制政府征收权利的放大

公共利益如何界定非常重要。作为一种强制性的征收私人财产的行为,除了通过立法对公共利益本身进行界定之外,更重要的是对于如何认定公共利益本身设置一个公正的标准,这甚至可视为征收是否公平公正的价值之所在。对公共利益界定的立法,可参照行政诉讼法中行政案件受案范围的立法模式,采用概括、列举加排除的方法。《征收与补偿条例》在公共利益的认定上较之前有了一个历史性的进步,在第三条列举七种属于"出于公共利益需要"而可以征收私人房产的情形,界定公共利益的方式主要包括列举式和概括式。两种方式均有一定的自由裁量权，政府完全可能放大公共利益而忽视被征收人的利益，不能完全禁止"因公之名"而为私益（或部分公益部分私益）进行征收的可能。为了控制这种权利的无限扩大，遏制一些地方政府在此过程中的利益冲突，必须明确公共利益的范围和认定程序，规定公平的补偿标准，防止政府与开发商合谋进行的商业征收。尤其是夹杂着开发商利益在其中时，应该明晰公共利益和商业利益的关系，政府的征收不能为了商业利益，只能是为了公共利益，而基于非公共利益的搬迁，则由开发商、土地使用权人和房屋所有权人通过谈判方式解决，更多的是一种双方平等、单纯民事的法律关系，并不牵涉到征收。在国外，有两种方式明确界定公共利益，一是利用议会法律规定何者为公共利益，如澳大利亚规定，议会有权制定法律来限定与国家土地有关意图的任何目的。二是通过法院判决土地征用是否符合公共利益。

三　征收协调机制的探索

在房屋征收过程中，作为征收人的政府是土地所有权代理人和公共利益实现者双重角色的合二为一，很容易与被征收人产生直接冲突。被征收人只是土地的临时使用者，而政府则是国有土地所有权的代理人。《征收与补偿条例》规定，被征收人超过规定期限不搬迁的，由政府依法申请人民法院强制执行。征收双方产生矛盾冲突原因和建立协调机制缓和矛盾的方法，归根结底在于对公共利益界定的严格控制。

为了控制对征收权利的过度放大，减少和缓和社会矛盾，必须加强施行公开参与、权力制约和权责统一。要依法保障行政行使相关程序权利和民主权利，例如听证权、陈述权、申辩权、知情权。采取一系列措施，尽力做到决策和执行过程的公开透明。对以公共利益为由实行的公权力必须更加有效监督。一方面借助社会舆论等民主监督形式对行使公权力进行制约；另一方面还要进一步加强国家权力性监督，规范政府公权行使过程，包括司法部门、上级单位、专门机构的监督。当某些掌握公权力的部门借助维护公共利益名义使公民的基本权利受到损害和限制之后，通过监督机构认定，如果其不是真正出于公共利益的需要，则应让其付出相应的代价，严格追究其道义责任、法律责任、社会责任、政治责任。这是最有威慑效力和普遍适用的控权机制与判断标准。《征收与补偿条例》中对公共利益的列举比较宽泛，在实际中可能导致将公共利益人为扩大化，滥用公共利益之名侵害公民财产权利。为防止此类风险的发生，必须设定公共利益的界定程序。由于实践中政府机关往往有强烈的动机扩大公共利益的界定，因此，公共利益的界定程序必须由政府机关以外的机构进行界定和裁决，应由政府机关申请征收，人大进行公共利益的界定和审核并组织利益相关人听证会，听证会后由人大举手表决，以2/3多数方可批准每一项征收决定。一旦发生争议，由法院进行裁决。三方制衡，防止一方独大。以往案例已经证明，政府机关利用各种手法滥用公共利益、强制搬迁，如果由政府一方主导，难免存在巨大的操作空间，必须由不同的机构进行分阶段审核，避免一方独大没有制衡。

第六章 城市人居生存环境分析

城市房屋征收是一项系统工程，政府在推进公共利益项目的同时，需要对项目实施的可行性进行论证。政府不仅要转变职能，做好市场规则制定者的角色，还要对征收过程中的弱势群体给予充分的保障，以满足其基本的生存居住需要。城市居民生活在一定的社会环境和人文环境中，已经对周边环境产生依赖感，房屋被征收后，既有的生存环境平衡被打破，如何弥补由征收而产生的失落感以及建立新的平衡，成为亟待解决的问题。

第一节 城市人居环境

人居环境是人类居住生活中自然、经济、社会和文化环境的总称，涵盖了居住条件和与居住生活有关的自然地理、生态环境、文化教育、社会风尚、生活品质和生活便利程度等方面。人居环境由住宅本身价值所体现的住宅环境质量、公共服务设施组成的硬环境和以居住活动为主体的人及其各种需求的心理感受所形成的软环境构成。居住条件包括住宅本身的使用性能、质量品质、安全和私密性等；住宅环境包括住宅所处的自然、人文及人工等环境；心理感受主要体现在居民对生活、安全、社交、尊重和自我实现需求等方面，比如生活方便舒适度、信息交流与沟通的开放性程度、社会秩序状况、安全感和归属感等。人居环境是一个由以人为中心、住宅为载体、环境为依托所组成的居住活动整体。

城市人居环境是自然环境与人类社会经济活动过程相互交织并与各种地域结合而成的地域综合体；它是城市居民生存活动的地理空间和场所，不仅指一切服务于城市居民并为居民利用的各种物质实体和空间，还包括贯穿其中的人口、资源、环境、社会经济发展等方面，是人文与自然协调，生产与生活结合，物质享受与精神满足的统一。本书所指城市人居环境是在城市地域空间范围内，以居民为中心，以其住宅为载体，所进行的居住、学习、生活、工作等，并与自然、社会、人工等环境相互交织形成的综合体。

第二节 城市人居平衡系统

一 人居平衡的提出

人居平衡系统是人居环境的重要组成部分，是城市化进程中的客观存在。通常政府或企业注重实体建筑、土地使用权、市场价值等，而容易忽略住宅的主体——人，包括人的心理感受，人与社会长期结成的各种不同等级的社会关系、经济关系的相对平衡。被征收人长期处于被动、弱势地位。被征收房屋往往位于城市的中心地段，特别是旧城改造项目中的房屋，大部分面积很小、较为破旧、基础设施不齐备，且被征收人多为低收入人群。《征收与补偿条例》规定对被征收人的利益保护等方面考虑不够完整，比如只补偿直接损失，对被征收房屋占有范围内的土地使用权，因搬迁造成的被动消费，诸如造成生活、工作和学习成本增加，以及工作机会丧失的损失补偿等无形利益不予补偿，几乎没有考虑生存环境等社会保障方面的补偿。无疑加重了被征收人的实际负担，破坏了原有的人居生存平衡。政府在强调为大多数人谋利益的同时，不自觉地伤害极少数人。

二 系统内涵

城市人居环境中，由城市居民、住宅和环境三大要素构成居住活动，人的生理和心理、住宅质量、经济和社会等因素构成复杂系统，当系统满足一定条件时达到平衡，即为城市人居系统平衡。而城市人居系统的平衡主要是依靠人、住宅和环境这三大要素的协同作用，尤其是以居住活动为主体的人起着决定性作用。简言之，在城市人居环境系统中，要重视人的生理适应程度、心理感受程度、住宅品质、经济合理性和社会关联性等能否得到最大限度满足。当满足时实现平衡，不满足时则失去平衡。

三 系统层次

住有所居是人的生存权最基本表现形式，是人居活动最基本的反映。因此，人居平衡系统具有客观存在性。随着城市规划的不断实现，新型居住区逐渐成为城市亮点和生活休闲栖息地，人们经历从"住得上"到

"住得起"逐渐过渡到"住得好"的过程。人们在不同时期的生活水平、生活习惯、审美能力等决定了人居活动中居住环境带给人的不同心理感受及不同程度的满足感。人居环境和人的经济收入水平都是发展的,当居民根据自身经济实力选择了某一人居环境,此时平衡才会形成。在城市人居系统中,主要包括以下三个层次:

(一) 稳定的平衡系统

该系统由符合健康舒适型的居住空间、环境所构成,住宅通常为社会成功人士及亲属拥有。住宅本身的硬件设施和社区环境规划较好,住宅往往为别墅和高档商品房。由于住户的社会地位受人尊重,因此不容易受到外界的干扰,这种小区系统超级稳定。当有外力冲击时,系统缓冲较大,矛盾解决方式文明且有耐心。

(二) 基本稳定的平衡系统

该系统内住宅有一部分是商品房,但大多数是单位房改房或城市直管公房,居民关系简单,大多为同单位人员,容易形成心理上的满足。由于大多是单位或政府福利,加上地处成熟社区,在相当长的时期内将是城市居住的主流,小区处于一种基本平衡的状态。当有外力加载时,系统有一定的缓冲,矛盾解决方式文明而有序。

(三) 脆弱平衡系统

该系统内居民多为低收入阶层,多处在棚户区内,遇有外力作用比如房屋征收或搬迁,系统无缓冲地带,由于直接触及居民生存底线,容易激化矛盾,平衡系统将遭到破坏。并且补偿如果不到位或仅仅通过所谓的市场评估价给予补偿,这个平衡系统很难恢复。近年来,许多地方政府为快速推进保障房建设,趁势大规模开展棚户区改造,这块面包很多开发商早就虎视眈眈,因此,其影响有待评估。

四 系统结构

城市人居系统的组成中包括人、满足居住需求的住宅以及居住环境,它们共同构成了居住活动。其中,人是居住活动的主体;住宅是居住活动的载体;环境是居住活动的客体。如图 6-1 所示。

(一) 居住活动——人、住宅和环境

人居平衡系统是人们在居住活动中表现出来的人、住宅和环境三构成要素之间的关系,它们相互影响、相互作用,形成以人的心理、生理感受为中心的动态的开放复杂系统。住宅和环境是对立统一体,住宅规划设

计是否和城市规划的功能一致，是否与周边的环境相协调，它们达到相对平衡后构成一个更大的环境，并与居住者产生新的对立统一。居住活动始终伴随这些矛盾的不断解决而获得满足，正常情况下这种满足即为平衡。

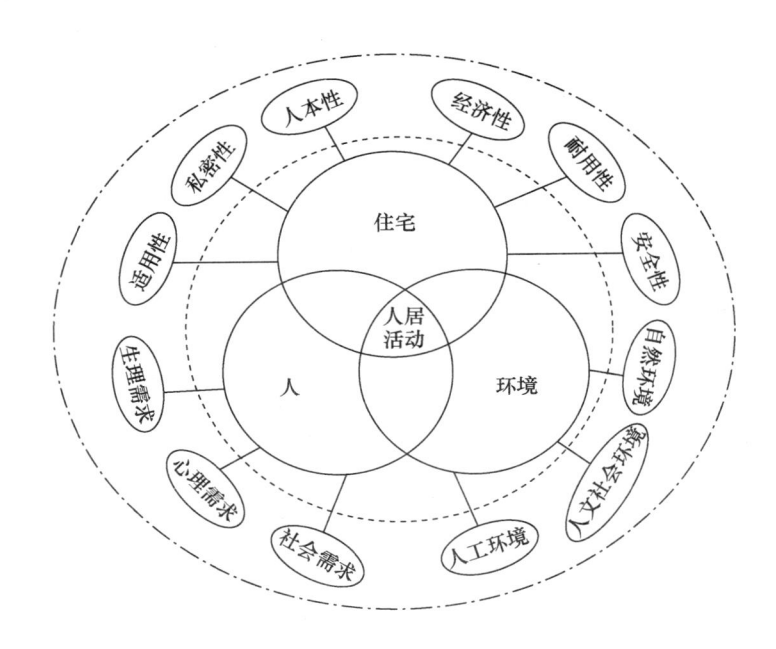

图 6-1 城市人居平衡系统的组成所构成的居住活动

（二）居住活动的主体——人

居住活动不能离开人。住宅是满足以家庭为社会最小组织单位遮风避雨和休养生息的基本场所，同时也是最廉价的社会交往场所。住宅因有人的存在而产生价值，人们不仅使用、占有、维护它，也把它作为生活的归属地，不管工作、学习、生活有多大压力或是外出有多远，均可以回家得到调适而重新迎接新的生活。任何人都有对居住环境进行审美的能力。人们会多角度对居所和环境进行观察，比如人们关心住宅的位置、空间大小、户型结构、通风光照等，再比如居住区的绿化小景造型色彩以及建筑外立面，小区与周围地形地貌或建筑物的和谐呼应等，不同的人对生活方便程度如交通、学校、医院、超市以及其他公用设施的要求是不同的。人们对于住宅有绝对的主宰权，对于住宅兴趣会有变化，对于外界施加给住宅的影响会有反应，只是反应程度大小有所不同。

人的需要与人的本性密不可分，人的本性决定了人的需要结构，人的需要结构又决定了城市环境的形式。城市环境对人的本性的塑造有着重要作用。城市要适应人的需要，为发挥人的各种潜能而创造条件，而不是让人适应城市，束缚人的各种能力发展。城市中人的基本需要主要包括（1）人的感官需要；（2）人在生命不同阶段的需要；（3）人的生存需要（包括人的衣、食、住、行需要以及人的劳动、安全、延续生命和交流需要）；（4）人的发展需要（包括工作、学习、休闲、创造力、情感、美感等需要）。①

人的生命历程与城市环境有密切联系，人在不同生命时期的生理和心理状况，决定了不同的生存和发展需要。

人的居住活动的基本属性包括：

1. 自然属性：生理满足，是遮风避雨栖息场所，是人或家庭生存的基本需求和归属地。良好的居住条件应具备自然通风，光照充分，居室空间足够大且满足功能分区，应该具有满足日常生活的水电气设施。

2. 心理属性：社会地位与价值实现，社区的环境、家庭居室大小与配套程度反映了人的社会认知度，不同等级社会阶层的人具有自己的评判准则，有各自的生活圈层以及相应的归属感和满足感，其中包括炫耀性心理和安全心理。

3. 社会属性：人们的生活和工作需要和不同人打交道，居所和外界产生物质流、信息流、能量流的交换。

（三）居住活动的载体——住宅

住宅不仅仅是建筑本身，也包括人们对它的感受。建筑质量是基础，结构安全、居室结构、户型分布合理，面积、层高适当，居室与户外的沟通通道设置高效、窗户及阳台的视角便于观景，满足住户基本生活条件的水电气等管线设施齐全。住宅小区规划容积率、绿地率、建筑覆盖率等决定了社区的人口密度、通风效果、视觉通畅的程度；建筑物造型与外立面景观和色彩要符合人的审美习惯并且和周边环境相协调（见图6-2）。

（四）居住活动的客体——环境

环境主要包括自然环境、人文社会环境和人工环境。自然环境是指科

---

① 纪晓岚：《现代人的需要结构与城市环境设计对应关系研究》，《城市规划汇刊》2004年第4期。

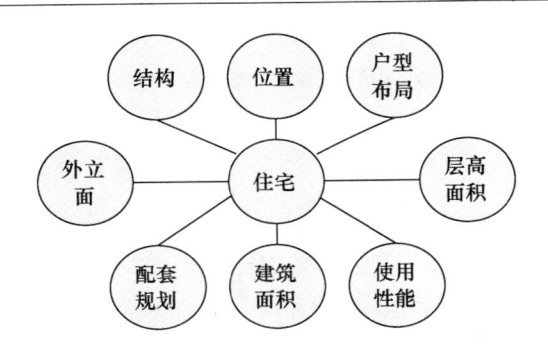

图 6-2 居住活动的载体——住宅

学合理利用基地及周边自然条件如地形地貌、植被、河流湖泊等资源，体现人与自然、周边环境的和谐，结构布局应充分重视阳光、空气、水及自然风的组织利用。基地选择是否有充足阳光、自然风、水源、植被，能否避免大气污染，能否有效防止工农业排放物的侵害。人文社会环境是指社区周边的人文与社会状况，防灾救灾设施和能力，对外交往方便程度，社区生活配套设施完备程度以及物业管理服务完善程度。人工环境是指人为产生的对居住活动提供的适应或干扰的环境因素。

第三节　城市人居最低生存标准

一　人居平衡的临界点

居民住宅并不是简单的居住空间，而是通过一定时期形成的相对稳定平衡的生存和生活的综合体，这种综合体就是人居平衡系统。旧城改造中被征收人的原房陈旧、狭小，居住环境差，绝大部分被迁居民属于弱势群体。尽管如此，他们的经济收入尚可维持生活的平衡。一旦这种平衡受到外力的影响而被打破，很难依靠自身力量恢复生活原本的平衡状态。比如，居民的土地被强制性征收，通过货币补偿这一方式所换得的货币无法在原处或他处购置新房。不同的社会阶层或社区主体所涉及的人居平衡临界点是不同的，最弱势阶层的临界点即是生存底线，其他阶层的临界点往往为已取得具有一定生活标准的生活底线。因此如何保证被征收人利益，充分挖掘生存利益点，找出不同阶层能够接受的最低生活标准极其重要。

二 满足生活最低标准的需求与公平分析

(一) 基于马斯洛需求理论的需求分析

稳定平衡系统内以人居活动为主体的人可以归类为高收入人群,基本平衡系统内的人则可以归为中收入人群,脆弱平衡系统内的人则可以归为低收入人群,不同的收入层次使他们对生活的需求呈现差异性,如表6-1所示。随着社会的进步、经济的发展以及受到其他各种因素的影响,各个系统内的人的经济收入也会随之发生,从而对生活的需求,尤其是对住房及其环境的需求也会发生变化。

表6-1　　　　不同收入层次的需求呈现具有层次感的差异性

收入层次	生理需求	安全需求	社交需求	尊重需求	自我实现需求
高收入	√	√	√	↗	↗
中收入	√ -	√ -	√ -	⊕	⊕
低收入	↗	↗	×	×	

注:运用居民的心理感受程度表示各个方面的需求,"√"表示满足需求即非常满意;"√-"表示需求的满足程度比"√"即较满意;"↗"表示得到较低满足的需求,还可以进一步提高即一般;"⊕"表示可以有但还没有得到满足的需求即不满意;"×"表示现状下没有办法追求的需求即极不满意。

人的需求具有一定的动态、层次和递进性。马斯洛需求理论的形成具有三个基本的假设条件:第一,人需要生存,并且人的这些需要会影响其行为。未让人感到满足的需要才能影响到其行为,已经得到满足的需要便不能作为激励人行动的工具;第二,人的需求可以按照其重要程度等级进行一定的排序,从最基本的食物、住房等需求到复杂的自我实现的需求;第三,只有当人对某一等级的需求得到最低限度的满足后,才会追求更高一级的需求,如此逐步追求更高的需求,继而形成前进的内在动力。

根据马斯洛需求理论分析不同收入阶层的具体需求。对于稳定平衡系统内的高收入群体,他们拥有能够满足其生存基本需求的衣食住行等生理需求条件;由于居住环境优越,居民有安全感和归属感,在尊重和自我实现方面能得到一定的满足。对于基本稳定平衡系统内的中等收入群体,同样地，他们在基本生存条件这一生理需求以及安全感和归属感这一心理感受方面的需求也能得到满足。尊重和自我实现的需求还处于萌芽阶段，只是一种需求期望，而非实际的现实性需求。对于脆弱平衡系统内的低收入群体，社会地位普遍不高，经济条件不好，收入也不稳定，生存压力比较大，他们还处在为衣食住行等基本生存条件奋斗。

当有一定的外力对人居平衡系统发生作用时，大多数居民都已经习惯了原本的生活环境，如便于小孩上学，离工作单位较近能够节省上班的时间成本和经济成本，居住地内外的配套设施、环境和景观等各方面条件都比较优越，已经建立起一个良好的邻里关系，等等。一旦居所及其占有范围内的土地被征收，不同收入层次的居民都将受到不同程度的影响。

对稳定平衡系统而言，高收入群体只要能够获得公平公正的补偿，他们对生存和发展的需求基本上不会受到影响；对基本稳定平衡系统而言，在公平正义的条件下，中收入群体的需求也不会受到太大的影响，只是可能需要花费更多的时间才能恢复到以前的状态甚至或是更加的优越；对脆弱平衡系统而言，由于其自身比较脆弱，当有外力施加的时候便很容易打破其原来的平衡，再次实现平衡要付出更大的代价，或者不能恢复平衡。具体来讲，低收入人群中可能有大部分人是依靠现有的住房开展经营活动来维持生计，房屋一旦被征收，直接切断了其生存的收入来源。房屋被征收之后的短期内，各收入阶层需求具体如表 6-2 所示。

表 6-2　　　　　　　房屋被征收之后短期内各收入阶层需求

收入层次	生理需求	安全需求	社交需求	尊重需求	自我实现需求
高收入	√	√	√	↗	↗
中收入	↗	↗	↗	⊕	⊕
低收入	⊕	⊕	⊕	×	×

（二）基于亚当·斯密社会公平公正理论分析外力对不同平衡系统作用的公平性

依据亚当·斯密的社会分配和交换中的公平公正理论对不同收入群体房屋征收行为的公平性进行分析。美国行为科学家亚当·斯密提出来一种激励理论——公平公正理论，它又被称为社会比较理论。主要是关于社会分配与交换的公正、公平性及其对人们生产、工作、创造的积极性和生活态度的影响程度。基本观点是：一个人在做一件事情时，当他做出了成绩并获取了报酬之后，他不仅会关心自己通过努力付出所得到报酬的绝对量，还会关心自己所得报酬的相对量，即做这件事情上的一个投入产出比的情况。从而，通过各种比较来确定自己所获得的报酬是否合理，而比较的结论将对今后的生产、工作、创造的积极性产生最直接的影响。一般地，人们会从横向（广度）和纵向（深度）两个方向来进行比较分析，即在不同时间的同等条件下将自己与其他人进行比较，得出社会是否在分配或交换中坚持了公平公正的理论。从深度方向进行纵向比较分析，把自己目前所获得报酬与目前投入的努力的比值，同自己过去投入的努力与过去所获报偿的比值进行比较（所提比值可以反映一种感觉，可能是非常满意、较满意、一般、不满意或极不满意等各种不同的形式）。只有当前后两个比值相等时才实现了公平公正，如下式：

$R_n/I_n = R_p/I_p$

其中，R_n 表示自己对现在所获的报酬；R_p 表示自己对过去所获的报酬；I_n 表示自己对个人现在的投入；I_p 表示自己对个人过去的投入。

显然，在比较过程中可能出现两种情况，如表 6-3 所示。

表 6-3　　　　　　　　比较过程中可能出现两种情况

可能的情况	比较之后得到的结果或自己可能做出的反应
$R_n/I_n < R_p/I_p$	不太满意，感觉不公平，可能导致不配合
$R_n/I_n > R_p/I_p$	虽然不会产生不公平的感觉，但也不会因为感觉自己获取了更多的满足而主动配合

同理，不同平衡系统内不同收入群体在征收活动前后对各个方面需求的满足程度也可以通过相似方法进行分析，将公式等式左右两边分别定义为 D_n、D_p，即当 $D_n = D_p$ 时才能称之为公平，其中 D_n 和 D_p 分别为外力作用前后各个收入群体的生理、安全、社交、尊重和自我实现这五个方面需求的综合得分。具体如表 6-4 所示：

表 6-4　　各类需求的心理满足程度

时段 需求 阶层	高收入（i=1）					中收入（i=2）					低收入（i=3）				
	生理	安全	社交	尊重	自我实现	生理	安全	社交	尊重	自我实现	生理	安全	社交	尊重	自我实现
外力（征收等）作用之前	100	100	100	60	60	80	80	80	10	10	60	60	60	0	0
外力（征收等）作用之后	100	100	100	60	60	60	60	60	10	10	10	10	10	0	0
$D_n(i) - D_p(i)$	0					60					150				

注：对各类需求的心理满足程度进行综合评分，非常满意、较满意、一般、不满意、极不满意这五个层次的得分分别为 100 分、80 分、60 分、10 分、0 分。

通过以上建立的纵向比较模型分析可知，当外力（如征收等）作用于稳定的平衡系统时，对于归属这个系统内的高收入群体而言，其在外力作用前后对需求的满足程度基本没有变化，即这一外力活动能够比较充分地体现社会的公平公正。对于其他两个平衡系统内的中低收入群体而言，他们在受到外力作用前后对相应需求的满足程度发生了一定变化，而且容易出现比原本拥有或有希望获得满足的需求更差的情况，尤其是处于脆弱稳定平衡系统内的低收入弱势群体。因此，从公平公正的角度来讲，在具体界定最低人居生存环境时要特别考虑到中低收入群体的利益，尤其是低收入群体。这需要参考国家公布的有关最低生活标准方面的数据信息资料。

（三）不同平衡系统内人的消费行为特征分析

随着社会的进步、经济的发展，人们的生活水平逐渐得到提高和改善的同时，不同人群之间的收入分配差距也在逐步扩大，这是导致社会不同收入阶层逐渐形成的原因。对于不同收入阶层都有其自身独有的特色，同时，由于受收入等条件的限制使得他们在消费方面表现出各自不同的行为特性。

1. 城市人居环境特征组合分析

城市人居环境是由以居住活动为中心的人、满足居住需求的住宅和围绕着住宅并影响人们行为的环境共同组成的，所以当分析环境在人周边的住宅和环境条件时，把住宅条件划分为好、中、差三类，同时把环境条件也概括性地归为优、中、差三类，将各自的可能情况进行两两组合，得到如下表的各种组合方案。其中，Ⅸ是在现实中几乎不存在的情况；Ⅷ、Ⅶ、Ⅳ和Ⅰ则通常是低收入阶层所处的环境状况，其中Ⅰ通常属于城中村；Ⅴ和Ⅱ通常是中收入阶层所处的环境，只是Ⅱ比Ⅴ的区位等环境条件更优越；Ⅵ和Ⅲ通常是高收入阶层所处的环境，而其中的Ⅲ一般都是别墅或高档商品房。

表6-5　　　　　　　　　　人居环境特征组合分析

	住宅条件			
优	Ⅲ	Ⅱ	Ⅰ	
中	Ⅵ	Ⅴ	Ⅳ	环境条件
差	Ⅸ	Ⅷ	Ⅶ	
	好	中	差	

2. 不同收入阶层特点

（1）高收入阶层特点。绝对稳定平衡系统由高收入人群及健康舒适型的居住空间和环境所构成，其中，住宅通常为高档商品房或别墅等，而且往往由社会成功人士（如企事业单位高层管理人员，演艺界和体育界的明星、律师、医生等）及其亲属所有。

高收入阶层除了满足基本的生活消费外，对家庭和身体健康方面的消费都比较偏好最优质或是品牌产品，收入的大部分则主要用于享受生活或参与投资。他们通常会投入大量的精力去分析和思考如何保有财富或让它们实现增值，有效地经营和管理自己的财富。

（2）中等收入阶层特点。中等收入阶层从属于城市人居平衡系统中的基本稳定平衡系统。该系统内的住宅一部分是商品房，但大多数是单位房改房或城市直管公房，住宅本身质量可以满足业主需求，但小区环境规划等存在缺陷。系统内的居民主要由政府公职人员、国有企业职工、科教文卫人员、个体经营者等组成。

中等收入阶层的收入与高收入阶层有一定的差距，但是又远高于低收入阶层的。注重追求生活必需品的品质，对大件类的高档消费品的购买相对谨慎。除了满足这些需求之外，剩余的收入会用于购买股票、基金、保险，还会进行储蓄。

(3) 低收入阶层特点。住宅由城市部分直管公房和城市平民私房等组成，属于生存型住房。环境较差，住户也相对杂乱，主要是下岗职工、失业人员、靠打零工或摆小摊养家糊口的人、较早退休或内定退休的集体企业职工、停产或半停产企业职工以及领取最低生活保障的残疾人、孤寡老人等。该阶层的收入低且不稳定，食物等基本生活支出占总消费及收入大部分比重；倾向于购买物美价廉的商品，消费理性。

3. 不同收入阶层的消费行为特征

不同收入阶层的特征在收入、生活方式、消费观念及内在的心理活动等方面都有很大的差别，其消费行为也各具特色，具体表现在衣食住行、家居用品、医疗保健、教育文化娱乐服务及其他商品和服务等方面，如表 6-6 所示。

(1) 高收入阶层的消费行为特征。高收入阶层的收入相对稳定，不管是在即期或是未来，该阶层人群具有抵御外来风险的能力，倾向高档消费品以及各类投资。

(2) 中收入阶层的消费行为特征。中收入阶层的收入稳定，在满足日常消费需求之外还会有部分节余，他们对高档消费品的消费极其有限，他们能够积累的资产有限。考虑未来的养老、医疗等方面的因素，收入结余部分多用于储蓄。

(3) 低收入阶层的消费行为特征。低收入阶层的收入少且不稳定，消费行为具有短期性，即期收入直接决定了他们的现时消费。大部分收入使用到以食物为主的生活必需品的消费中，追求即期收入效用的最大化。

第四节 最低生活标准或生存底线实证

不同平衡系统内成员在生理、安全、社交、尊重及自我实现等各个方面会有不同的实际需求；在受到系统内外因素作用时会做出不同反应；在生活方式、消费观念和心理价值观等方面也各具特点，不同层次平衡系统在受到外力作用失衡后要再次实现平衡，必须满足各层次平衡系统内的各

表6-6 不同收入阶层的消费行为特征

阶层\行为	衣	食	住	行	家庭设备用品及服务	医疗保健	教育文化娱乐	其他商品和服务
高收入	品牌专卖；偏好定做精制服装	星级的宾馆、酒店就餐	别墅、高档商品房等	高档的私家车和通信设备等	品牌家具，名贵材料，高档点缀小品等	品牌医院，名药，名贵的保健品等	贵族学府；高尔夫等奢侈性消费	环游世界；巨额投资等
中收入	主要是在商场购买	中等的餐饮店或在家做饭	普通商品房等	私家车或出租车或公交；通信工具等	价格也不算高但质量也不错的家具和电器等	大众化医院和药物，偶尔购买一点保健品等	重点学校；大众化的娱乐方式等	短途旅游；小额投资等
低收入	偏好物美价廉的衣物，也可能长期无法购买	在家做饭、街边小吃或单位的工作餐，甚至温饱没有保障	住宅本身质量很差，年代已久，环境又差；租住房；保障房	主要是公车或自行车；极少有通信工具	普通家电，种类较少	通过合理搭配饮食保持营养	普通学校；很少进行娱乐活动等	有多余时通常会用于购买保险

收入阶层人的最低生活需求。对于高收入阶层要保障其最低的生活标准，满足其基本的生活需要——衣食住行等需要，对他们的生活习性不能有过多改变；对于中收入阶层要保障其基本生活和稳定收入来源；而低收入阶层应获得国家规定的城市居民最低生活保障支持。

一　原理

不同收入阶层对人居环境的要求不同，但是有一个共同点，就是至少满足最低消费需求才能维持最低的人居生存条件。因此，以各个收入阶层的最低总支出来衡量最低的人居生存环境。具体步骤：

（1）对消费性支出进行预测，再推算出总支出；
（2）直接建立总支出的预测函数；
（3）比较分析两种情况下总支出的准确程度；
（4）确定各个收入阶层的最低人居生存环境。

二　模型与方法

对附录五数据整理可知各收入阶层每人每年的消费性支出以及总支出。运用 Eviews 软件，对 2000—2010 年江西省统计年鉴的各个收入阶层的每人每年的消费性支出进行预测分析，得到各个收入阶层相应的最优预测函数，即拟合度最高的预测函数为：

$$Y_{低} = 383.666926318 \times T + 1323.91008547 \quad (7-1)$$

$$Y_{中} = 677.082237001 \times T + 2392.88225818 \quad (7-2)$$

$$Y_{高} = 1217.80362651 \times T + 4110.40436326 \quad (7-3)$$

其中，$Y_{低}$、$Y_{中}$、$Y_{高}$ 分别为低、中、高收入阶层各年的消费性支出额，$T \in (1, 11)$，分别代表（2000，2010）。

一方面，利用 Eviews 软件得到的预测函数进行各收入阶层各年消费性支出的预测并进行误差分析，偏离程度均比较小；同时，用相应的预测值推导出各收入阶层各年总支出的预测值，并将该预测值与原总支出实际值进行比较，具体结果如下：

另一方面，运用 Eviews 软件对各收入阶层各年每人每年的总支出进行预测分析，得到最佳拟合度的预测函数，依次为：

$$Y_{低} = 29.68081 \times T_2 + 142.6510 \times T + 2189.835 \quad (7-4)$$

$$Y_{中} = 75.82084 \times T_2 - 121.9294 \times T + 5661.796 \quad (7-5)$$

$$Y_{高} = 105.1408 \times T_2 + 335.3168 \times T + 9369.805 \quad (7-6)$$

表 6-7 2000—2010 年低收入阶层每人每年消费性支出、总支出的实际值和预测值

年份	T	低收入每人每年消费性支出（元）		误差（%）	低收入修正系数（消费/总支出）（%）	低收入总支出（元）		误差（%）
		实际值	预测值			实际值	预测值	
2000	1	2237.80	1707.58	23.69	86.96	2573.37	1963.64	23.69
2001	2	2453.68	2091.24	14.77	85.24	2878.55	2453.36	14.77
2002	3	2861.01	2474.91	13.50	81.98	3489.89	3018.92	13.50
2003	4	2866.93	2858.58	0.29	85.75	3343.35	3333.62	0.29
2004	5	3248.80	3242.24	0.20	83.39	3895.91	3888.05	0.20
2005	6	3725.18	3625.91	2.66	85.51	4356.42	4240.34	2.66
2006	7	4529.43	4009.58	11.48	85.27	5311.86	4702.21	11.48
2007	8	4818.94	4393.25	8.83	75.85	6353.25	5792.02	8.83
2008	9	5391.75	4776.91	11.40	84.69	6366.46	5640.47	11.40
2009	10	5705.43	5160.58	9.55	78.28	7288.49	6592.46	9.55
2010	11	5705.43	5544.25	2.83	80.83	7058.55	6859.14	2.83

表 6-8 2000—2010 年中收入阶层每人每年消费性支出、总支出的实际值和预测值

年份	T	中收入每人每年消费性支出（元）		误差（%）	中收入修正系数（消费/总支出）（%）	中收入总支出（元）		误差（%）
		实际值	预测值			实际值	预测值	
2000	1	3460.52	3069.96	11.29	58.13	5953.07	5281.21	11.29
2001	2	3809.70	3747.05	1.64	70.46	5406.90	5317.98	1.64
2002	3	4450.57	4424.13	0.59	81.71	5446.78	5414.43	0.59
2003	4	5578.32	5101.21	8.55	77.29	7217.39	6600.09	8.55
2004	5	5282.46	5778.29	9.39	79.96	6606.37	7226.48	9.39
2005	6	5993.54	6455.38	7.71	79.78	7512.59	8091.47	7.71
2006	7	6451.45	7132.46	10.56	79.00	8166.39	9028.43	10.56
2007	8	7835.49	7809.54	0.33	74.69	10490.68	10455.94	0.33
2008	9	8355.25	8486.62	1.57	82.16	10169.49	10329.38	1.57
2009	10	9336.14	9163.70	1.85	75.59	12351.03	12122.91	1.85
2010	11	10455.70	9840.79	5.88	78.75	13277.08	12496.24	5.88

表 6-9　　　2000—2010 年高收入阶层每人每年消费性
支出、总支出的实际值和预测值

年份	T	高收入每人每年消费性支出（元）		误差（%）	高收入修正系数（消费/总支出）（%）	高收入总支出（元）		误差（%）
		实际值	预测值			实际值	预测值	
2000	1	6124.05	5328.21	13.00	59.92	10220.38	8892.20	13.00
2001	2	6162.17	6546.01	6.23	65.43	9417.96	10004.60	6.23
2002	3	7637.51	7763.82	1.65	71.85	10629.80	10805.59	1.65
2003	4	11450.46	8981.62	21.56	73.72	15532.37	12183.42	21.56
2004	5	8772.53	10199.42	16.27	72.48	12103.38	14072.05	16.27
2005	6	10597.19	11417.23	7.74	70.84	14959.33	16116.92	7.74
2006	7	11319.04	12635.03	11.63	68.10	16621.20	18553.64	11.63
2007	8	12429.57	13852.83	11.45	67.55	18400.54	20507.53	11.45
2008	9	15276.47	15070.64	1.35	70.28	21736.59	21443.71	1.35
2009	10	17296.71	16288.44	5.83	75.13	23022.38	21680.34	5.83
2010	11	18523.78	17506.24	5.49	71.92	25756.09	24341.27	5.49

其中，$Y_{低}$、$Y_{中}$、$Y_{高}$ 分别为低、中、高收入阶层各年的总支出额，$T \in (1, 11)$，分别代表（2000，2010）。根据预测函数可推算出各年相应的总支出预测值，具体如表 6-10 至表 6-12 所示。

表 6-10　　　　　2000—2010 年低收入阶层每人
总支出实际值和预测值

年份	T	低收入每人每年总支出（元）		误差（%）
		实际值	预测值	
2000	1	2352.91	2362.17	0.39
2001	2	2625.30	2593.86	1.20
2002	3	2993.02	2884.92	3.61
2003	4	3336.45	3235.33	3.03
2004	5	3437.97	3645.11	6.03
2005	6	3799.32	4114.25	8.29

续表

年份	T	低收入每人每年总支出（元）		误差（%）
		实际值	预测值	
2006	7	4368.68	4642.75	6.27
2007	8	5971.56	5230.61	12.41
2008	9	5690.09	5877.84	3.30
2009	10	6887.78	6584.43	4.40
2010	11	7058.55	7350.37	4.13

表6-11　2000—2010年中收入阶层每人总支出实际值和预测值

年份	T	中收入每人每年总支出（元）		误差（%）
		实际值	预测值	
2000	1	5953.07	5615.69	5.67
2001	2	5406.90	5721.22	5.81
2002	3	5446.78	5978.40	9.76
2003	4	7217.39	6387.21	11.50
2004	5	6606.37	6947.67	5.17
2005	6	7512.59	7659.77	1.96
2006	7	8166.39	8523.51	4.37
2007	8	10490.68	9538.89	9.07
2008	9	10169.49	10705.92	5.27
2009	10	12351.03	12024.59	2.64
2010	11	13277.08	13494.89	1.64

表6-12　2000—2010年高收入阶层每人总支出实际值和预测值

年份	T	高收入每人每年总支出（元）		误差（%）
		实际值	预测值	
2000	1	10220.38	9810.26	4.01
2001	2	9417.96	10461.00	11.07
2002	3	10629.80	11322.02	6.51

续表

年份	T	高收入每人每年总支出（元）		误差（%）
		实际值	预测值	
2003	4	15532.37	12393.33	20.21
2004	5	12103.38	13674.91	12.98
2005	6	14959.33	15166.77	1.39
2006	7	16621.20	16868.92	1.49
2007	8	18400.54	18781.35	2.07
2008	9	21736.59	20904.06	3.83
2009	10	23022.38	23237.05	0.93
2010	11	25756.09	25780.33	0.09

最后，将两种思路下所得到的总支出情况进行比较分析，通过计算各自得到的预测值与实际值的变化率并建立其曲线走势图进行"择优"，具体如表6-13至表6-15和图6-3所示。

表6-13　　　　低收入阶层两种误差比较　　　　单位:%

年份	2000	2001	2002	2003	2004	2005	2006	2007	2008	2009	2010
误差1	23.69	14.77	13.50	0.29	0.20	2.66	11.48	8.83	11.40	9.55	2.83
误差2	0.39	1.20	3.61	3.03	6.03	8.29	6.27	12.41	3.30	4.40	4.13

表6-14　　　　中收入阶层两种误差比较　　　　单位:%

年份	2000	2001	2002	2003	2004	2005	2006	2007	2008	2009	2010
误差1	11.29	1.64	0.59	8.55	9.39	7.71	10.56	0.33	1.57	1.85	5.88
误差2	5.67	5.81%	9.76	11.50	5.17	1.96	4.37	9.07	5.27	2.64	1.64

表6-15　　　　高收入阶层两种误差比较　　　　单位:%

年份	2000	2001	2002	2003	2004	2005	2006	2007	2008	2009	2010
误差1	13.00	6.23	1.65	21.56	16.27	7.74	11.63	11.45	1.35	5.83	5.49
误差2	4.01	11.07	6.51	20.21	12.98	1.39	1.49	2.07	3.83	0.93	0.09

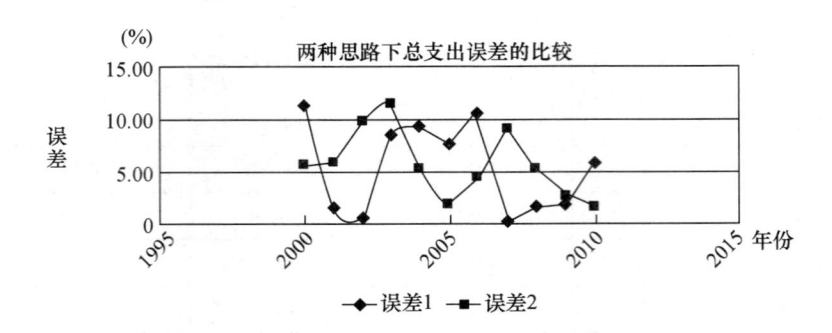

```
         (%)            两种思路下总支出误差的比较
        15.00

误   10.00
差
         5.00

            0
              1995      2000      2005      2010      2015 年份
                        ◆ 误差1   ■ 误差2
```

图 6-3　中收入预测值误差比较

注：预测各个收入阶层的消费性支出之后推算出的总支出与原总支出的变化率为误差1；直接通过总支出预测函数计算得出的总支出与原总支出的比值为误差2。

对于低、高收入阶层而言，通过先预测消费性支出，再预测各年的总支出情况时，不仅误差相对更高，而且频数、概率也较高，所以选定通过直接预测总支出方式确定低、高收入阶层每人每年的最低人居生存环境，即对于低、高收入阶层的居民而言，至少应该获得必需总支出额。同理，对于中收入阶层而言，由于直接预测总支出时误差偏高且概率较大，所以选定先预测消费性支出之后推算总支出的方式确定中收入阶层每人每年的最低人居生存环境，即中收入阶层至少应获得必需的总支额。

若以 2011 年为目标年，江西低收入阶层每人每年的总支出为 7350.37 元、中收入阶层每人每年的总支出为 9840.79/0.8 = 12924.60 元、高收入阶层每人每年的总支出为 25780.33 元。

从城市人居环境系统角度探究人居生存的最低底线。可以获得如下启示：人居环境是一个系统，城市居民各自处于不同的人居环境系统中，并且保持相对平衡。当城市房屋征收时，平衡系统将处于不稳定状态，如果是最弱的人居环境系统，将面临难以恢复平衡的风险。城市居民获得补偿，在购置或产权调换房屋，由于入住的装修开支或生活成本的提高引起的资金缺额，或因适应新环境支付了更多的生活费用，包括家庭成员因为就业、就医、就读以及日常生活等增加相应的开支，不应再从最低的生活日常开支的费用中支出，即是说不能侵占这笔已知的最低生活成本。

第七章　房屋征收补偿完全市场价值

现有的房屋征收按照建筑空间的实际面积量化，剥离了房屋的社会属性，完全忽视人居环境的客观存在。被征收房屋补偿的完全市场价值内涵除了临时安置、搬迁补助费和奖励及补贴之外，还应该包含房屋与土地本身的价值、房屋内的居民被迫增加的社会成本价值、土地未来发展权收益三方面价值，同时，从构建和谐社会角度出发，还应保障居民的最低居住权。

第一节　房屋征收补偿完全市场价值的内涵

一　房屋征收补偿存在的主要问题

在第三章对房屋征收补偿现状和法理分析中，总结出房屋征收补偿存在的问题有：

（一）房屋征收补偿双方的地位不平等

房屋征收行为实质是被征收人与政府间的关联交易行为，在交易中政府由于拥有土地的所有权，同时又是征收补偿标准的制定者，在交易中占主导地位。被征收人作为关联关系的另一方，属于被管理者，虽然在现行的征收补偿条例中具有合法的参与制度，但是在实际征收工作当中，征收的决定、补偿标准的制度、安置补偿方式等事项基本都是由征收主体确定。此外，被征收人对征收补偿标准不满意且表现出拒绝被征收的意愿时，征收人通过各种方式促进被征收人提前搬迁以顺利实现征收，征收人与被征收人双方地位不平等。

（二）征收补偿对被征收人有失公平

首先，被征收人对征收决定、征收补偿方案等的制定缺乏实质性参与，使得被征收人在签订征收补偿协议时有违自愿原则。作为弱势群体的被征收人难以形成联盟，在补偿方案制定面前缺乏话语权，补偿标准偏低致使被征收人不满。而且，大多数情况是在面对被征收人维护自身利益的诉求时，政府作为征收主体，没有采取合理措施解决被征收人的实际问题，还通过所谓的激励（奖励部分其实也是应有的价值补偿的一部分）或各式威胁方式促进被征收人提前搬迁，尽早签订征收补偿协议，这有违自愿的原则。

根据经济学观点，公平的房屋征收补偿应该是政府对被征收人支出的补偿成本等于被征收人的利益损失。但是，目前的征收补偿主要考虑的是房屋及土地的价值，补偿的标准偏低。而且评估机构虽然由被征收人选取，但是被征收人几乎没有能力考察评估机构的水平，怎么选评估机构都可能与政府达成同盟他们难以公平公正的态度进行估价作业。

二 房屋征收补偿完全市场价值的内涵

总体上看，房屋征收补偿矛盾存在的根源在于征收补偿标准偏低，被征收人的利益受到损失，利益诉求途径受阻，矛盾难以解决，常以钉子户、自焚户等恶性形式出现，社会影响恶劣。应该在给予被征收人以临时安置、搬迁补助费和奖励及补贴的基础之上，建立一个公平合理的补偿标准。新的补偿标准要充分反映被征收房屋补偿的完全市场价值，主要解决以下问题：

（一）科学确定房屋本身的市场价值

针对房屋补偿标准低，市场评估价格存在非市场因素的影响，新标准本身必须是科学合理的，在市场价值确定过程中，减少因主观因素造成评估价格与市场价值偏离，准确确定被征收房屋的市场价值，保证房屋的实体价值。

（二）充分保障居者有其屋的权利

部分居民因房屋面积小，住房条件差，家庭人口多，假如按照拆一补一的原则，势必造成被征收人房屋征收后住房困难。新标准在征收补偿过程中，务必保障这部分人群的最低居住权，应按国家人均最低居住面积及户均最低面积补偿，南昌市保障居民最低居住面积为36平方米。

（三）明确被征收人因房屋征收而被迫增加的社会成本

房屋价值不仅仅是房屋本身所涵盖的价值，房屋所处的环境也是其价值的重要组成部分。对于不同的人来说，房屋价值又存在差异，一部分房屋是纯粹用来居住的，需要考察被征收人搬迁后可能导致交通、医疗、购物等生活成本的增加。一部分则是依靠房屋所处的环境从事一些商业活动，房屋就承载了一些家庭的生计。在实际的征收补偿工作中，应该考虑被征收人因征收而被迫增加的社会成本，将其计入征收补偿范围。

（四）赋予被征收人分享土地未来发展权收益的权利

土地作为城市的稀缺资源，在政府征收后，其价值可能会大幅提升。在以往的征收补偿中，该部分增值收益往往归政府所有，被征收人得到的仅仅只是房屋本身的价值。但是，依据生产要素分配理论，被征收人应该参与其让渡的土地使用权的未来发展权收益增值的分享中，即在新标准中要加入土地未来发展权收益的价值。

当然，关于未来发展权问题，在学术界尚存在争议。一种观点认为，如果作为公共利益的房屋征收，几乎没有收益，何谈未来发展权的问题。另一种观点认为，政府经营城市，采取了多种吸纳社会投资的方式，这里本身就潜藏了利益交换，是通过项目的部分环节获利或是通过其他项目的获利来平衡的。对于这种情况，可以理解为项目对城市而言，提升城市品位；对局部而言，可以提升居住或商业环境质量，其收益是客观存在的。

简言之，被征收房屋补偿的完全市场价值内涵除了临时安置、搬迁补助费和奖励及补贴之外，还应该包含房屋与土地本身的价值、房屋内的人被迫增加的社会成本价值、土地未来发展权收益三个方面，同时，还应保障居民的最低居住权。

第二节 房屋征收补偿完全市场价值体系的设计原则

一 系统性设计原则

房屋征收补偿不是单一的事件，它是一个具有联系的系统，从规划的确定到征收后的改造，涉及部门有规划、建设、金融、房产等部门，涉及行为主体主要包括房屋征收人和被征收人两类。房屋征收的范围基本集中在旧城区的棚户区，住户居住条件差，生活水平相对较低，如补偿不合理，极易引发群体性事件。因此，在完全市场价值体系中不能单一地考虑补偿问题，应从土地房屋涉及的主体利益出发，平衡各主体间的利益得失，做到权益的优化配置。

二 保障性原则

保障性是房屋征收补偿中的首要问题，根据宪法保障居民的居住权、财产权、生存权，被征收人所受到的损失，必须得到足额的补偿。此外，针对部分低生活水平的被征收人，必须额外考虑被征收人征收后的生活安置问题。

三 可操作性原则

国有土地上被征收房屋的完全市场价值体系应具有较强的可操作性，要尽量避免被征收房屋价值评估过程中的主观因素影响，必须全面考虑可能遇到的问题，针对不同问题设计不同的解决方式，让矛盾在调解过程中得到化解，以减少极端事件的发生。

根据完全市场价值的内涵及设计原则可知，需要通过建立一个标准体系来具体量化被征收房屋的价值。

第三节 房屋征收补偿完全市场价值体系指标选取准则

指标体系是房屋征收补偿标准的具体化。在建立指标体系时，要求每个指标都能独立反映被征收房屋的某种状态或其包含的某种关系，同时，所有的指标结合起来又能较全面反映国有土地上被征收房屋补偿的完全市场价值。指标选取应遵循准则如下：

一 系统性

房屋征收是一件群体性事件，事关社会的稳定和政府的公信力，要求在指标选取、指标数据采集、指标量化以及指标权重的确定等指标体系构建的过程中，必须从系统的角度出发，全面地反映被征收房屋补偿的完全市场价值。

二 科学性

指标体系整体应该是科学严密的。各分类指标数据的选取应具有较强的代表性、综合性、识别性，且相互之间有着紧密的逻辑联系，构成一个完善的科学体系框架。

三 客观性

客观性不仅要求指标本身客观存在，还要求选取的指标数据不会因操作人员不同而发生变化，即不可随意被人为调整或更改。

四 可量化

在构建指标体系过程中，把握好指标的可量化原则。若没有合适的指标，则选择具有相同效用的可量化指标加以替代。可量化原则能保证指标体系的可操作性，使评价体系更加科学、可信。

五 预见性

房屋具有保值升值的特点，所以，在指标体系中，要充分考虑市场未来发展趋势。指标选取时应具有一定的预见性和前瞻性，对未来市场走势有一定的预测能力，预见性原则是指标体系质量的体现。

第四节 房屋征收补偿完全市场价值的指标构成

依据对房屋征收补偿内涵的阐述可知，国有土地上房屋征收补偿的完全市场价值除了临时安置、搬迁补助费和奖励及补贴之外，还包含以下三个部分：房屋与土地本身的价值、被征收人被迫增加的社会成本、房屋及土地的未来发展权收益。

一 房屋与土地本身的价值

房屋与土地本身的价值即按照当前的市场状况分析得出的房地产价格，而房地产价格受各类因素影响，包括自身和外部因素。由于房地产是实物、权益、区位三者的有机结合体，国有土地上房屋被征收房屋补偿的完全市场价值主要受到实物特征、权益特征、区位特征等自身因素及其他外部特征因素的影响，其中，无论是住宅还是非住宅类房屋的价格，区位特征均起到关键性作用。同时，各影响因素要严格按照体系的设计原则和指标选取准则进行指标选择。

（一）实物特征

实物特征，即被征收房屋及其占有范围内的土地本身所具有的一些特性，包括土地和建筑物两个部分。土地实物因素主要包括土地面积、土地形状、地形、地势、土壤、地基、土地条件（土地开发程度）等；建筑物实物因素主要包括建筑规模，外观，建筑结构，设施设备，装饰装修，层高和室内净高，空间布局，防水、保温、隔热、隔声、通风、采光、日照，维修养护情况及完损程度（建成年月、成新度）等。根据指标选取准则，分别通过量化计算得出土地和建筑物实物特征的综合指数来反映被征收房屋的实物特征所具有的价值。

（二）区位特征

区位特征，即被征收房屋与其他房屋或事物在空间方位和距离上的一种关系，包括位置、距离、朝向、楼层、交通（出入可利用交通工具、道路状况、交通管制情况、停车方便程度和收费标准等）、周围环境和景观（大气环境、水文环境、声觉环境、视觉环境、卫生环境、人文环境，以及绿地率、容积率、建筑密度、建筑间距等）、外部配套设施（学校、医院、购物、银行、休闲娱乐场所）等。根据指标选取准则，选择偏离市中心的程度、经济距离、偏离最佳楼层的程度、偏离最优空间区位的程度、道路通达程度、环境优劣程度、配套完善程度等指标来反映被征收房屋的区位特征所体现的价值。

（三）权益特征

权益特征，即被征收房屋的权利状况和利益关系等，主要包括权利状况的设立及行使的限制（地役权、共有房产等）、使用管制（土地用途、建筑高度、建筑密度、容积率等）、相邻关系的限制（提供便利、接受限制）等。根据指标选取准则，选择权利限制程度、容积率、效用被影响的增值程度等指标来反映被征收房屋的权益特征所体现出来的价值。

（四）其他外部特征

其他外部特征，即被征收房屋的价值可能会受到人口、政策、经济、社会、国际环境或其他等外部因素的影响，从而使得被征收房屋及土地的价值发生改变的内容，主要包括人口的数量、结构，税收政策、金融手段、规划调整，经济发展水平、居民收入水平、利率升降，社会治安状况、城市化水平，世界经济和国际竞争状况，交易情况及个人偏好情况等。根据指标选取的准则，选择人口密度、税收增减幅度、基准利率上调或下调幅度、GDP 增长率、人均可支配收入增长率、城市化率、急售急买特殊交易情况等指标，来反映其他外部特征对被征收房屋所体现出来的价值。

二 被征收人被迫增加的社会成本

对不同被征收人而言，由于各自经济状况等条件不同，在现有房屋被征收之后所被迫增加的社会成本可能会存在不同表现，因此，在核算该部分被迫增加的社会成本时应注意坚持区别对待的原则。当然，其中可能也会出现社会成本被迫降低情况，对于这种情况忽略不计，将其作为一种附加的福利，也即将由征收活动所产生的正外部性无偿地"强加"给被征收人。

尽管大部分被征收房屋可能与周围环境不相协调，且房屋本身也不美观，但是它们能满足居民独立性和私密性的生活需求，也能体现团结友爱的精神，住房本身也与其文化传统、民族心理和生活风俗习惯相符合，这也是一种美的体现，所以应该给予被征收人以美学方面所产生的生态作用的审美价值的补偿。对于商业用途的房屋更应如此，因为位于繁华街道上的商业店面已基本融入空间景观中，与周边景观协调、一致，从而具有其自身的审美价值。此外，大部分被征收人可能已经在现有的房屋内生活了很长时间，已经对其及周边环境产生了深厚的感情。特别地，对被征收人中的一些低收入人群而言，拥有当前的房屋是一种维持生存的保障。

被征收人被迫增加的社会成本主要表现为以下几个方面：

（一）社会生活成本的增加

主要体现在交通费用、物业费用、医疗费用、教育费用、食品支出等方面。

（二）精神心理损失所形成的成本

主要包括邻里关系等社会关系的损失成本、美学方面的生态作用丢失的成本，即现有房屋的审美价值以及被征收人对土地所产生的不可取代的情感被强制割裂所导致的精神心理方面的损失等。

（三）就业机会成本

由于征收活动，可能使一些被征收人的工作受到影响，除了收入可能降低之外，还可能导致失业，这也是社会问题的一个方面。征收使得部分被征收人被迫增加的成本主要包括：工作机会、养老、保险、医疗费用等方面。因此，应该采取适当措施妥善安置这部分人群。首先，加大社会宣传力度，拓宽失业人员的就业渠道，并尽量将失业人员安排到其他同类型的单位中去；其次，相关职能部门，尤其是房屋征收主体——政府应该采取原地就业安置或指派相适应的就业岗位等方式，妥善安置有需要的被征收人；最后，为失业人员营造创业条件，鼓励其自主创业。对于该部分成本的具体核算，应根据被征收人个体的自身情况，结合社会养老、保险、医疗等保障标准进行。

(四) 被征收人保障居住权的成本

在征收活动中有一个约束征收活动执行的前置条件，即必须保证被征收人的住房保障权利——住房居住权，否则不利于社会的稳定，影响甚至阻断社会经济的发展。从立法的角度看，虽然征收补偿条例中明确提出了要实现住房保障权利，但是，从实践中考察可以发现，仍然存在因征收而被迫产生的居住风险。而保障被征收人的居住权，即要使得被征收人在征收活动前后能够保持同样的生活水平，也即重新获得房屋时所付出的代价与所获得的房屋价值的补偿金额是相同的，所以，应该给予被征收人以估价时点与获得补偿款这两个时间点内的房屋价值增长这一被迫可能增加的成本的补偿。根据指标选取准则，结合国有土地上房屋的新旧程度，选择市场上类似二手房的价格增长率来核算房屋价值的增长程度，从而反映保障被征收人居住权所被迫付出的成本。

三 房屋及土地的未来发展权收益

在现实的征收补偿中，房屋及土地的未来发展权收益这一部分价值没有得到充分体现，在运用市场比较法、收益法、假设开发法等估价方法的过程中，更多的是考虑被征收房屋的当前用途的经济收益或类似房屋的经济收益来预测其未来的收益价值，而极少考虑因其他因素可能导致的收益的增值部分；同时，仅仅是考虑了剩余使用年限内的收益。但是，《物权法》明确表示，土地使用年期届满时，住宅是自动续期的，这之后同样也能产生收益。因此，对于房屋及土地的未来发展权收益这部分的价值，应在剔除房屋及土地本身价值的评估中已经考虑到的未来收益部分的价值的基础上，再将其分为自身性能转变和外部环境改善这两个主要方面的因素所产生的增值收益价值。

(一) 自身性能转变的增值收益

被征收房屋在未来的使用期间，可能会因为市场的需要或其他原因的影响，经过合法途径，改变了房屋的用途，或者随着社会的进步、经济的快速发展，人民生活水平不断提高，被征收房屋中有一部分房屋能够满足部分住房消费者的需求，从而使得房屋价值得到一定程度的提升。即被征收房屋本身可能会因为用途的改变、社会效用的增加而产生额外的增值。根据指标选取的准则，选择租金净收益或营业净收益、未来售价的增值这两个指标来反映因被征收房屋自身性能转变而产生的增值收益。

（二）外部环境改善的增值收益

随着社会经济的快速发展，城市化、工业化进程的不断推进，被征收房屋所处地区的外部环境可能会在未来的某个时点实现质的飞跃，从而受到区位状况条件改善的影响之后，被征收房屋占用范围内的土地价值也会实现质的飞跃。因此，对于未来发展权收益这部分的价值，还应考虑被征收房屋所处区域的土地所产生的平均增值收益。根据指标选取准则，选择被征收房屋所处区域范围内未来可能产生的土地平均增值来反映被征收房屋外部性能改善而产生的增值收益。

表7-1　　　　国有土地上被征收房屋补偿的完全市场价值指标体系

目标层	准则层	因素层	指标构成层	指标选取层
房屋征收补偿完全市场价值（Y）	房屋与土地本身的价值（A）	实物特征（A_1）	土地面积、土地形状、地形、地势、土壤、地基、土地条件（开发程度）等土地实物状况	土地实物综合指数（a_{11}）
			建筑规模、结构，层高和室内净高，空间布局，防水、保温、隔热、隔声、通风、采光、日照，维修养护情况及完损程度，设施设备，装饰装修等房屋实物状况	房屋实物综合指数（a_{12}）
		区位特征（A_2）	位置	偏离市中心的程度（a_{21}）
			距离	经济距离（a_{22}）
			楼层	偏离最佳楼层的程度（a_{23}）
			朝向	偏离最优空间区位的程度（a_{24}）
			交通	道路通达程度（a_{25}）
			周围环境和景观	环境优劣程度（a_{26}）
			外部配套设施	配套完善程度（a_{27}）
		权益特征（A_3）	地役权、共有房产等的限制	权利限制程度（a_{31}）
			城市规划限制	容积率（a_{32}）
			相邻关系	效用被影响的增值程度（a_{33}）
		其他特征（A_4）	人口的数量、结构；税收政策、金融手段、规划调整；经济发展水平、居民收入水平、利率升降；社会治安状况、城市化水平；世界经济和国际竞争状况；交易情况及个人偏好情况等	人口密度、税收增减幅度、基准利率上调或下调幅度、GDP增长率、人均可支配收入增长率、城市化率、急售急买等特殊交易情况等

续表

目标层	准则层	因素层	指标构成层	指标选取层
房屋征收补偿完全市场价值（Y）	被迫增加的社会成本（B）	社会生活成本的被迫增加（B_1）	交通费用的增加	交通费用变化量（用收费标准、距离计）（b_{11}）
			物业费用的增加	物业服务费用变化量元/月（b_{12}）
			医疗费用的增加	医疗费用变化量（按距离计）（b_{13}）
			食品支出的增加	非农民，只与离菜市场或购物广场的距离有关，因此，为购物交通费用的变化量（b_{14}）
			教育费用的增加	教育费用变化量（b_{15}）
		精神心理损失方面的成本（B_2）	邻里关系等社会关系的损失成本	精神心理损失赔偿费用（b_{21}）
			美学方面的生态作用丢失的成本	审美价值（住宅环境美、住宅小区环境美、地区环境美三个层次）（b_{22}）
			被征收人对土地产生的不可取代的情感被强制割裂所导致的损失	情感价值（b_{23}）
		就业机会成本（B_3）	就业机会成本	收入变化量（b_3）
		被征收人保障居住权的成本（B_4）	被征收人为了维持原有居住条件所付出的成本	房屋价值增长程度（b_4）
	房地产未来发展权收益（C）	自身性能的转变（C_1）	房屋用途	租金净收益或营业净收益（c_{11}）
			效用需求增加	未来售价的增值（c_{12}）
		外部环境的改善（C_2）	区域土地产生的增值	区域内土地平均增值（c_2）
	奖励及补助等费用（D）	临时安置费	—	临时安置补助费（d_1）
		搬迁补助费	—	搬迁补助费（d_2）
		奖励及补贴	—	奖励及补贴（d_3）

第五节 房屋征收补偿完全市场价值的量化分析

一 指标数据的收集

对于房屋与土地本身部分价值，一方面，在核算的过程中需要运用一些估价方法；另一方面，部分指标本身又比较难以量化。而从现实的角度考察，由房地产评估机构对被征收房屋这一估价对象所评估出的估价结果基本满足该部分价值的内涵，所以选取市场评估价代替之，但应根据被征收房屋及市场状况等实际条件进行适当的微调整，即在确定新的补偿标准下的房屋与土地价值这部分价值时，需要收集相应地区、对应房屋的市场评估价格，同时，还应充分了解被征收房屋状况、市场状况及其他影响房屋及土地价值的特别因素。

对于被征收人被迫增加的社会成本，在这部分价值的核算中则需要分门别类进行。因为各个指标的性质各不相同，各指标取值的计算口径、单位等相差也比较大；若将计算过程中所需要的指标转换为同一类型的指标数值，再通过综合计算得出最终价值的标准化方法计算过程过于繁杂。因此，分别核算被征收人被迫增加社会成本的四个方面——社会生活成本的被迫增加、精神心理损失方面的成本、就业机会成本和被征收人保障居住权的成本价值，分别收集四个方面成本的计算过程中所需要的分析数据，具体的内容将在指标的量化部分加以阐述。

对于房屋及土地的未来发展权收益，这部分价值或多或少地在进行市场评估时已经被考虑在内，比如市场比较法、收益还原法等方法的评估中。但是，由于现行的房地产评估体系本身不够健全、完善，且评估制度仍然存在许多问题，所以，本书将已考虑的未来房屋收益及土地发展权的价值忽略不计，而是将其全部纳入到该部分价值的核算当中。

房屋及土地的未来发展权收益存在很多不确定因素，即表现为房屋不确定性的价值。若按照上述图表中的内容进行量化分析，该部分的价值则不具备可操作性，而且没有充分的理由说明各个影响因素会产生多大或是多重要的影响，使得量化过程缺乏必要的科学性。本书运用布莱克—斯科尔克（Black–Scholes）的经典欧式期权定价理论进行分析，并确定房屋及土地的未来发展权收益价值。在运用B—S模型进行分析时，需要收集的数据除了被征收房屋的市场评估价之外，还应明确房屋的剩余使用年限、预测房屋产权到期时的价值、无风险的市场利率及其条件下的房屋价格变化率。

奖励及补助等费用的补偿价值则根据各个地方公布的征收实施细则文件中的规定确定，但前提是细则中确定的各类奖励及补助费用是完全依据当地的市场状况制定的，并能够保证不会因为征收而在搬迁和安置过程中对被征收人产生外部负效应。

二　指标的量化

对于国有土地上被征收房屋补偿的完全市场价值体系的指标量化，即将价值体系的各部分内容通过一定的计量方法加以确定。

（一）房屋与土地本身价值的量化

根据《征收与补偿条例》的规定可知，被征收房屋的补偿价值应不得低于房屋征收决定公告之日被征收房屋类似房地产的市场价格（P_i），则房屋与土地本身的价值（A）计算式如下：

$$房屋与土地本身的价值(A) \geq 不同房屋的市场评估价(P_i) \times (1 + r_1) \tag{7-7}$$

式中，r_1 为微调整系数，可大于、小于或等于零。

（二）被征收人被迫增加的社会成本的量化

被征收人被迫增加的社会成本（B）＝社会生活成本的被迫增加（B_1）＋精神心理损失所形成的成本（B_2）＋就业机会成本（B_3）＋被征收人保障居住权的成本（B_4） $\tag{7-8}$

（1）对于被迫增加的社会生活成本以及精神心理损失所形成的成本，主要是针对各个被征收人在征收前后的生活和心理状况而言，不同的被征收人，征收活动前后可能面临情况不同，所以，除了要对被征收区域进行实地问卷调查，并进行相应的调查分析之外，还要了解并综合分析每个个体的实际情况，运用相应的数学方法，建立一定的数学模型进行相关的分析。但是，出于简化操作并让被征收人易于理解和接受的角度，本书采用德尔菲法确定各个影响指标的权重（用 w 表示）。德尔菲法，即采取专家打分的方式确定各个已确定的指标因子的影响权重分值。其中，需要注意的是，专家组成中除了统计部门、心理研究等比较了解社会消费及心理方面等情况的专家之外，还应该有相当比重的征收当事人及社会公众的参与，这样才能使最终的权重更加科学、合理、公正。

具体计算式如下：
$$B_1 = (\overline{b_{11}}w_{11} + \overline{b_{12}}w_{12} + \overline{b_{13}}w_{13} + \overline{b_{14}}w_{14} + \overline{b_{15}}w_{15}) \times (1 + r_2) \qquad (7-9)$$
$$B_2 = (\overline{b_{21}}w_{21} + \overline{b_{22}}w_{22} + \overline{b_{23}}w_{23}) \times (1 + r_3) \qquad (7-10)$$

式中，$\overline{b_{11}}$、$\overline{b_{12}}$、$\overline{b_{13}}$、$\overline{b_{14}}$、$\overline{b_{15}}$分别为社会生活成本增加中交通、物业、医疗、食品支出及教育费用这五个部分各自增加的均值；$\overline{b_{21}}$、$\overline{b_{22}}$、$\overline{b_{23}}$分别为精神心理损失所形成的被迫增加的成本中邻里关系、审美价值及情感价值这三个部分各自增加的均值；w_{ij}为对应$\overline{b_{ij}}$的、由德尔菲法确定的权重值；r_2、r_3为调整系数；B_1、B_2分别为被迫增加的社会生活成本及精神心理损失价值。

（2）对于就业机会成本，一方面，可以根据个体被征收人的具体情况进行分析确定，主要是通过核算征收前后收入水平的变化情况；另一方面，从维护被征收人的工作权利以及工作给其带来的保险、福利等角度出发，以工作权利的损失值及社会保障标准来核算就业机会成本的价值量。

在征收活动影响下，被征收人失去工作并很难再找到工作的情况下，就业机会成本的计算式如下：
$$B_3(1) = nS(1+d_1)n(1+r_4) + \overline{G} \qquad (7-11)$$

当被征收人仍然拥有工作，但是相比征收之前，收入有所降低的情况下，且假设社会保障等收益没有变化时，就业机会成本的计算式如下：
$$B_3(2) = nS[(1+d_1)n - (1+d_2)n](1+r_5) \qquad (7-12)$$

式中，B_3为被迫增加的就业机会成本；n为被征收人未来还可工作的年限（按法定工龄计）；S为年均收入；d_1为年收入的平均变化率，d_2为征收之后因工作变化或其他原因而导致的不同的年收入平均变化率，$d_1 > d_2$；r_4、r_5分别为调整系数；$\overline{G}$为社会保障的均值（根据被征收区当地的社会保障标准确定）。

（3）对于保障被征收人自身居住权，即保证被征收人不会因为征收而失去居者有其屋的权利，也即被征收人能够使用自身所获得的补偿款购买到能维持原有生活水平的住房。在实际征收活动中，被征收人获得征收补偿款都发生在签订了征收补偿协议并交出原有住房钥匙之后的时点，而这一时点与通常情况下被征收房屋评估价格的估价时点相隔一定的时间差，且一般为几个月。正是在这段时间差之内，市场上增加了一大批需求者，使得住房市场的价格呈现上涨的趋势，其中，二手房市场显现得尤为突出。则被征收人为保障其自身的居住权所需付出的成本即为其房屋价值的增长部分。由此分析，可建立一个核算保障被征收人居住权的成本价值式：

$$B_4 = A(1+h_1)(1+h_2)(1+h_3)\cdots(1+h_n) - A \qquad (7-13)$$

其中，B_4 为被征收人保障自身的居住权所产生的成本；A 为房屋与土地本身的价值；h_1，h_2，h_3，…，h_n 为二手房每月的增长率，n 是从估价时点到各个被征收人获得征收补偿款所持续的月份数。

（三）房屋及土地的未来发展权收益的量化

房屋及土地的未来发展权收益即为房屋被征收之日至房屋产权终止之日的不确定性价值，当然，这有一个前置条件，即对于自用住宅，不考虑产权到期之后的自动续期；对于其他类型的住宅，也不考虑到期之后顺利通过续期申请等情况，只考虑当期的最高使用年限内的价值增值。它主要表现为由于自身性能转变及外部环境改善等因素所产生的增值，但无论是租金净收益或营业净收益、未来售价的增值，还是区域内的土地平均增值都比较难以量化，可操作性不强。为了更加科学、合理地确定该部分的价值，引入期权定价理论及其模型进行分析。

期权是指在买方支付一定权利金后，在某一确定的日期或该日期之前的任何时点内都拥有以一定价格出售或购买一定数量标的的权利；而房屋所有权与土地使用权的期权，即为将房屋所有权与土地使用权设置为标的物，买方支付一定的权利金后，来购买房屋所有权与土地使用权到期日之前的土地的权利。由于房屋所有人对房屋的占有本身属于一种投资，则房屋所有人对房屋的所有权及土地的使用权必然会产生期权，所以运用期权定价理论来核算该部分的价值量。

布莱克—斯科尔克的经典欧式期权定价理论模型本身成立的条件如下：（1）无风险利率 r 是已知的，为一常数，不随时间的变化而改变；（2）标的证券为股票，股票价格 S 的变化符合随机漫步，但这种随机漫步能够使股票的回报率成对数正态分布；（3）标的股票不分红；（4）此处期权为欧式期权，即到期日才能行权；（5）整个交易过程中，不存在交易费用，没有印花税；（6）对卖空没有如保证金等任何限制，投资者可自由使用卖空所得资金。

同理，该模型运用到确定房屋及土地的未来发展权收益的价值时，需要设立的前提假设如下：（1）无风险利率为已知的固定常数；（2）房屋及土地本身的价值连续且呈服从方差为 σ^2 的正态分布；（3）房屋从被征收后至产权终止日之间不产生租金;(4) 期权价值到到期日即产权终止之日才能实现;(5) 不发生交易费用,没有印花税;(6) 被征收人获得补偿款后可以自由支配使用。

在这些假设前提条件之下,运用期权公式来核算房屋及土地的未来发展权收益价值,即为房屋征收时点(估价时点)至房屋产权终止之日房屋所有者所拥有的价值。

其模型如下:

$$C = AN(d_1) - A'e - rTN(d_2) \quad (7-14)$$

$$d_1 = [\ln(\frac{A}{A'}) + \sigma^2 T/2]/(\sigma\sqrt{T}) \quad (7-15)$$

$$d_2 = [\ln(\frac{A}{A'}) - \sigma^2 T/2]/(\sigma\sqrt{T}) = d_1 - \sigma\sqrt{T} \quad (7-16)$$

其中,C 为期权价值,即为房屋及土地的未来发展权的收益价值;A 为被征收的房屋及土地本身的现值;$N(d_1)$、$N(d_2)$ 为累计正态分布密度函数;A' 为被征收的房屋期权到期后的期权价值;σ^2 为房屋及土地价格变动的方差;T 为期权的权期,即从房屋被征收之日到产权终止之日所剩余的年限;r 为无风险利率。

具体来讲,首先,预测 A',通过事先获取的资料明确 A、T、σ^2,利用式(7-9)、式(7-10)分别计算得到 d_1 和 d_2;其次,通过查找累计正态分布数据表得到 $N(d_1)$ 和 $N(d_2)$;最后,将所需各参数带入式(7-14),计算最终的 C 值,即为房屋及土地的未来发展权收益价值。

(四) 奖励及补助等费用的量化

根据《征收与补偿条例》规定可知,补偿的内容包括临时安置补助费、搬迁补助费和同意征收的奖励及补贴。通常,具体的补偿金额按照各地情况制定的标准为基础,并依据对当地市场状况、不同被征收人的不同情况等各方面的判断进行适当的调整,以实现完全、公平的补偿。即该部分的量化式如下:

$$D = d_1(1 + r_6) + d_2(1 + r_7) + d_3(1 + r_8) \quad (7-17)$$

其中,D 为奖励及补助等费用的总值;d_1、d_2、d_3 分别为临时安置补助费、搬迁补助费、奖励与补贴;r_6、r_7、r_8 分别为相应费用的调整系数,可大于、小于或等于零。

对于以上阐述的各个调整系数,均应坚持因地制宜、区别对待的原则，同时还应从最大限度地维护被征收人的合法权益角度加以确定。

表 7-2　　　　　国有土地上被征收房屋补偿的完全市场价值的量化指标体系

目标层	准则层	因素层	指标构成层	指标选取层
国有土地上被征收房屋补偿的完全市场价值（Y）	房屋与土地本身的价值（A）	实物特征（A_1）	土地面积、土地形状、地形、地势、土壤、地基、土地条件（开发程度）等土地实物状况	不同房屋的市场评估价（P_i）×（1+微调整系数）（微调整系数为r_1，可大于、小于或等于零）——（7-7）式
			建筑规模、结构，层高和室内净高，空间布局，防水、保温、隔热、隔声、通风、采光、日照，维修养护情况及完损程度，设施设备，装饰装修等房屋实物状况	
		区位特征（A_2）	位置	
			距离	
			楼层	
			朝向	
			交通	
			周围环境和景观	
			外部配套设施	
		权益特征（A_3）	地役权、共有房产等的限制	
			城市规划限制	
			相邻关系	
		其他特征（A_4）	人口的数量、结构；税收政策、金融手段、规划调整；经济发展水平、居民收入水平、利率升降；社会治安状况、城市化水平；世界经济和国际竞争状况；交易情况及个人偏好情况等	
	被迫增加的社会成本（B）	社会生活成本的被迫增加（B_1）	交通费用的增加	（7-9）式
			物业费用的增加	
			医疗费用的增加	
			食品支出的增加	
			教育费用的增加	

续表

目标层	准则层	因素层	指标构成层	指标选取层
国有土地上被征收房屋补偿的完全市场价值（Y）	被迫增加的社会成本（B）	精神心理损失方面的成本（B_2）	邻里关系等社会关系的损失成本	(7-10)式
			美学方面的生态作用丢失的成本	
			被征收人对土地产生的不可取代的情感被强制割裂所导致的损失	
		就业机会成本（B_3）	就业机会成本	(7-11)式或(7-12)式
		被征收人保障居住权的成本（B_4）	被征收人为了维持原有居住条件所付出的成本	(7-13)式
	房地未来发展权收益（C）	自身性能的转变（C_1）	房屋用途改变、效用需求增加或区域土地增值使得房屋及土地在无风险的条件下从被征收日至产权终止期间产生的增值	(7-14)式、(7-15)式、(7-16)式
		外部环境的改善（C_2）		
	奖励及补助等费用（D）	临时安置补助费	—	(7-17)式
		搬迁补助费	—	
		奖励及补贴	—	

三 指标权重的确定

以上分析的国有土地上被征收房屋补偿的完全市场价值体系，只需对被迫增加的社会生活成本及精神心理损失成本的各个内容运用德尔菲法，进行相应的指标权重打分。具体来讲，组织由经济学、统计学、心理学等方面的专家及社会公众和被征收人构成的专家组分别对社会生活成本及心理精神成本损失的各个子因子进行权重赋值，其中每一位专家对交通、物业、医疗、食品支出和教育费用所打分值之和为1，同样，对邻里关系、审美价值和情感价值所打分值之和也为1；然后，将所有专家的打分情况汇总，运用简单算术平均数法即可计算得到每一个子因子的权重值。打分如表7-3所示。

表7-3　　　　　　　　权重确定

成本	社会生活成本					精神心理损失		
	交通	物业	医疗	食品支出	教育费用	邻里关系	审美价值	情感价值

四 完全市场价值的确定

通过以上分析可知，国有土地上被征收房屋补偿的完全市场价值（Y）的计算式为：

$$Y \geq A + B + C + D \tag{7-18}$$

即国有土地上被征收房屋补偿的完全市场价值除了临时安置、搬迁补助费及奖励和补贴之外，还包括房屋与土地本身的价值、被征收人被迫增加的社会成本和房屋及土地的未来发展的收益。在这一体系下，被征收人至少应获得 Y 的补偿才属于完全、公平的补偿，在此基础上执行的补偿才是充分维护被征收人的合法权益。

对于不同类型的房屋、补偿方式选择的不同以及房屋所有者或房屋使用者而言，可运用以上方法进行核算。针对房屋类型、补偿方式及被征收人类型进行随机组合分析，有表 7-4 所示的 A_1、A_2、B_1、B_2、C_1、C_2、D_1、D_2 八类情况。

表 7-4　　　　　　　　各类组合情况

房屋类型		被征收人		补偿方式	
		房屋所有者	房屋使用者		
房屋类型	住宅	A_1	B_1	货币补偿	补偿方式
	非住宅	A_2	B_2		
	住宅	C_1	D_1	产权调换或两者相结合	
	非住宅	C_2	D_2		

（1）对于住宅和非住宅房屋，主要的差别表现在房屋及土地的未来发展权收益、社会生活成本及精神心理损失的被迫增加，比较而言，非住宅房屋这三个部分的价值会更高。再者，对于非住宅房屋，保障被征收人居住权这部分价值应改为保障被征收人经营权的价值，将被征收房屋的市场评估价改为市场租金或经营收益进行核算。此外，对于经营性的住宅或非住宅的房屋，运用本价值体系需要一个假设前提，即在房屋被征收期日之前仍然能正常营业，且选择置换的无论是在临时安置还是获得置换房屋之后其营业状况能维持原来的水平。

（2）对于被征收房屋的所有者和使用者，主要的差异是使用者受到损失相对比较少，需要补偿的价值不应包括房屋及土地本身的价值，而且保障居住权价值应改为保障使用权的价值,运用市场租金或经营收益进行核算,即反映被征收房屋使用者的经营损失价值。

(3) 对于被征收人选择的不同补偿方式,主要差别在于奖励及补助等费用的不同。选择货币补偿方式的被征收人应获得公平、合理的搬迁补助费;选择产权调换或两者相结合补偿方式的被征收人应获得临时安置、搬迁补助费。此外,选择货币补偿方式的被征收人在被迫增加的社会生活成本及精神心理损失方面的成本不是暂时性的,相比较而言,付出的成本可能会更多。

根据上述的差异分析,并结合所掌握实际征收案例的数据信息情况,对不同组合分别选择相应的、合理的计算式核算被征收房屋补偿的完全市场价值,确保对被征收人实现完全、公平、合理的补偿,切实维护被征收人的合法权益,即通过征收活动创造公共利益的同时,也要最大限度地保障个人利益,实现公共利益与个人利益的统一。

第六节 房屋征收补偿完全市场价值的实证分析

在征收补偿完全市场价值量化模式的基础上,选取若干个被征收人做实例进行测算。本书结合南昌市地铁建设房屋征收作为实证分析对象。

一 数据来源

根据模型的需要,研究数据主要来源于社会调查、房地产管理局征收办和房地产评估机构等。

二 数据信息

经过实地调查及管理机构获取的数据,整理得到表7-5至表7-7。

表7-5 被征收人(一)信息调查

房屋坐落	江西省南昌市东湖区八一起义纪念馆白马庙社区
所在楼层/总层数	5/7
朝向	□朝东 □朝东南 □朝南 □朝西南 □朝西 √□朝西北 □朝北
交通条件	□优 □较优 □一般 √□较劣 □劣
环境状况	□好 □较好 □一般 √□较差 □差
房屋所处站点	√□八一馆 □中山西路 □新洲路 □铁街 □上凤凰坡 □师大南路

续表

房屋建筑面积		81.5 平方米	
房屋类型	✓□ 住宅	✓□ 成套	
		□ 非成套	
	□ 非住宅	□ 成套	
		□ 非成套	
房屋结构	✓□ 框架　　□ 砖混　　□ 砖木　　□ 简易　　□ 其他		
剩余可使用年限		35 年	
房屋补偿单价		8108 元/平方米	
被征收人概况	人口数	□2　□3　□4　✓□5　□6 或 6 以上	
	人口构成	□ 无小孩和老人　　□ 无小孩，有老人 □ 有小孩，无老人　　✓□ 有老人和小孩	
	小孩身份类别	□ 初中及以下　✓□ 普高 □ 职高　　□ 本科　　□ 研究生	
	年均收入	54000（元）	
	剩余可工作年限	25 年	
	征后住房状况	□ 就近买房　✓□ 他区买房 □ 就近租房　□ 他区租房　□ 借住	
	交通、物业、医疗、食品支出的年增加值及教育费用总增加值	50×12；1.3×81.5×12； 16×3；0×12；3000×2（元）	
	邻里关系、审美价值和情感价值的年损失值	20×12；8×12；50×12（元）	
	征后工作状况	✓□ 无影响　　□ 工资降低　　□ 工作丧失	
	征收公告几个月后签订补偿协议	□1 或以下　□2　□3　✓□4　□5　□6	

表 7-6　　　　被征收人（二）信息调查

房屋坐落	江西省南昌市东湖区铁街
所在楼层/总层数	6/8
朝向	□ 朝东　□ 朝东南　□ 朝南　□ 朝西南　✓□ 朝西　□ 朝西北　□ 朝北
交通条件	□ 优　　□ 较优　　□ 一般　　✓□ 较劣　　□ 劣

续表

环境状况	☐好　　☐较好　　☐一般　　☑较差　　☐差		
房屋所处站点	☐八一馆　☐中山西路　☐新洲路　☑铁街　☐上凤凰坡　☐师大南路		
房屋建筑面积	105 平方米		
房屋类型	☑住宅	☑成套	
		☐非成套	
	☐非住宅	☐成套	
		☐非成套	
房屋结构	☐框架　　☑砖混　　☐砖木　　☐简易　　☐其他		
剩余可使用年限	40 年		
房屋补偿单价	7963 元/平方米		
被征收人概况	人口数	☐2　☑3　☐4　☐5　☐6或6以上	
	人口构成	☐无小孩和老人　　☐无小孩，有老人　☑有小孩，无老人　　☐有老人和小孩	
	小孩身份类别	☐初中及以下　☑普高　☐职高　☐本科　☐研究生	
	年均收入	42000（元）	
	剩余可工作年限	25 年	
	征后住房状况	☑就近买房　☐他区买房　☐就近租房　☐他区租房　☐借住	
	交通、物业、医疗、食品支出的年增加值、教育费用总增加值	40×9；1.2×105×12；0；0×12；0×1（元）	
	邻里关系、审美价值和情感价值的年损失值	30×12；10×12；55×12（元）	
	征后工作状况	☐无影响　☑工资降低　☐工作丧失	
	征收公告几个月后签订补偿协议	☐1或以下　☐2　☑3　☐4　☐5　☐6	

表7-7　　　　　　　被征收人（三）信息调查

房屋坐落	江西省南昌市北京西路与师大南路交叉口
所在楼层/总层数	1/1
朝向	☐朝东　☐朝东南　☐朝南　☐朝南西　☐朝西　☑朝西北　☐朝北
交通条件	☐优　☐较优　☑一般　☐较劣　☐劣

续表

环境状况	□好　　□较好　　□一般　　√□较差　　□差		
房屋所处站点	□八一馆　□中山西路　□新洲路　□铁街　□上凤凰坡　√□师大南路		
房屋建筑面积	___62.5___ 平方米		
房屋类型	√□住宅	□成套	
		√□非成套	
	□非住宅	□成套	
		□非成套	
房屋结构	□框架　　□砖混　　√□砖木　　□简易　　□其他		
剩余可使用年限	___25___ 年		
房屋补偿单价	___7411___ 元/平方米		
被征收人概况	人口数	□2　√□3　□4　□5　□6或6以上	
	人口构成	□无小孩和老人　　√□无小孩，有老人 □有小孩，无老人　　□有老人和小孩	
	小孩身份类别	□初中及以下　□普高　□职高　□本科　□研究生	
	年均收入	14400（元）	
	剩余可工作年限	___5___ 年	
	征后住房状况	□就近买房　□他区买房 √□就近租房　□他区租房　□借住	
	交通、物业、医疗、食品支出的 年增加值、教育费用总增加值	0；1.1×62.5×12；0×5； 0×12；0（元）	
	邻里关系、审美价值和情感价值的年损失值	50×12；10×12；80×12（元）	
	征后工作状况	□无影响　□工资降低 √□工作丧失	
	征收公告几个月后签订补偿协议	□1或以下 □2 √□3 □4 □5 □6	

三　数据处理

（一）微调系数的确定

根据市场比较法原理，将被征收人的房屋实物、区位、权益状况与房地产估价机构所出具报告的估价对象进行比较，分别确定三个被征收人的微调系数 r_1 为 -5.5%、-4.5%、-5.5%。此外，微调系数 r_2、r_3 是根据不同征收户对各类损失的偏重情况，表现为对各个影响因素权重的整体修正情况；微调系数 r_4、r_5 为根据宏观的行业经济形势对收入状况进行的修正。经过相应的分析得到被征收人一的 r_2、r_3、r_5 分别为 -3%、-5%、-8%；被征收人二的 r_2、r_3、r_5 分别为 -3%、-5%、-15%；被征收人三的 r_2、r_3、r_4 分别为 -3%、-5%、-8%。

(二) 直接资本化率和安全利率的确定

社会生活成本和精神心理损失这一被迫增加的成本根据每个被征收人的年增加值，运用直接资本化法进行核算，即价值=年值/资本化率。本次选取误差相对较小的安全利率加上风险调整值法确定资本化率。为了便于计算，安全利率定为6%，风险调整值定为2%，则直接资本化率为8%。

(三) 收入年均变化率的确定

收入年均变化率是相对于某个被征收人而言的，因此，根据被征收人对工作单位经营状况以及个人自身的可能发展情况的描述，初步确定被征收人二在征收前后的年均变化率分别为1%、0.8%；而被征收人一的工作并没有受征收的影响，不需要考虑其收入的年均变化情况；被征收人三则因征收而丧失了工作，被征收之前收入的年均变化率也仅为0.8%。

(四) 二手房月上涨幅度的确定

在城市房屋征收活动过程中，自公布征收决定公告之日起，市场上基本会被迫涌现出一大批购房消费者。但是，短期内的住房市场供给缺乏弹性，使得市场出现供不应求的状况，这时二手房的房价上涨表现得尤为明显。此次房屋征收过程中，整个南昌的二手房房价上涨也较明显，自征收决定公告之日起1个月、2个月、3个月、4个月内的环比上涨幅度分别为0.43%、0.48%、0.52%、0.50%。

(五) 权重的确定

运用德尔菲法，对交通、物业、医疗、食品支出、教育费用的被迫增加值以及邻里关系、审美价值和情感价值的损失额进行权重赋值，分析得到权重确定表中各部分内容的综合权重值分别为25%、35%、10%、10%、20%、30%、15%、55%。

(六) 其他参数的确定

首先，$N(u_1)$ 和 $N(u_2)$ 根据 u_1 和 u_2 的值查找标准正态分布表得到；其次，社会保障费用则根据被征收人所处的收入阶层，结合本书中的城市人居最低生存环境确定，被征收人三的为7350.37元；再次，A' 为被征收的房屋期权到期后的期权价值，根据房屋自身条件及市场状况，预测所选取的三个被征收人的 A′ 分别为 A 的 1.7 倍、1.6 倍、1.2 倍；最后，房屋及土地价格变动的方差 σ_2 则根据市场的一般状况确定为 10%。

四 结果分析

根据调查数据及其处理，分别代入各计算式，得到各个被征收人的价值，如表 7-8 至表 7-10 所示。

表 7-8　　　　　　　　被征收人一的完全市场价值计算结果

Y	A	B 合计	B_1	B_2	B_3	B_4	C
1099578.55 元	624457.89 元	26350.68 元	9266.53 元	4944.75 元	0 元	12139.40 元	448769.97 元

表 7-9　　　　　　　　被征收人二的完全市场价值计算结果

Y	A	B 合计	B_1	B_2	B_3	B_4	C
1485892.62 元	798489.83 元	80123.15 元	7507.80 元	5806.88 元	55335.71 元	11472.76 元	607279.65 元

表 7-10　　　　　　　　被征收人三的完全市场价值计算结果

Y	A	B 合计	B_1	B_2	B_3	B_4	C
833165.51 元	437712.19 元	89358.52 元	3501.09 元	8530.50 元	71037.85 元	6289.08 元	306094.80 元

以上结果表明，按照完全市场价值体系计算得到的房屋征收价值远比现有的市场评估价或市场补偿价要高很多，可以选择增长率指标衡量这一差异程度。

对于被征收人一：

(1099578.55 - 624457.89) /624457.89 = 76.09%

对于被征收人二：

(1485892.62 - 798489.83) /798489.83 = 86.09%

对于被征收人三：

(833165.51 - 437712.19) /437712.19 = 90.35%

可见，实际的城市房屋征收中，被征收人的权益只获得一半的补偿，即完全市场价值比市场补偿价值分别高出 76.09%、86.09%、90.35%，显示出明显的不公平，不利于我国社会主义和谐社会的构建。具体来讲，首先，被征收人的权益在征收补偿活动过程中受到严重的损失，该损失将近达到了一半。根据《城市征收补偿办法》，按照搬迁时间先后给予不同等级的搬迁奖励，其中最高奖励为被征收房屋市场评估价值的 40%。因而，即使全部按照 40% 给予奖励，按照该体系的核算结果，被征收人的权益仍然受到一定的损失。

其次，在没有考虑被征收房屋及其占用范围内土地未来发展权收益增值分配情况下，即将未来发展权的收益价值全部分配给被征收人时，可以明显看到被征收人的权益损失主要来自于未来发展权的收益价值缺失。

再次，被征收人因征收而被迫增加的社会成本这一权益损失内容的价值量大小随着收入的减少而增加，即征收这一外力作用对不同收入被征收人在精神心理、社会生活、就业机会和居住权保障方面的影响程度各不相同，且随着收入的增加呈现逐渐降低的趋势。

最后，在所构建的被征收房屋完全市场价值量化体系实证分析结果中，社会生活成本的被迫增加值随着收入的增加呈现递增趋势，即对于较低收入的被征收人而言，教育、交通、食品支出、医疗、物业费用等社会生活成本相对较小；精神心理损失大小则随着收入的增加逐渐减小，即对于较高收入被征收人而言，在邻里关系、审美和情感等方面所受到的影响相对于中低收入被征收人较小，其中低收入人群影响最大；就业机会方面，与精神心理损失相类似，特别是那些依靠原有住房维持生计的低收入人群，一旦房屋被征收很可能难以找到合适的工作甚至失业；居住权保障价值只与签订补偿协议至征收决定公告之日的时间间隔和被征房屋市场评估价值有关。

总的来讲，实际的房屋征收补偿活动中被征收人的权益受到一定程度的侵害，在评估工作中应站在被征收人角度合理考虑其各种可能的权益损失并加以核算，使得被征收人能最大限度地实现等价补偿的愿望。

第八章 公平机制创新

按照十八届三中全会精神,经济体制改革的核心是处理好政府和市场的关系,使市场在资源配置中起决定性作用和更好发挥政府作用。也就是说,经济发展主要依靠市场力量,政府职能要从以经济职能为主转变为以服务职能为主,政府目标要从效率优先逐步转移到公平优先上来。因此,房屋征收补偿需要有公平机制创新。

第一节 构建房屋征收补偿的完全市场价值体系

公平机制的首要问题就是建立房屋征收补偿的完全市场价值体系,具体参照第七章。

一 构建完全市场价值体系

完全市场价值体系体现了科学与公平原则,按照党的十八届三中全会的政府职能定位,作为服务型政府,将更有条件完成这项工作。

二 充分地保障居者有其屋的权利

保障部分人群的最低居住权,按国家人均最低居住面积及户均最低面积补偿。

三 明确被征收人因房屋征收而被迫增加的社会成本

从房屋的社会属性与人居环境视角出发,考虑居住环境的改变对被征收人存在的实质影响,如对新的环境适应需要有更高的成本支出,或是一部分人依靠房屋所处的环境从事一些商业活动,则房屋就可能承载了一些家庭的生计。因此,考虑被征收人因征收而被迫增加的社会成本,将其计入征收补偿的范围理所当然。

四 赋予被征收人分享土地未来发展权收益的权利

依据生产要素的分配理论,被征收人应该参与到其让渡的土地使用权的未来发展权收益增值的分享中,即在新标准中要加入土地未来发展权收益的价值。

第二节 建立房屋征收行为制约机制

一 社会力量评估政府业绩

十八届三中全会明确提出切实转变政府职能,建设法治政府和服务型政府,完善发展成果考核评价体系,纠正单纯以经济增长速度评定政绩的偏向,代之以通过加大资源消耗、环境损害、生态效益、产能过剩、科技创新、安全生产、新增债务等软指标的权重,按理说政府没有必要过于热心通过经营城市置换土地获取收益,提升政绩。但是靠土地变现是仅仅依靠公权力就十分容易获取财富的方式,短期内政府不仅不会轻易放手,而且会变相搞开发,其中就包括借公共利益之名扩大征收范围,这种惯性在一段时间内很难改变。首先,新的业绩考核应该吸收社会民间机构的测评,并赋予相应系数。其次,房屋征收范围和面积要有规划并向被征收人公示。最后,约束政府传统行政逻辑,即借助公权力做出征收决定后,只进不退,必须不惜代价扫除一切障碍,包括按照自身评价体系标准处置被征收人物业。因此,面对关乎民生的土地房屋,前期要充分论证,充分评估成本和社会影响,否则不能开工。

二 建立责任追究机制

要降低政府经营土地的兴趣,不仅要通过考核体系权重变化约束政府行为,也要通过责任追究对违规进行城市改造行为进行制约,一经发现政府有非市场化经济利益可图的项目,均应叫停,当届政府必须向地方人大和政协做出合理解释,接受地方权力机构质询,同时启动处分程序,并以渎职行为追究主要责任人法律责任。这样,政府在启动任何相关项目时,即使纯粹公益项目,也要做出评估。

三 构建正当的征收法律程序

转变立法精神和立场,商业性征收应走民事契约渠道、按市场规则办事,尽量减少行政性的征收,严格限定于非牟利的、普惠的、紧迫性的公益事业。若万不得已强制征收,政府有义务向被征收人和社会证明,在征收中没有任何部门、官员、企业从中牟取公益之外的任何收益。在房屋征收实施过程中，确立"先行协商对话，后决定征收方案；先行补偿、安置，后付诸征收实施"原则。政府应当充分尊重被征收人的个体利益，切实赋予其在房屋征收中的主体地位，为其提供表达看法的场合和发表意见的机会，在平等协商和对话基础上解决实际问题。①

第三节 建立房屋征收监督机制

一 科学构建监督机制

要矫正城市房屋征收中政府职能错位问题，就必须建立科学有效的权力监督机制。第一，构建和完善内部监督机制。各级监察机关及相关工作部门要相互配合，严格执法，着力查处征收建设过程中的违法违规违纪案件，加大处罚力度，对违反审批程序，滥用职权的领导者和直接负责人严肃处理。第二，构建和完善外部监督机制，加强司法监督和社会舆论监督。相对行政监督而言，司法监督和社会舆论监督更具独立性。报纸、网络、新闻媒体和公民个人可以对政府进行多方面的有效监督。

二 加强公共利益项目后期运营的监管

政府行为需要有民间组织或新闻机构监督，尤其是对于模棱两可或范围不清的公共项目，需要广泛通过有各界人士参与的听证会决定是否需要开工以及在什么条件约束下开工，不仅在开始需要监督，在项目中期和结束前均要监督。加强公共利益项目的后期运营的监管，防止表面上为公共利益项目，实际上被各类投资商瓜分，或以其他利益进行交换。公共利益项目的确定和实施必须保证投资主体的纯洁性。可以在项目中期检查时通过公众参与方式接受质询，彻底清除投资商因利益驱动带来的社会不良影响。除了各级新闻媒体应该介入外，在听证会前还要通过各种媒体和渠道实现公众参与，把正反两方面或中立意见表述出来。

三 建立房屋征收第三方独立公正机构

考虑征收人与被征收人在法律地位、信息等方面的不对等，被征收人难以形成利益同盟，其诉求和申诉得不到有关部门的支持和解决。建立可以为

---

① 郭秉菊：《房屋拆迁中地方政府职能定位之法律分析》，《金陵科技学院学报》（社会科学版）2011年第1期。

被征收人服务的第三方独立的公正机构，有可能改变被征收人的弱势地位。

第四节　建立价格质询机制

过去一段时期，房屋征收补偿带有浓厚的政府行为色彩，即政府通过测算和降低项目成本来提高其运营的可行性，在影响补偿价格方面具有强烈的操控痕迹，表面上被征收人具有选择评估公司的权利，但评估费用由政府支付，而不是被征收人支付，是一种违反市场规律的行为。因此，一方面，政府要评估项目的经济可行性，如果经济上无力支持，只能选择放弃。另一方面，评估费支付应该先拨付被征收人账户，将评估费直接转入评估公司指定账户。再就是评估价格公示后，需要有被征收人质询，这意味着价格不是一成不变，只要合理就要调整。以公平而论，政府应该鼓励被征收人形成临时的有组织的同盟，而不是习惯于采取各个击破的方式应对被征收人。

第五节　建立被征收人的跟踪服务机制

一　提供后续跟踪服务预算

城市房屋征收是由政府主导的、被征收人处于被动一方的行为，不是简单地通过市场评估价完成征收补偿后就万事大吉了，政府不能简单地认为补偿款可以解决所有问题。政府要取信于民，树立良好形象，还要有一笔预算，要有一支队伍，在被征收人搬迁半年内要和他们保持联系，跟踪回访他们生活境况，妥善解决由搬迁带来的困难，包括小孩教育、交通、公共服务设施以及就业机会等。

二　政府应为困难居民提供多种住房选择

政府为困难居民提供安置用房和廉租住房是解决征收难问题的有效途径，也是老百姓的迫切希望。[①] 在对旧城区改造进行房屋征收时，许多生

---

① 郭秉菊：《房屋拆迁中地方政府职能定位之法律分析》，《金陵科技学院学报》（社会科学版）2011年第1期。

活贫困的被征收居民仅依靠自身的力量难以解决征收之后的住房问题。对于这部分群体，政府必须给予特殊的优惠政策来保障其最低的居住条件。[①]

三 建设拆迁安置临时过渡板房

房屋征收使许多居民不得不临时租房，对于这部分需求单靠提供补贴而推向租赁市场无法完全解决。在拆迁安置过渡阶段，活动板房应该作为一项重要的工作，它不但能够解决部分被征收人租房难这种最基本的生存需求，而且为缓和地方政府和被征收人的紧张关系起到重要作用。

---

① 陈宇宁：《论城市房屋拆迁中政府职能的健全与完善》，《特区经济》2010年第10期。

第九章 结论与展望

第一节 结论

一 房屋征收补偿不能简单地采用"公平的市场评估价"

公平的市场评估价是买卖双方你情我愿的自愿交易市场，而征收是被征收人处于被迫交易、一方强迫另一方的交易状况，并且不存在公正第三人。虽然在由拆迁转变为征收，行为主体发生变化，使得开发商退居后方，以政府作为征收人面对被征收人，即是表面上没有利益诉求的政府替代了开发商。实质上政府充当了双重角色，既与被征收人存在一种民事关系，存在与被征收人讨价还价的事实，是市场一方；又带着浓厚的公仆色彩，充当所谓的公正第三人。事实上这种双重角色很难做到公正。因此在政府职能错位的情况下房屋征收引发的矛盾同样复杂。公平的房屋征收补偿应该是公平的市场评估价加上抵偿被迫交易的增加值。

二 政府实施房屋征收存在对土地未来利用方向的不确定性

除了明确公共利益需要进行的房屋征收外，不排除政府城市运营机构的商业运营。以土地收储方式改变被征收人对某个具体开发企业的交涉或对抗，有效分散被征收人的注意力，但未来土地开发利用方向不明确，既可以是公共利益，也可以是商业利益。政府也常常以公共利益的旗号，扩大对房屋征收范围。

三 在房屋征收补偿过程中，政府存在错误的行政逻辑

政府经营城市政府是最大的既得利益者，在这样的畸形市场中，政府自然成为集运动员和裁判员为一体的垄断阶层。政府的决定一旦做出，就必须推进，虽然提倡公众参与，但力度远远不够。另外，习惯于少数服从多数，尤其是以90%或99%的人同意作依据。其实在生存权上，没有谁能超越宪法，不能借公共利益之名，也不能以大多数人可以剥夺少数人的生存权而作为行政逻辑。

四 高度重视房屋征收补偿中权益抗争的转变过程

被征收人都是潜在的权益抗争人，都存在维护个人生存权的问题，只是各自生活工作状况不同，诉求也不同。多数情况是少数有头脑又有热情的人出头露面，他们代表了大多数人的诉求，因此他们就不是小众了。即使是少数人，政府也要高度重视，而不是恃强凌弱。"钉子户"并不是天生的，有许多是因为征收工作不细致，或政府采取的一些强制性措施，滥用公权力造成的。比如通过搞大会战，或从多个基层部门抽调人员，培训工作不到位，个人素质、行为也都可能导致钉子户产生。类似于装摄像头监控，不许被征收人聚集，断水断电，撤走物业等，都会激发被征收人的不满，从而促使了"钉子户"的生成。

五 关注最弱人居环境系统，保障最低生存空间

人居环境是一个系统，城市居民各自处于不同的人居环境系统中，并且保持动态平衡。当城市房屋征收时，平衡系统将处于不稳定状态。城市居民获得补偿，购置或产权调换后的房屋不应再从这笔用于生活日常开支的费用中支出，或者新的居住环境不会引起家庭成员因为就业、就医、就读以及日常生活等增加相应的开支。

六 创新征收补偿机制

按照十八届三中全会精神，经济体制改革的核心是处理好政府和市场的关系，使市场在资源配置中起决定性作用，也就是说经济发展主要依靠市场力量，政府职能要从以经济职能为主转变为以服务职能为主。因此，房屋征收补偿需要有公平机制创新。具体包括：（1）建立房屋征收补偿的完全市场价值体系；（2）建立房屋征收制约机制；（3）建立房屋征收监督机制；（4）建立价格质询机制；（5）建立被征收人的跟踪服务机制，等等。

第二节 展望

一 如何改变政府双重角色，如何从利益格局中退出，研究有待深入

纵观政府职能转变历程，利益集团的阻力极其强大。体制改革能否到

位,政府职能转变能否实现,是公平机制实现的前提,需要进一步研究。

二 对城市房屋的国有土地所有权及其价值研究不够

城市私有房屋建立在国有土地上,国有所有权的价值如何判断,如何制约地方政府打着国家利益的幌子恣意搞城市建设,多征地变相搞开发,有待进一步研究。

三 人居生存临界点的研究不够精准

限于数据的获取,以省级数据来研究人居生存临界点不如以地市级城市的数据来研究显得更加真实和具有说服力,有待进一步研究。

附　录

附录一　南昌市地铁一号线建设房屋征收补偿情况调研报告

调研目标：了解国有土地上房屋征收补偿的基本情况
调研对象：南昌市彭家桥、丁家巷、白马庙和铁街区域内被征收人
调研时间：2012 年 3 月 14 日至 4 月 5 日
调研方法：实地考察法、问卷调查法
调研人员：赵海云、胡细英、曾国辉、易好、徐浩文、石丹、王文彬
调研内容：为了解国有土地上房屋征收补偿的基本情况，2012 年 3 月 14 日至 4 月 5 日，《国有土地上房屋征收补偿中的公平机制研究》课题组成员先后到南昌市彭家桥、丁家巷、白马庙和铁街，通过实地走访和问卷调查被征收人，形成本报告，报告具体内容如下：

一　南昌市地铁建设简介

根据《南昌市城市快速轨道交通建设规划》，南昌市城市快速轨道交通工程远景规划线网由 5 条线组成，其中一号、二号、三号线为主骨架线路，四号、五号线为辅助线路。全网线路总长约 168 公里，共设站 128 座，其中换乘站 15 座，设置 4 条过赣江通道，主城区平均线网密度 0.35 公里/平方公里。工程设计线路通过能力不小于 30 对/小时，高峰行车间隔 2 分钟，平峰行车间隔 4 分钟，最高时速为 80 公里/小时。其中，近期建设规划年限定为 2009—2016 年，主要建设一号线和二号线。远景目标是使公交出行比例提高到 35%—40%，轨道交通出行占公交出行的比例达到 35%—40%，中心城区内 90% 以上的公交出行通过直达或一次换乘完成，同时形成覆盖主城的半小时交通圈。截至 2012 年 4 月，南昌地铁一号线 24 个站点已全部开工建设，其中 16 个站点正在进行主体施工，8 个站点进行前期工程，累计完成投资 50 亿元，至 2012 年年底，预计可完成投资 100 亿元。地铁二号线工程可行性研究报告已上报国家发改委，建

设资金已落实140余亿元。

二 南昌市地铁一号线建设房屋征收补偿情况

根据有关部门公布的《南昌轨道交通一号线建设工程国有土地上房屋征收补偿方案》（以下简称《补偿方案》），所涉及的关注点主要有：

（一）房屋征收的范围和规模

南昌地铁一号线全线设有24个站点，施工建设总占地面积约1631.6亩（含永久占地面积约615.5亩），规划红线内房屋总征收面积约41.65万平方米，房屋征收总户数2705户，其中住宅用户1759户，非住宅用户946户。城镇房屋约28.3万平方米，其中住宅为11.81万平方米。

（二）被征收房屋平均补偿单价及估价时点

根据公布的有关补偿方案，各类房屋在2012年2月29日的重置单价如附表1-1所示。成套住宅的平均补偿单价约8000元/平方米，非成套住宅的平均补偿单价约7500元/平方米，经营性非住宅一层的平均补偿单价约36000元/平方米。

附表1-1　　　　　　　　各类房屋重置单价

结构	框架			砖混	砖木	简易
	高层	小高层	多层			
重置单价（元/平方米）	1350	1150	800	700	520	240

（三）征收补偿方式

《补偿方案》规定此次房屋征收补偿实行房屋产权调换与货币补偿两种方式，具体由被征收人自行选择。选择产权调换补偿的，按被征收房屋建筑面积实行"征一还一"，双向评估、互找差价，就近靠档的原则进行安置。等面积部分按双向评估，互找差价；在就近档户型内，安置房建筑面积超过被征收房屋建筑面积部分按安置房成本价结算；超过就近档户型安置的，按安置房市场评估价结算。

（四）补偿安置

安置房地点设置在红谷滩新区凤凰家园和朝阳新城。凤凰家园市场评估价为5985元/平方米，成本价为4335元/平方米；朝阳新城的市场评估价为6630元/平方米，成本价为5285元/平方米。

（五）临时安置补助费、搬迁补助费、装修补偿费、停产停业补偿费、其他奖励及优惠政策等

被征收住宅房屋如果被征收人选择货币补偿的，除了能够获得房屋市场评估价的补偿，还将获得房屋市场评估价20%的补助，在4月1日前签约并完成搬迁的，还将获得房屋市场评估价20%的奖励。

此外，《补偿方案》还设置了提前搬迁奖、搬迁补助费、装修补偿费、停产停业补偿费、子女过渡入学、税收减免等措施，鼓励被征收人及时搬迁。

三 问卷调查及分析

（一）调查问卷基本信息

调查问卷由三部分组成。第一部分，个人及房屋基本信息，包括三个单项选择题，涉及个人基本信息、被征收房屋的性质和对被征收房屋的满意程度。第二部分，对房屋征收政策的基本认识，包括九个单项选择题，涉及房屋被征收的意愿、对当前征收政策的认知、意愿补偿方式、补偿金额的决定者、对"钉子户"的看法、没有得到充分补偿而坚持抗争的程度、对不合理补偿原因的认知、对土地增值收益的认知和对非房屋因素补偿的看法。第三部分，房屋被征收给被征收人带来的不便，包括两个多项选择题，涉及房屋被征收的后顾之忧和房屋被征收给老年人带来的问题。

（二）抽样调查

经过充分准备，课题组于2012年3月18日至4月5日先后前往南昌市彭家桥、丁家巷、白马庙和铁街四个地铁一号线被征收区域进行抽样调查。共发放问卷130份，由于采用了面对面调查和踩点调查相结合的方式，由课题组成员直接与调研对象进行交流，耐心解释调研对象不太清楚的问题，从而保证了问卷的有效比率。剔除一些前后矛盾、随意回答、信息严重缺失等有明显错误的问卷，共回收有效问卷107份，占调查问卷的82.31%，符合抽样调查的技术要求。

（三）问卷分析

1. 个人基本信息

从附图1-1至附图1-5可以看出，被征收人中30—40岁之间的被访者分布最多，占40.19%，由于该年龄段的被访者通常家庭成员较多，搬迁时考虑的因素也较多，是理想的分析对象。在受教育水平分布上，被

征收人中本科以下所占比重很高,达88.79%。在月均收入水平上,被访者月收入在1000—3000元区间分布最多,被征收人为62.62%。在工作类型上,被征收人中个体户所占比重最大,达57%;其他(主要是商业从业人员)次之,占19%,我们认为,这与被调查区域为南昌传统商业街区和历史街区,个体经营者和相关从业人员聚集相符。

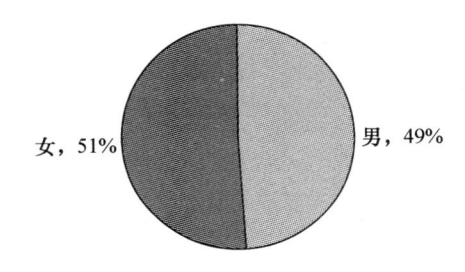

附图1-1 被征收人性别比例

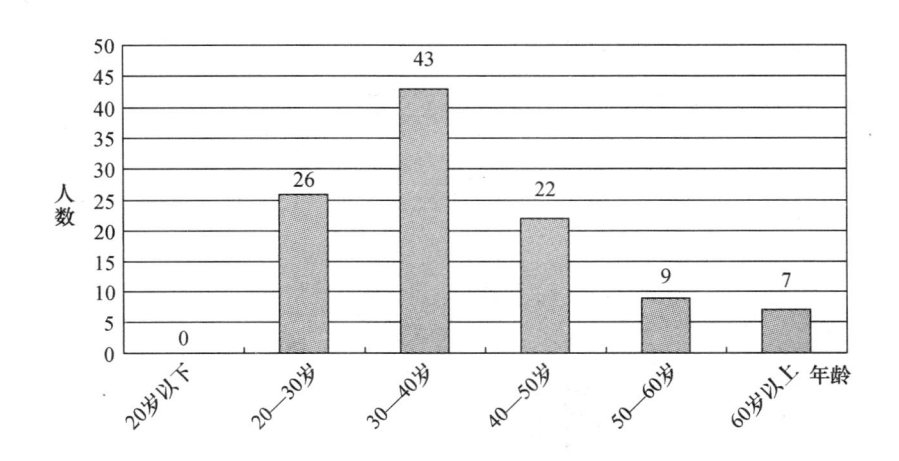

附图1-2 被征收人年龄分布情况

2. 被征收房屋的性质

根据上述对被访者个人基本信息的分析,结合附图1-6,在被征收房屋中,普通商品房比重占58.88%。

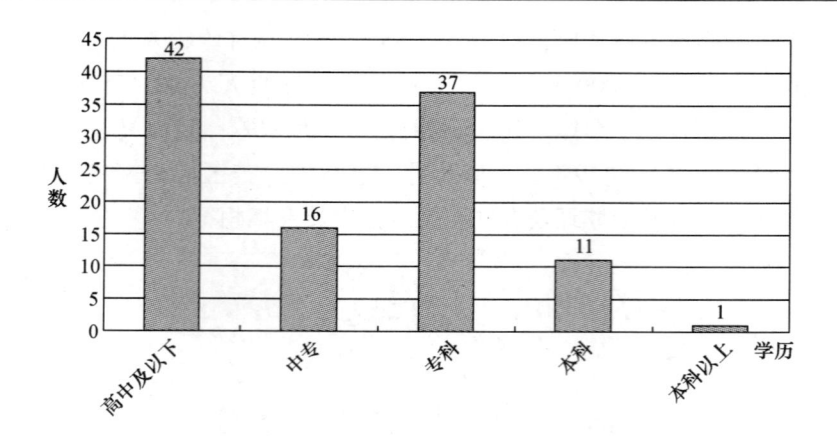

附图 1-3　被征收人受教育水平分布情况

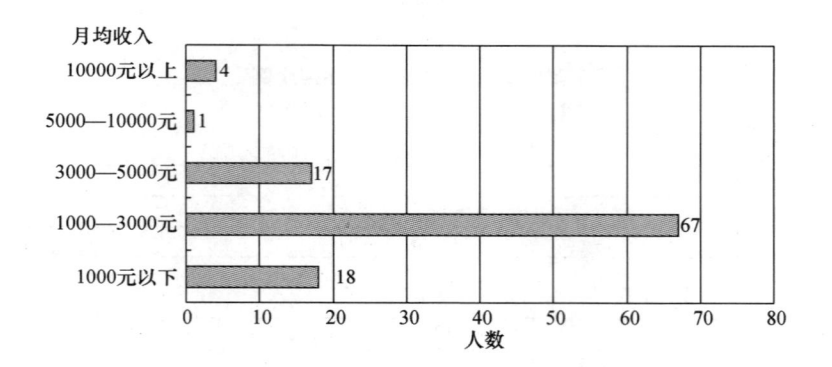

附图 1-4　被征收人月均收入分布情况

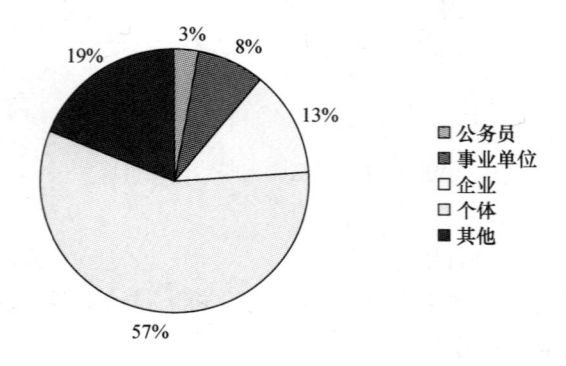

附图 1-5　被征收人工作类型分布情况

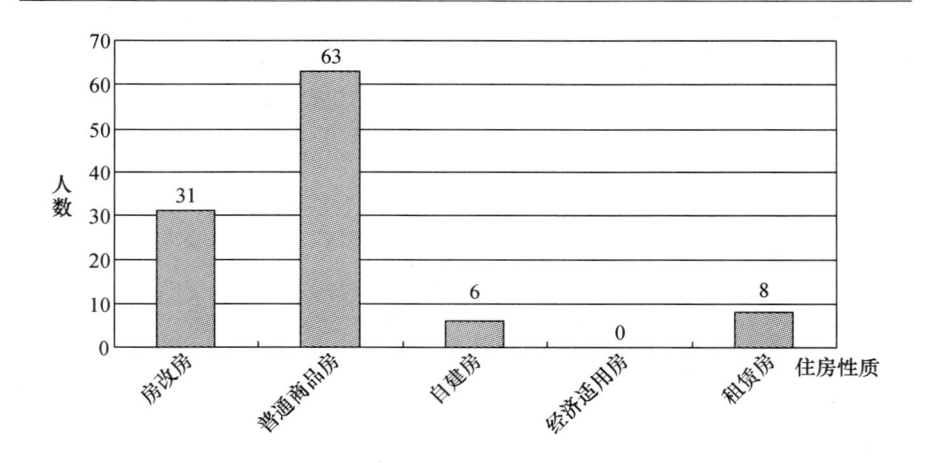

附图1-6 被征收人住房性质分布情况

3. 对被征收房屋的满意程度

从附图1-7可以看出，被征收人对当前房屋的满意程度总体较高，不满意者仅占24%多一点。通过实地调查发现，被征收区域多为多层和简易房屋，大部分为老房子。虽然该区域商业氛围浓厚，但小区基础设施和配套设施一般。

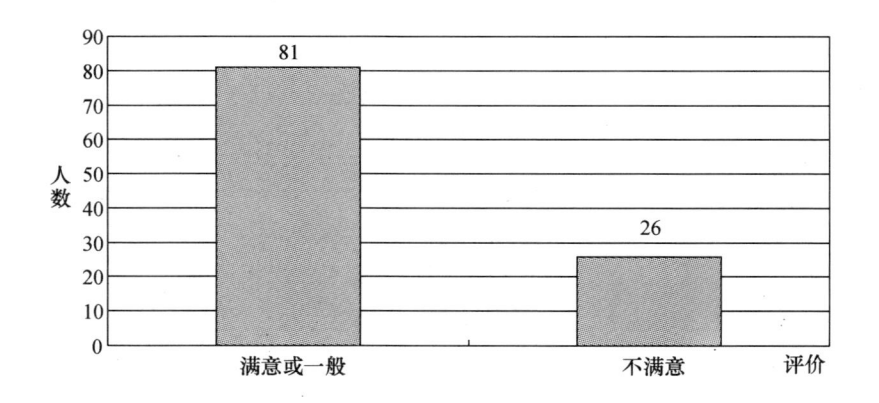

附图1-7 被征收人对住房的评价

4. 房屋被征收意愿

从附图1-8发现被征收人同意房屋被征收的比例为53%。地铁建设属于公益建设，一般民众都会支持。在不同意被征收者中，很大一部分人或是担心他们得不到充分的补偿,或是不满意政府的一些强迫行为而不同意被征收。只要补偿充分,多数被征收人是配合地铁建设的。

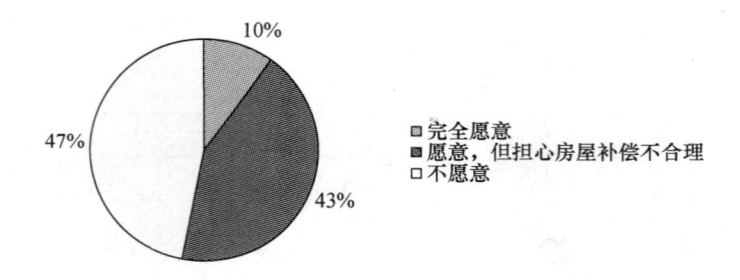

附图1-8 被征收人对住房被征收的意愿

5. 对当前房屋征收政策的认知

从附图1-9可以看出,对当前房屋征收政策的认知方面,被征收人认为"非常不好,矛盾冲突比其他地区还多"的比重为42.99%,认为"政策非常好,但下属部门没有完全按照好的政策实施"的比重为47.66%,仅有2人认为"政策非常好,妥善安置了被征收人",占1.87%。这反映出在征收补偿问题中,被征收人可能面临着一定的搬迁困境。

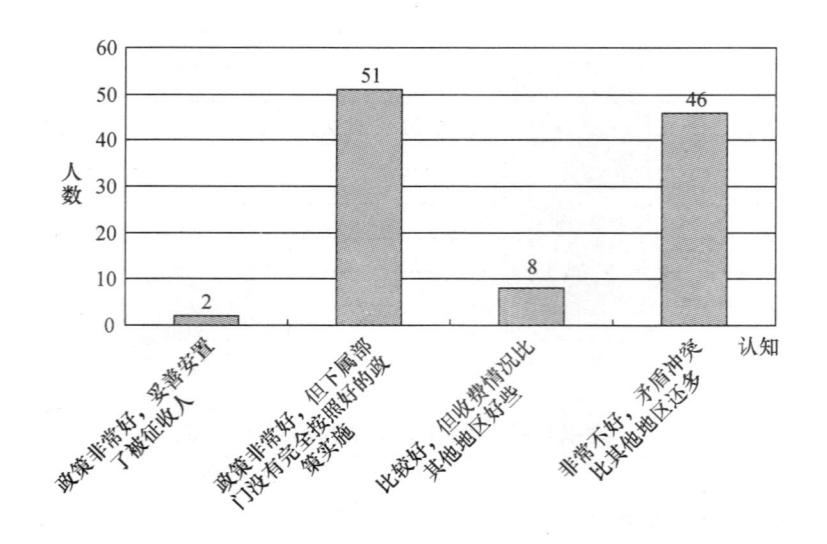

附图1-9 被征收人对当前房屋征收政策的认知

6. 意愿补偿方式

附图1-10反映了在意愿补偿方式方面，被征收人希望原地安置的达74%，远远超过货币补偿（24%），希望在其他地点安置的仅占2%。这反映出在征收搬迁城市中心区域或商业区域时，被征收人原地安置的意愿强烈。另外，在实地调研中，部分被征收人反映，有人在政府发布征收决定公告前不久到本区域急切购买房屋，很可能是从征收人那里提前获取了征收信息，从事投机活动，这些人很愿意选择货币补偿方式。

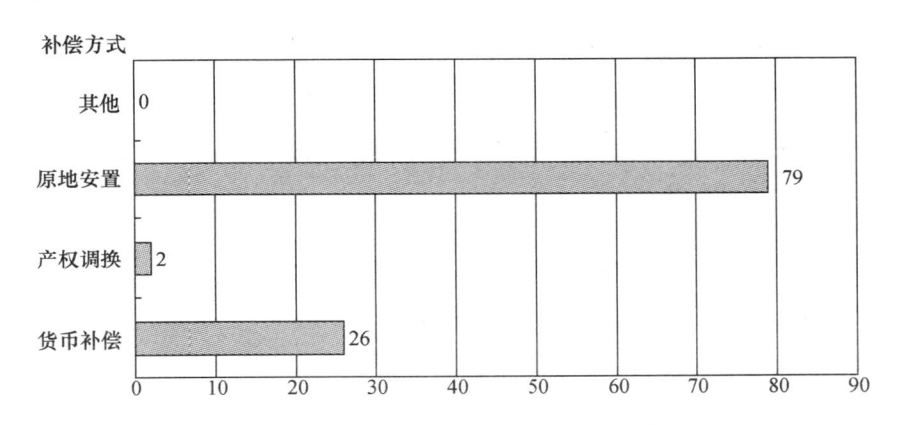

补偿方式	数量
其他	0
原地安置	79
产权调换	2
货币补偿	26

附图1-10 被征收人意愿补偿方式

7. 对补偿金额决定者的认知情况

附图1-11反映了在补偿金额的决定者方面，被征收人认为由政府、开发商和被征收人协商制定补偿价款的比重是最高的，为42%。这表明民众更愿意协商决定。另外，在被征收人中，有9户（占8%）被征收人认为应该由被征收人集体决定补偿价款。

8. 对"钉子户"的看法

从附图1-12可以看出，对于"钉子户"的看法，被征收人认为是政府补偿安置不合理造成的占到58%，完全是生活所迫占到33%，这反映出只有给予充分合理的补偿，解决被征收人的后顾之忧，才能和谐顺利地完成征收工作。认为是故意做"钉子户"的占9%。实地调研发现，大部分被征收人是不愿意做"钉子户"的，由于他们的权益抗争行为比较突出，才使得他们从表面上看很像"钉子户"。当然，也不排除有漫天要价的真实"钉子户"。这提醒征收人一定要做好房屋和人口摸底工作，对于所谓的"钉子户"要区别对待，防止"一刀切"。

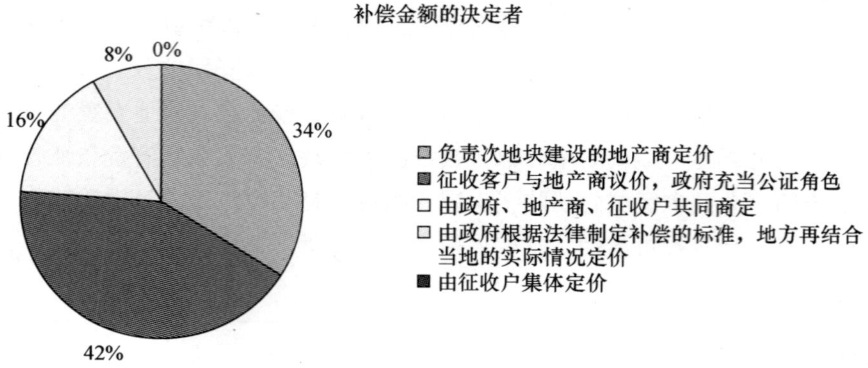

补偿金额的决定者

- 负责次地块建设的地产商定价 34%
- 征收客户与地产商议价，政府充当公证角色 42%
- 由政府、地产商、征收户共同商定 16%
- 由政府根据法律制定补偿的标准，地方再结合当地的实际情况定价 8%
- 由征收户集体定价 0%

附图 1-11 被征收人对补偿金额决定者的认知情况

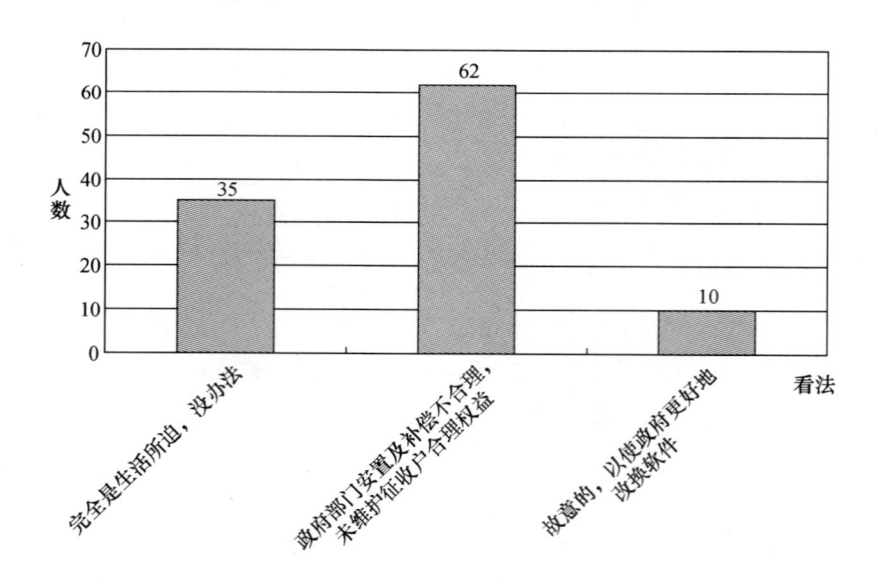

人数：
- 完全是生活所迫，没办法：35
- 政府部门安置及补偿不合理，未维护征收户合理权益：62
- 故意的，以使政府更好地改换软件：10

附图 1-12 被征收人对"钉子户"的看法

9. 没有得到充分补偿而坚持抗争的程度

附图 1-13 反映了在没有得到充分补偿时，被征收人认为补偿不满意就坚持抗争的占 49%，视邻居的情况而定的占 37%。在没有得到满意补偿的情况下，被征收人坚持抗争的可能性很大。

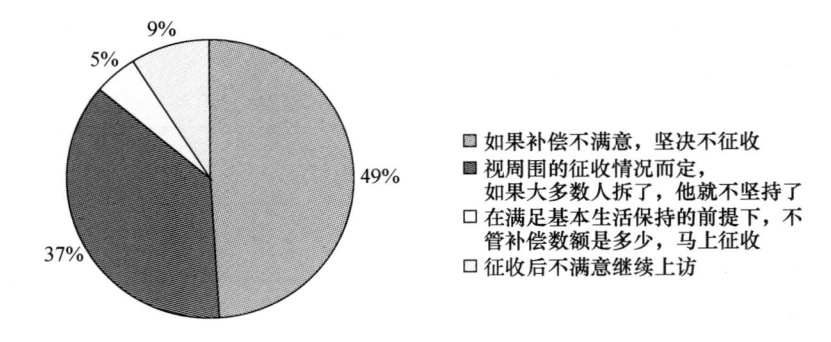

附图 1-13　被征收人补偿不满意时坚持抗争的程度

饼图数据：
- 49%　如果补偿不满意，坚决不征收
- 37%　视周围的征收情况而定，如果大多数人拆了，他就不坚持了
- 5%　在满足基本生活保持的前提下，不管补偿数额是多少，马上征收
- 9%　征收后不满意继续上访

10. 对补偿不合理原因的认知

补偿不合理的原因是多方面的。从附图 1-14 可以看出，被征收人中，认为补偿标准本身就不合理的占 52%，认为政府干预评估机构评估和产权调换地点不合理占 18%。这说明政府在制定征收补偿标准、保持评估机构独立性方面还要改进，安置房地点和优惠政策还要优化。

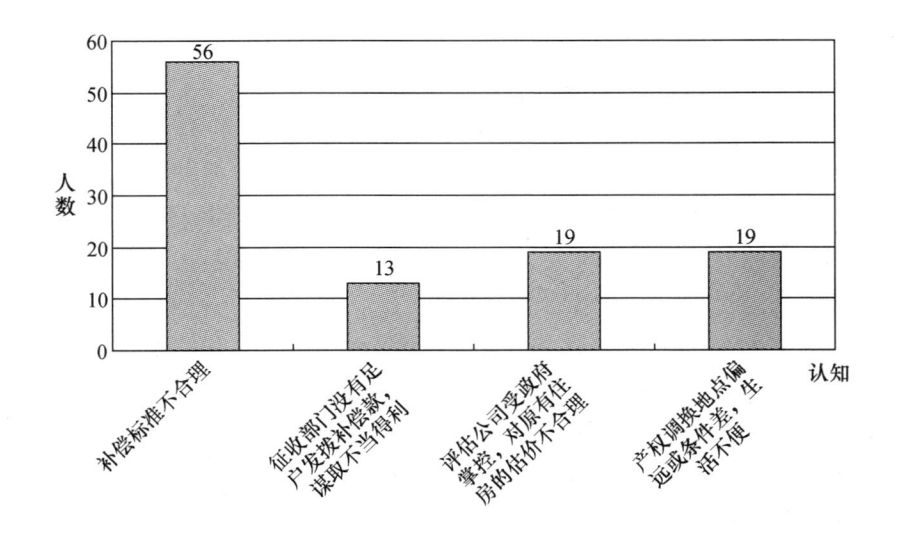

柱状图数据（人数）：
- 补偿标准不合理：56
- 征收部门没有足额发放补偿款，产发取不当得利：13
- 评估公司受政府掌控，对房有住房的估价不合理：19
- 产权调换地点偏远或条件差，生活不便：19

附图 1-14　被征收人对补偿不合理原因的认知

11. 对被征收人是否应当分享土地增值收益的看法

土地由住宅用途转换为商业用途会带来土地的巨大增值，也正因为如此，从附图 1-15 可以发现，被征收人中认为应当分享土地增值收益的占

66%。说明被征收人希望分享到一部分土地增值收益,不愿意分享的可能是没有理解什么是土地增值收益。

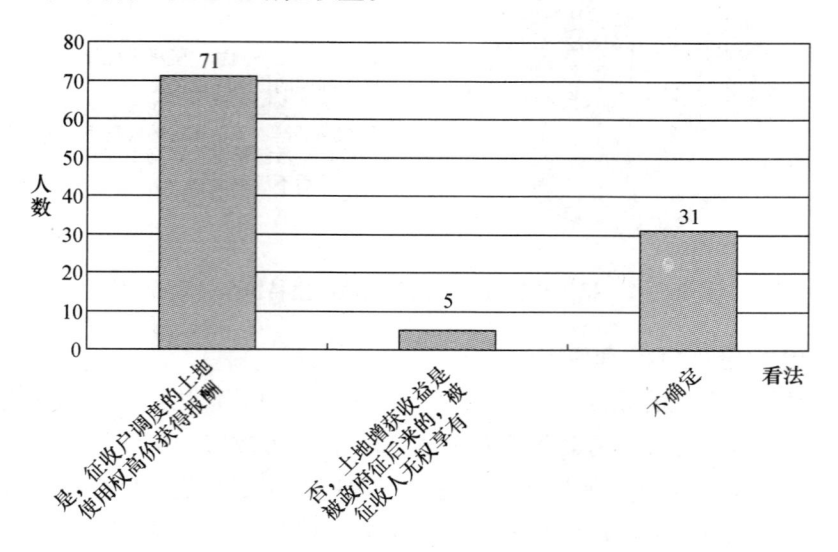

附图 1-15 被征收人对是否应当分享增值收益的看法

图中数据:
- 是,征收户调度的土地使用权高价获得报酬:71
- 否,土地增获收益是被政府征后来的,被征收人无权享有:5
- 不确定:31

12. 对非房屋因素补偿的认知

非房屋因素补偿是充分补偿的重要组成部分,包括邻里关系损失补偿、环境适应补偿、历史继承补偿等。从附图 1-16 中可以看出,对于非房屋因素补偿,被征收人认为应当将其折算为货币进行补偿的比重最大,占 79.44%,反映了被征收人对房屋补偿的组成越来越关注。

13. 房屋被征收的后顾之忧

房屋被征收后,被征收人将面临一系列的困难,如就业机会减少、社会关系需要重塑、子女上学问题突出等。由于本题是多选题,我们仅选出占比最大的两个选项。从附图 1-17 中可以看出,被征收人最关心的两大问题是交通和就业。这也提醒政府要多关注被征收人的利益诉求。

14. 房屋被征收给老年人带来的问题

老年人是一个特殊群体,与年轻人相比,搬迁后他们不仅要面临交通、医疗等方面的困难,更重要的是,他们将不得不失去多年来培养的邻里情结和社区氛围。附图 1-18 表明,认为老年人在新环境的不适应和邻里关系的断裂方面所占比重最大。因此,政府应该加强对被征收人老年人的关注。

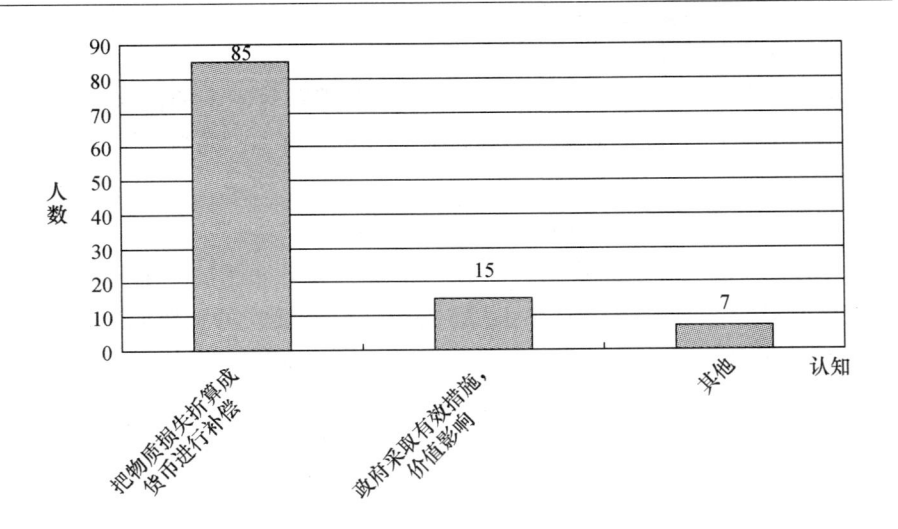

附图1-16　被征收人对非房屋因素补偿的认知

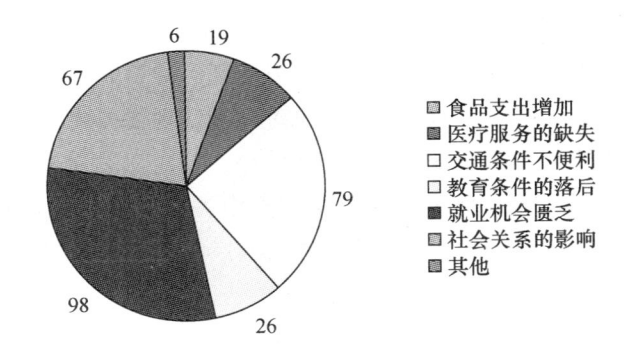

附图1-17　被征收人房屋被征收的后顾之忧

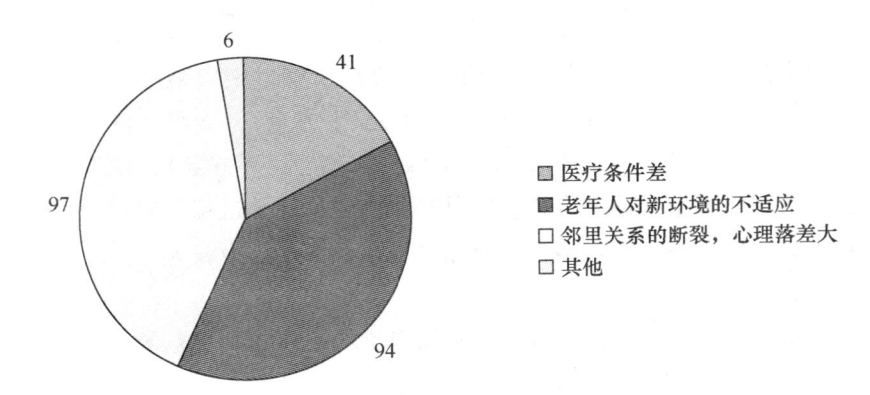

附图1-18　被征收人对房屋被征收给老年人带来的问题的认知

四 存在的问题

《补偿方案》虽然沿袭了南昌市近年来补偿项目较多的优点，适当照顾了被征收人，尤其是老年人、烈士家属等特殊群体的需要，但也有几点值得商榷：

（一）征收程序仍有瑕疵

《国有土地上房屋征收评估办法》（以下简称《评估办法》）规定房屋征收评估前，征收部门应当组织有关单位对被征收房屋情况进行调查，明确评估对象。评估对象应当全面、客观，不得遗漏、虚构。征收决定及征收补偿方案需要社会公众，特别是被征收人的广泛参与和监督。但是，在本次征收实际操作中，有关部门并没有严格按照条例规定的程序进行，致使征收搬迁前期和中期出现了被征收人围堵街道、贴大字报等抗争行为。

（二）评估机构的选择问题

《补偿方案》虽然规定被征收人可以自由选择评估机构，但实际执行中，被征收人如果想参加抽签则需要凭身份证、户口簿等证明材料到住房保障和房产管理局提交书面申请，而且进入抽签现场需要检查身份，不得随意进入。此外，并不是所有符合资格的评估公司都被列入备选名单。显然，这些做法不符合《征收与补偿条例》中关于评估机构由被征收人自由选定且由社会公众尤其是被征收当事人的广泛参与的规定。

（三）被征收房屋补偿单价差距过小

各个站点的补偿单价差距过小，引起区位较好被征收人的不满。在实地调研中，师大南路站被征收人的抵触情绪较轻，中山路站则较重。究其原因，一是中山路站的区位相对于师大南路站较好，但补偿单价却基本一致。根据2010年南昌市国土局公布的基准地价图，中山路站属于商业Ⅰ级（8100元/平方米），住宅Ⅰ级（4231元/平方米），而师大南路站则是商业Ⅱ级（6075元/平方米），住宅Ⅱ级（3587元/平方米），而这些却没有在本次征收补偿中体现出来。二是师大南路站为单位集体搬迁，搬迁压力较小。中山路站个人较多，人员相对复杂，搬迁压力较大。

（四）补偿价格偏低

此次补偿中，成套住宅的平均补偿单价约8000元/平方米，非成套住宅的平均补偿单价约7500元/平方米，相对于南昌市高涨的房价偏低。在实地调研中，被访的被征收人普遍认为，政府给予他们的补偿价格太低，以补偿的价款在同一区域或邻近区域根本买不到相同面积的房屋，特别是原住房面积偏小和家庭人口较多的被征收人对这一问题反映强烈。一些已经搬迁的被征收人又返回其被征收的房屋，原因是他们拿到的补偿款无法在同一区域或邻近区域买到合适的房屋。

（五）设置装修补偿款上限，有失公正

《补偿方案》规定此次房屋补偿单价有最高额限制，这一规定显得有些牵强。实地调查中，有一户被征收人的装修特别豪华且比较新，但经征收当事人之间的协商后才得到几千元的补偿，远不及当时的重置价格。

（六）被征收人原地安置的要求没有得到重视

中山路及其附近街区是南昌市的传统商业街区，区位优势明显，一些被征收人的房屋，包括住宅，都可以出租给他人收取租金，获益较大。一旦安置到其他地区，不仅就业困难，而且租金也会丧失，降低了其生活水平。

（七）征收人及其雇用人员采取非正当手段强迫居民搬迁

根据实地走访和问卷调查，被征收人反映较为强烈的是：被征收人对征收决定不服或对补偿不满意而进行上访等活动之后，政府只是通过各种手段催促被征收人尽早搬迁。同时将所有证明征收人行为不合法、不合理等的证据资料没收，管制他们的日常活动并限制其出行，在《征收与补偿条例》已经出台的情况下，在建设和谐社会的大背景下，出现这类情况，实属不该。

（八）征收补偿安置地点没有赋予被征收人以最大限度的自由选择权

《征收与补偿条例》规定，选择产权调换的可以就近自由选择置换的房屋，但是本次安置房源是事先确定好的，只有凤凰家园的现房和朝阳新城的期房两处，在很大程度上减少了被征收人自由选择安置房屋的权利。

（九）政府超额征收

在实地调研中，白马庙社区的很多被征收人反映他们的房屋根本不在道路红线范围内，而是在蓝线范围内，政府现在就征收他们的房屋，显然是为了多获利。实际上，政府在提供公共服务和促进城市发展方面的矛盾较大。一方面，地铁建设需要耗费大量财力、人力和物力，政府希望开发商垫付投资。开发商的条件是让其做一部分商业开发，获得一定的利润。另一方面，政府如果多补偿被征收人，开发商的利润率可能就会相应降低，开发商垫付地铁建设资金的意愿降低，政府的财政压力增大；而如果少补偿被征收人,被征收人又不愿意搬迁,延误建设工期。当然,也不排除政府打着地铁建设的旗号,直接超额征收,减轻以后征收的压力。

(十)政府没有采取措施有效遏制被征收区域房价(租金)的过快上涨

2011年全年,南昌市新建住宅成交18000多套。此次2700余户的征收搬迁爆发性需求,达到去年住宅成交套数的15%。虽然这些安置户不一定全部购买新建住宅,但这些刚性需求是实实在在的。因为不管是购买房屋还是租赁房屋,都会助推这些区域房价(租金)的上涨,南昌市政府虽然召集部分开发商和中介企业开过讨论会,但并没有采取实质性措施有效抑制房价(租金)的过快上涨。

(十一)征收补偿款支付问题

本次征收补偿的估价时点为2月29日,因此,被征收人获得的补偿就应该是该时点的价值,即应当在这个时点将补偿款打入每个被征收人专款账户中。由于资金存在时间价值,不同时点资金的价值不同,因此,在发放补偿款的同时应该给付被征收人从估价时点到拨款时的利息。

五 对策

地铁建设是利国利民的大工程,广大居民也会全力支持。但如何及时顺利地提供地铁建设所需的土地,是政府面临的首要难题,基于上述分析,我们为南昌地铁一号线建设以及后续的公益建设提供以下政策建议,希望为和谐征收补偿、公平征收补偿贡献微薄之力。

(一)理顺职能

政府是广大选民选举的代表其利益的代理人,应该为选民服务。在城市管理和服务过程中,要求政府打破原有经营城市的理念和思维,将自身定位为"管理者"和"服务者",多为选民做实事、做好事,避免与民争利。

(二)加强征收补偿程序的审查和监督

严格按照《征收与补偿条例》和《评估办法》的规定程序进行房屋征收,对不按照规定程序进行房屋征收的,严肃追究有关责任人的行政和法律责任。在本案例中,也凸显了进行社会稳定安全评估的重要性。

(三)切实给予被征收人选择评估机构的自主权

只要是被征收人,凭有效身份证明都可以进入评估机构选择会,不必递交烦琐的申请。被征收人已经被迫搬迁,政府应该以人为本,杜绝对评估机构的干扰,让其独立客观公正地评估。

（四）针对不同区位和建筑结构，其补偿价格应有合理的差别

对于不同的区位和建筑结构的房屋，设置合理的补偿价格差。政府不能为了减少被征收人的抵触而人为地缩小价差，否则，不仅不能减少冲突，反而会带来更多的问题。

（五）适当提高补偿标准，在征收中坚持同一标准

以被征收房屋的市场价格为基础，综合考虑房地产市场中房屋供给和需求，提供充分的征收补偿。同时，不管安置房屋面积是超出原有面积还是不足，都要给予被征收人同样的优惠。

（六）放宽上限，制定补偿下限

由于不同的生活状况，被征收人的装修不尽相同，应给予装修价值高的被征收人合理的补偿。设置最低装修补偿额，切实保障低收入群体的生活。

（七）重视被征收人原地安置要求

政府虽然面临较大的财政压力，但若地铁建成后商业物业有一定的面积，应给予被征收人一定的优惠，照顾被征收人的利益。

（八）采取正确方法让被征收人搬迁，合理计算补偿款时间价值，出台措施有效控制因搬迁而引起的房价（租金）上涨

征收人应严格按照《征收与补偿条例》的要求，杜绝行政违法强拆，干扰被征收人的正常生活。通过扩大房屋供给量，提供一定期限的保障房居住权，严格监控房价（租金）等手段抑制因搬迁而引起的房价（租金）上涨。

（九）赋予被征收人更大程度的自由选择权

在征收决定生效前，征收人应当事先提供现房作为安置房，减少被征收人寻找房源的风险，减少搬迁费用。若时间紧急，确实不能提供现房作为安置房源的，应提供可以保障被征收人基本生活需求的临时安置房，或者给予被征收人一定的风险补偿。

（十）严格按照城市规划征收

政府应该将公益工程项目占地进行公示并征求公众的意见，没有列入工程占地或没有必要列入工程占地的，坚决不占用、不征收，切实维护被征收人的合法权益。

（十一）设置临时安置板房

对于那些因时间紧急，暂时找不到安置房屋的被征收人，政府可以在生活配套设施较为齐全、交通较为便利的区域搭建临时板房。一方面，可

以保障被征收人的基本生产、生活；另一方面，也可以降低搬迁成本，让有限的资金充分发挥效用。

（十二）预先进行区域整体价值评估

依据系统理论，事物的整体价值和功用远大于其各个部分的机械累加。房屋征收也是如此，某区域的整体价值不仅是各个房屋的简单累加。因此，在评估房屋补偿价值时，应该预先评估被征收区域的整体价值，然后再根据每户被征收人房屋在区域中的价值权重计算每户被征收人的房屋征收补偿款。

附录二　各城市征收细则中非市场价值的比较分析

以下补偿是搬迁过程中发生的费用，属于非市场价值部分，主要贯穿在搬迁过程中，与搬迁前和搬迁后的生活没有必然联系，但反映了各地政府的态度和责任。

附表 2-1　　　　　　　　　　搬迁补助费

深圳	按被征收房屋本体的建筑面积计算，住宅房屋（含宿舍、公寓）每平方米 25 元；厂房每平方米 30 元；办公每平方米 40 元；商业每平方米 50 元
上海	征收居住房屋造成搬迁的，房屋征收部门应当向被征收人、公有房屋承租人支付搬迁费
重庆	住宅，1000 元/户·次，非住宅，商业、办公、业务用房 30 元/平方米·次，生产用房 40 元/平方米·次
南昌	住宅房屋户建筑面积 100 平方米以内的每户每次 500 元；户建面积超过 100 平方米的，每户每次 500 元另加超出部分每平方米 3 元
武汉	房屋征收部门应当向被征收人支付搬迁费，搬迁费标准由各区人民政府制定

对搬迁补助费的补偿各地计算方式和标准不一样，以 45 平方米的住宅房屋户搬迁为标准来计算，搬迁补助费南昌标准最低，为 500 元/次；深圳标准最高，为 1125 元/次。

附表 2-2　　　　　　　　　临时安置补偿

深圳	实行产权调换的住宅房屋，被征收人自行安排住处临时过渡的，征收人应当参照同类房屋市场租金按月支付临时安置补助费，支付临时安置补助费的计算期限为，自搬迁之日至产权调换房屋交付使用之日，另外再加 3 个月装修期临时安置补助费； 实行产权调换的非住宅房屋，支付临时安置补助费的计算期限为，自搬迁之日至被征收人与政府签订土地出让合同之日，另外再加 12 个月临时安置补助费； 因征收人的责任，延长过渡期限的，应当自逾期之月起增发临时安置补助费，逾期 1—3 个月的增发 50%，逾期 4 个月以上的增发 100%。实行货币补偿的，给予 3 个月市场租金的临时安置补助费补偿
上海	征收居住房屋，被征收人、公有房屋承租人选择房屋产权调换的，产权调换房屋交付前，房屋征收部门应当支付临时安置费或者提供周转用房
重庆	选择产权调换的给予临时安置费，具体标准由各区制定
南昌	住宅房屋、非经营性非住宅房屋在规定或约定的临时安置期限内的，按建筑面积每平方米每月 13.5 元结算；户结算后低于 600 元的，按 600 元算，临时安置期限一般为 24 个月，期限延长的，从逾期之月算起增加临时安置补偿费
宁波	按被征收住房建筑面积每平方米每月 30 元标准计算，每月不足 1650 元的按 1650 元计发，以后根据市场租金变化情况适时调整
武汉	临时安置补偿费由选定的房地产价格评估机构评估确定，初次评估时点为房屋征收决定公告之日。每个项目临时安置补偿费每满两年重新评估一次，并按新的评估标准支付临时安置补偿费

对临时安置补偿费的计算，各地有按被征收住房面积计算的，也有按实际房屋市场租金来支付的，临时安置期限视具体情况而定。以 45 平方米的征收住宅房屋户为标准来计算，临时安置补偿费南昌标准最低，为 607.5 元/月；宁波标准最高，为 1650 元/月。

附表 2-3　　　　　　　　　停产停业补偿

北京	被征收人以自有非住宅房屋从事生产经营活动的，停产停业损失补偿费 =（月净利润×修正系数 + 员工月生活补助）×停产停业损失补偿期限 生产经营单位或个人承租非住宅房屋的，停产停业损失补偿费 =（房地产月租金 + 月净利润×修正系数 + 员工月生活补助）×停产停业损失补偿期限 用住宅房屋从事生产经营活动的，按照实际经营面积每平方米 800—3000 元给予一次性补偿

续表

深圳	能提供与征收决定发布日期间隔3个月以上时间有登记、备案凭证的房屋租赁合同的住宅房屋，按约定租金给予3个月的一次性租赁经营损失补偿。 征收合法经营性房屋引起停产、停业的，能依据完税证明提供利润标准的，给予3个月税后利润补偿；不能提供利润标准的，按上年度同行业月平均税后利润额计算或者按同类房屋市场租金，给予3个月的补偿。 擅自改为经营性用途的适当补偿
上海	因征收非居住房屋造成被征收人、公有房屋承租人停产停业损失的补偿标准，按照被征收房屋市场评估价的10%确定
重庆	选择货币补偿的，按房屋评估价值的6%一次性给予停产停业损失补偿费。 选择产权调换的，每月按房屋评估价值的5‰支付停产停业损失补偿费，停产停业期限按实际过渡期限计算
南昌	征收经营性非住宅房屋实行货币补偿的，征收非经营性非住宅房屋实行货币补偿的，另给予6个月停产停业补偿
宁波	征收非住宅用房造成停产停业的损失以及搬迁、过渡等费用，给予被征收人一次性经济补偿，商业用房按房屋评估金额的3%予以补偿，最低按被征收房屋建筑面积每平方米800元予以补偿；办公、工业、仓储用房按房屋评估金额的5%予以补偿，最低按被征收房屋建筑面积每平方米400元予以补偿
武汉	因征收非住宅房屋造成停产停业损失的补偿标准，按照被征收房屋价值的5%确定

停产停业损失补偿，除北京是按具体停产停业期限补偿以外，其余城市均为按被征收房屋评估价格的一定比例给予一次性经济补偿，补偿比例以上海最高。

附表2-4　　　　　　　　　最小补偿面积

上海	人均建筑面积不足22平方米的居住困难户，增加保障补贴
重庆	征收范围内的个人住宅，经申请并审查公示，以产权户为单位，家庭实际居住且在他处无住宅的，按本办法第二十五条规定实施补足后，家庭人口在2人及以下，被征收住房建筑面积不足30平方米，按建筑面积30平方米给予补偿；家庭人口在3人以上，住房建筑面积不足45平方米，按建筑面积45平方米给予补偿
南昌	被征收人房屋建筑面积小于36平方米且在本城区无其他住房的，按36平方米房屋市场价格评估价补偿

续表

上海	人均建筑面积不足 22 平方米的居住困难户,增加保障补贴
宁波	住宅用房的被征收人、承租人,其被征收住房建筑面积低于每户 54 平方米或低于被征收住房使用人人均 18 平方米(以下简称住房困难补助标准)的,可按照住房困难补助标准减去被征收房屋建筑面积后再乘以被征收房屋评估比准价格的 50% 增加补偿资金
武汉	征收个人住宅或者直管公房、自管公房的住宅房屋,建筑面积不足 30 平方米(涉及房屋所有权、承租权共有的房屋建筑面积合并计算),被征收人、承租人选择货币补偿且同时满足一定条件的,补足 30 平方米,给予征收补助

关于最小补偿面积的补偿标准,被征收人房屋小于一定面积的,南昌、重庆和武汉按最小补偿面积补偿,其余城市均以增加保障补贴或补偿金的方式处理。

附表 2-5　　　　　　水电总表、天然气等设施的补偿

重庆	被征收人单独安装的水电总表,由其自行拆除,并由征收单位按有关部门现行收费标准一次性给予全额补偿。 实行房屋产权调换的,被征收人原有的天然气、闭路电视等设施,征收时不予补偿,由征收单位恢复安装,不另收费。 实行货币补偿的,原有的天然气、闭路电视等设施,征收时按有关部门规定的现行收费标准予以补偿
南昌	固定电话、宽带网、有线电视、分体式空调、热水器(含电、气、太阳能)、独户水电表拆除或者迁移及装有管道燃气的,按所需实际费用补偿
宁波	征收住宅用房造成被征收人、承租人搬迁的,对其搬家、水电设施、电话移机、有线电视移机、电子防盗门、电脑网络、空调移机及其他搬迁造成的损失,按被征收住房建筑面积每平方米 300 元标准给予一次性搬迁补偿,不足 1 万元的按 1 万元计发

水电总表、天然气、空调等设施的补偿,除了宁波是以被征收住房建筑面积计算以外,其余城市均以实际费用进行一次性补偿。

附表 2-6　　　　　　　　　　　　　奖励

深圳	被征收人在补偿协议约定的期限届满前完成搬迁并交付房屋的，房屋征收部门可以根据其搬迁时间和配合程度，在与其签订的补偿安置协议确定的补偿金额的5%以内给予不同幅度的奖励
重庆	提前签约奖励费，住宅40元/户·日，非住宅20元/平方米·日。 货币补偿补助费，住宅30000元/户，非住宅按被征收房屋价值的5%计算，不足20000元的，按20000元计算
广州	搬迁时限奖励标准控制在被征收房屋类似房地产市场评估价值的15%以内
宁波	海曙、江东、江北区住宅用房按房屋评估金额的10%计发提前搬迁奖励费，每户低于2万元的按2万元计发；非住宅用房按房屋评估金额的3%计发提前搬迁奖励费。 海曙、江东、江北区住宅用房的被征收人、承租人选择货币补偿的，可以按照房屋评估金额再增加25%的补偿资金，并给予6个月的临时安置补偿费；海曙、江东、江北区的非住宅用房被征收人选择货币补偿的，可以按被征收房屋的评估金额再增加一定比例的补偿资金，商业用房增加比例的标准为：评估金额100万元（含100万元）以下部分为50%，100万元到200万元（含200万元）部分为40%，200万元到300万元（含300万元）部分为30%，300万元到500万元（含500万元）部分为20%，500万元以上部分为10%；办公用房增加比例的标准为20%；仓储用房、工业用房增加比例的标准为30%
武汉	对按期签约、搬迁的被征收人，房屋征收部门应当给予搬迁奖励；对征收直管公房、自管公房的搬迁奖励给予承租人。具体奖励标准由各区人民政府确定。 征收个人住宅房屋，被征收人选择货币补偿的，房屋征收部门可按照不超过被征收房屋价值15%的标准给予补助，具体标准由各区人民政府制定

奖励的部分，主要有提前签约的奖励、提前完成搬迁并交付房屋的奖励、选择货币补偿的奖励。标准虽不同，但为了征收工作的顺利实施，各地均设有奖励办法。

附录三 2001—2011 年国有土地上房屋征收（拆迁）补偿政策、变化特点及焦点事件

2001 年

政策：2001 年 6 月 1 日，国务院在 1991 年条例的基础上发布了新的《拆迁条例》。

变化：

1. 根据市场经济原则，将拆迁补偿标准由被拆迁房屋的重置价结合成本结算，修改为根据被拆迁房屋的区位、用途、建筑面积等因素，以房地产市场评估价格确定货币补偿金额。

2. 明确被拆迁人为房屋所有人，重点对房屋所有人进行补偿，兼顾对使用人的安置。将房屋所有人与使用人的租赁行为作为拆迁法律关系的从属关系，尊重所有人和使用人的权利。在签订拆迁协议之前，能够解除租赁关系的，对房屋所有人进行补偿。不能解除租赁关系的，可以产权调换。在租赁协议中约定拆迁解决办法的，从其约定。

3. 增加了被拆迁人对补偿方式的选择权。新《征收与补偿条例》规定，除了拆除非公益事业房屋的附属物，拆迁人与被拆迁人解除不了租赁协议之外，被拆迁人可以选择拆迁补偿方式。

2003 年

政策 1：2003 年 9 月 19 日，国务院办公厅下发《关于认真做好城镇房屋拆迁工作维护社会稳定的紧急通知》。

变化：切实保护群众合法权益，坚持依法行政原则，完善相关政策措施，妥善解决遗留问题。

政策 2：2003 年 12 月，建设部出台了《房屋拆迁评估指导意见》和《城市房屋拆迁行政裁决工作规程》。

变化：前者力图完善拆迁的评估程序，后者则对强制拆迁进行了

限制。

焦点事件：2003年翁彪自焚，是新中国因暴力拆迁而自焚的第一人。在没有与翁彪达成拆迁协议的情况下，南京玄武区拆迁办强行用推土机铲平了翁彪的房屋，导致翁彪自焚，中度三级烧伤，当晚死亡。

2004年

政策：2004年3月《宪法》第四次修正案增加了"公民的合法私有财产不受侵犯"、"国家为了公共利益的需要，可以依照法律规定对公民的私有财产实行征收或者征用并给予补偿"等内容。

变化：《宪法》新增"征用补偿"。

焦点事件：嘉禾县政府为进行商贸城建设，以行政命令强制拆迁。"谁影响嘉禾一阵子，我就影响他一辈子。"拆迁过程中陆水德从楼上扔石头，陆水德等以"暴力抗法"和"妨害公务"罪名被逮捕。释放后获得国家赔偿。

2005年

焦点事件：广东从化市政府以整治国道和市政建设为由，决定拆迁小海区张灿成等人的商铺，补偿未达成协议，政府强制拆迁。在拆迁过程中，张向强拆人员泼洒农药、汽油、扔砖块等，张灿成以"妨害公务罪"，被判处有期徒刑一年零六个月。

2006年

焦点事件：山东菏泽市牡丹区兴建香格里拉广场，以公共利益为名行商业开发之实，因补偿偏低，李民生不愿拆迁并上吊自杀。

2007年

政策1：2007年3月《物权法》规定：为了公共利益的需要，依法可以征收集体所有的土地和单位、个人的房屋及其他不动产，应给予拆迁补偿、维护被征收人的合法权益，征收个人住宅的还应当保障被征收人的居住条件。

变化：《物权法》强调"拆迁补偿"。

政策2：2007年8月，十届全国人大常委会第29次会议上通过了《城市房地产管理法修正案》。

变化：为了公共利益需要，国家可以征收国有土地上单位和个人的房屋，并依法给予拆迁补偿，维护被征收人的合法权益；征收个人住宅的，还应当保障被征收人的居住条件，具体办法由国务院规定。

焦点事件：苏州"金阊新城物流园"项目中，马雪明以拆迁公司只补偿土地使用面积为由阻止强拆。马砍杀拆迁人员致2人死亡1重伤。马以"故意伤害罪"判处死刑；其妻杨根英判处无期徒刑；其子马春凌判处有期徒刑8年。

2008年

焦点事件：

1. 华履房产公司以低廉补偿及掐电线、堵水井、打砸等方式强拆，拆迁过程中，张剑刺死拆迁人员。张被判处3年有期徒刑，缓刑5年。

2. 上海机场集团兴建机场交通枢纽工程，欲拆除潘蓉480平方米的四层楼房，潘蓉不满118万元的补偿，向推土机投掷汽油燃烧瓶，潘蓉夫妇被判处妨害公务罪8个月。

2009年

政策推动：2009年12月7日，沈岿、王锡锌、姜明安、钱明星和陈端洪等北大法学学者向全国人大常委会建言：《拆迁条例》与《宪法》、《物权法》等抵触或冲突，建议对《征收与补偿条例》进行审查。当月16日，国务院法制办组织邀请了包括北大的这五名学者在内的专家研讨《国有土地上房屋征收与拆迁补偿条例》草案。

焦点事件：

1. 因修建渝宜高速，陈茂国1200平方米房屋被推到，双方补偿相差额达22万元，老人爬上自家大树"安营扎寨"3个月抵御强拆，陈茂国及其子以涉嫌扰乱社会秩序罪被刑事拘留。

2. 因修筑公路，强行补偿为217万元，拆除唐福珍夫妇投资700万元的综合楼，唐福珍泼汽油自焚，最终重三度烧伤并吸入式烧伤，不治身亡。

3. 贵阳数十名不明身份者携带钢管、撬棍和封口胶，深夜破门而入，将13名居民从睡梦中强行拽入汽车，拖离现场。民警到场制止，而拆迁者继续指挥工人加快拆迁进度，居民用40罐液化气封堵路口，贵阳警方调集警力平息现场，刑事拘留24人。

2010年

政策1：2010年1月20日，国务院法制办会同住房和城乡建设部经反复研究、修改，形成了《国有土地上房屋征收与补偿条例（征求意见稿）》，并于2010年1月29日正式向公众公开征求意见。

变化：

1. "拆迁"改为"征收"，体现立法理念的进步和权利义务的对等；
2. 明确公共利益是征收的前提；
3. 由被征收人选择征收评估机构，尊重被征收人的选择权；
4. 补偿协议公开制度，尊重被征收人的知情权；
5. 评估价格不得低于类似房地产交易价格。

政策2：国务院法制办2010年12月15日公布《国有土地上房屋征收与补偿条例（第二次公开征求意见稿）》，再次征求公众意见。

变化：

1. 由原来行政机关的单向管理变为对公民私有财产的尊重和保护；
2. 公共利益拆迁与商业拆迁进行了区分；
3. 政府及其委托的机构是公共利益征收与补偿主体；
4. 在强制拆迁方面取消了行政强制拆迁，将强拆纳入司法程序中；
5. 禁止暴力搬迁。

焦点事件：

1. 江苏盐城被拆迁户曾焕受到拆迁人员的骚扰殴打，被警方拘留威胁恐吓之下选择当街自焚被烧伤。

2. 2月上旬，湖南省长沙市40多岁的任元满在敬老院上吊自杀。2009年因拆迁安置纠纷任元满在家中引火自焚，获救后被安置在一家农村敬老院。

3. 3月3日，湖北省武汉市黄坡区69岁王翠云在阻止拆迁方施工的过程中，被铲土机扫进土沟活埋。亲属下跪求救，无人理睬，只好自己用手刨，后不治身亡。

4. 3月27日，江苏省连云港市东海县黄川镇，陶姓人家为阻拦镇政府强拆自家的养猪场，父子浇汽油自焚；68岁的陶会西死亡，其92岁的父亲陶兴尧被烧伤。

5. 4月8日，辽宁省抚顺市高湾经济区管委会副主任王广良带人对管区内一特钢厂强制拆迁，拆迁户杨勇被殴打昏迷吐血，其兄杨毅对王广良胸部连刺4刀，当场将其刺死。

6. 4月18日，河北省邢台市，在桥西区张家营清理违法占地拆除过程中，拆迁户胡西凤为阻止拆迁当场喝下农药，其女儿孟建芬被铲车当场轧死，妹妹胡巧凤被轧成重伤。

7. 5月14日，内蒙古一家房地产公司雇用50多名无业青年对杨某的房子进行暴力拆迁，当场殴打将杨某家里居住的张瑞军、张瑞臣二人，致一死一伤。

8. 5月25日，湖南省长沙市被拆迁户银行下岗职工王建华因被逼签署拆迁协议上吊自杀。

9. 5月27日，河南郑州须水镇，阻止拆迁的商户陈先碧被从二楼楼顶拉下，当场丧命。

10. 7月17—22日，北京市怀柔区，钱学森生前亲自选址创建的北京中科院动力研究所怀柔试验基地遭暴力强拆，一些不明身份的人曾扣押基地保安。

11. 9月10日，发生影响极大的宜黄"9·10"自焚事件。

2011年

政策：2011年1月21日《征收与补偿条例》出台。

变化：

1. 明确责任主体。所有国有土地上房屋征收行为都为政府行为，政府为责任人。

2. 公共利益界定已有变化。

3. 取消拆迁行政裁决。政府无行政裁决权，只能由上级政府监督或法院裁判。

4. 废除行政强制拆迁。将政府的征收决定提交法院判决，增设了强制征收屏障。

5. 房屋征收决定应符合城市规划。

6. 注重民意和社会效果。对于多数被征收人对征收补偿方案有异议的，政府应当组织有被征收人和公众参加的听证会，并修改方案。

7. 补偿不低于市场价。

8. 房屋征收排除商业利益。承担房屋征收与补偿工作的单位不得以营利为目的，并禁止建设单位参与搬迁。

焦点事件：

1. 长春市科信房地产开发有限公司在未与长久家苑棚户区改造项目中的182户居民签订补偿安置协议的情况下，于2011年3月26日与其委托的东霖拆除公司组织雇佣数百人、18台钩机进入拆除现场，采取暴力手段对多栋楼房强行拆除，致使未及时撤离的被征收人刘淑香被埋窒息死亡。

2. 2011年4月22日凌晨5时许，株洲市荷塘区人民法院组织对汪家实施强拆，强拆人员破门而入，汪家父子爬上屋顶，并将汽油倒在身上阻止强拆。在强拆现场的人大常委会副主任曾侃融召集有关人员研究，但长达3个小时未做出撤退强拆队伍的决定。8时40分，汪家正引燃身上汽油，从楼顶滚落。4月30日，汪家正经抢救无效死亡。

3. 辽宁省盘锦市兴隆台区拆迁办在只与圣潮足道馆所在4层小楼的房屋产权所有人魏军签订补偿装修款协议，未按照有关规定与承租人签订补偿协议的情况下，于5月2日凌晨，未经申请人民法院裁定强制执行，报经区政府分管领导同意后，组织区城市管理综合执法大队人员和民警对圣潮足道馆实施强拆。承租人持刀阻止强拆人员进入，砍伤1名协警和1名强拆人员。

4. 2011年5月30日6时许，湖南长沙市岳麓区城管大队数百人未经征收补偿，强拆长沙市星城家具实业有限公司厂房近万平方米。强拆该企业仅是为了建设"洋湖医院"项目。"长沙大河西先导区洋湖垸控制性规划图"显示，"洋湖医院"位于坪塘镇，距离星城家具5.5公里。

5. 2011年6月23日，朔城区人民法院组织法警和工作人员50余人到朔城区府东街，对居民吴学文的房屋进行强制拆除。与吴学文及其母亲、妻子以及儿子发生对峙。朔城区住房建设局局长刘志秀与该局职工钟卫爬上房顶，在夺下吴学文手上的刀后被吴学文从腿间抽出的匕首捅伤，钟卫经抢救无效死亡。

6. 2011年7月26日，兰州市城关区组织城管执法队数百人未经法定程序对庙滩子旧城改造工程实行强拆而与村民发生冲突。冲突中数十人受伤，其中苗文晓等11名执法人员受伤。次日凌晨，警察出动，马忠亮、毛卫国等17位村民被抓捕后被提起公诉，成为国内目前最大规模的针对"钉子户"的起诉案件。

7. 武汉65岁李金秀的房子四层共500多平方米，一楼是门面房一直对外出租。八古新墩拆迁开始后，只按每平方米3800元进行赔偿，而当地商品房价每平方米达14000多元。同时，李金秀家一楼的门面房也不被认可是营业房，只按住房进行赔偿。李金秀对此难以接受，她一家靠房租生活，所以一直不肯搬迁。9月18日晚上，一伙人员来到李金秀家要求签字搬迁，并利用黑社会相威胁。9月19日早上8：40分，重压之下的李金秀从自家四楼一跃而下死亡。

8. 2011年11月3日，郑州市组织300多人的强拆队伍，来到位于嵩山路与二环路交叉口东北角的房屋，欲实施强拆。与身上倒了汽油屋主王好荣和妻子周来勤对峙，房屋着火，王好荣的母亲、81岁的王刘氏被烧死。

附录四 国有土地上房屋征收补偿法规演变轨迹

附表 4-1　　相关法规演变轨迹

项目	《城市房屋拆迁管理条例》(1991年)	《城市房屋拆迁管理条例》(2001年)	《征收与补偿条例》(2010年1月首次征收意见稿)	《征收与补偿条例》(2010年12月二次征收意见稿)	《征收与补偿条例》(2011年)
征收机构	当地人民政府可以组织统一拆迁，也可以由拆迁人自行拆迁或者委托拆迁。拆迁人委托拆迁的，被委托人应当取得房屋拆迁资格证书；房屋拆迁主管部门不接受拆迁委托	建设单位是拆迁人，可以自行拆迁，也可以委托拆迁单位实施征收	政府是征收补偿的主体，取消建设单位征收	政府房屋征收部门可以委托房屋征收实施机构，承担本行政区域房屋征收与补偿的具体工作。房屋征收部门对房屋征收实施机构实施房屋征收与补偿的行为应当负责监督，并对该行为的后果承担法律责任	房屋征收部门可以委托房屋征收实施单位承担房屋征收与补偿的具体工作；房屋征收部门对房屋征收实施单位在委托范围内实施的房屋征收与补偿行为负责监督，并对其行为后果承担法律责任

续表

项目	《城市房屋拆迁管理条例》(1991年)	《城市房屋拆迁管理条例》(2001年)	《征收与补偿条例》(2010年1月首次征收意见稿)	《征收与补偿条例》(2010年12月二次征收意见稿)	《征收与补偿条例》(2011年)
公共利益的界定	城市房屋拆迁必须符合城市规划和有利于城市旧区改建	根据宪法、土地管理法和城市房地产管理法的相关规定，城市房屋拆迁应当基于"公共利益"需要，"公共利益"的范围无明确详尽规定	公共利益的包括：国防设施重点建设的需要，国家重点扶持并纳入规划的能源、交通、水利，科教文卫体等公共事业以及国家机关办公用房建设等	明确由政府组织实施的科教文卫体等公共事业及国家机关公共办公用房建设需要可以实行房屋征收	（一）国防和外交的需要；（二）由政府组织实施的能源、交通、水利等基础设施建设的需要；（三）政府组织实施的科技、教育、文化、卫生、体育、环境和资源保护、文物保护、社会福利、市政公用等公共事业的需要；（四）政府组织实施的保障性安居工程建设的需要；（五）政府依照城乡规划法有关规定组织实施的对危房集中、基础设施落后等地段进行旧城区改建的需要；（六）法律、行政法规规定的其他公共利益的需要
危旧房改造	未作规定	未作规定	经90%以上被征收人同意，补偿方案征得三分之二以上被征收人同意，补偿协议签约率达到三分之二以上的方可生效	保障性安居工程，旧城区改建项目，应纳入国民经济和社会发展年度计划，并经市、县级人民代表大会审议通过	因多数被征收人认为征收补偿方案不符合本条例规定，市、县级人民政府应当组织有被征收人和公众参与的论证会，并根据证会情况修改方案

续表

项目	《城市房屋拆迁管理条例》(1991年)	《城市房屋拆迁管理条例》(2001年)	《征收与补偿条例》(2010年1月首次征收意见稿)	《征收与补偿条例》(2010年12月二次征收意见稿)	《征收与补偿条例》(2011年)
征收补偿	1. 实行产权调换、作价补偿，或者产权调换和作价补偿相结合的形式（作价补偿金额按所拆除房屋建筑面积的重置价格结合成新进行结算）。2. 拆除用于公益事业的房屋及其附属物的，应当按照其原性质、原规模予以重建，或者按照重置价格给予补偿。3. 以产权调换形式偿还的非住宅房屋，偿还建筑面积与原建筑面积相等结构相同的部分，按照原价格结算，住宅结构差价。4. 以产权调换形式偿还住宅房屋与被拆除住宅房屋之间的差价。5. 出租房屋实行产权调换，原租赁关系继续保持，引起变动，原租赁合同条款应修改	拆迁补偿的方式可以实行货币补偿，也可以实行房屋产权调换。货币补偿的金额，根据被拆迁房屋的区位、用途、建筑面积等因素，以房地产市场评估价格确定	根据被征收房屋的区位、用途、建筑结构、新旧程度等因素，以房地产市场评估价格确定货币补偿金额	补偿金额不低于房屋征收决定公告之日被征收类似房屋的市场价格。对"回迁"规定：因旧城区改建征收个人住宅，被征收人选择在改建地段进行房屋产权调换的，政府应当提供改建地段或者就近地段的房屋	作出房屋征收决定的市、县级人民政府对被征收人给予的补偿包括：被征收房屋价值的补偿；因征收房屋造成的搬迁、临时安置的补偿；因征收房屋造成的停产停业损失的补偿。对被征收房屋价值的补偿，不得低于征收房屋类似房地产征收决定公告之日被征收房屋类似房地产的市场价格

续表

项目	《城市房屋拆迁管理条例》（1991年）	《城市房屋拆迁管理条例》（2001年）	《征收与补偿条例》（2010年1月首次征收意见稿）	《征收与补偿条例》（2010年12月二次征收意见稿）	《征收与补偿条例》（2011年）
征收程序	1. 任何单位或者个人需要必须持国家规定的批准文件、拆迁计划和拆迁主案，向县级以上人民政府房屋拆迁主管部门提出拆迁申请，经批准并发给房屋拆迁许可证后，方可拆迁。 2. 房屋拆迁需要变更土地使用权的，必须依法取得土地使用权	1. 拆迁房屋的单位取得征收许可证后，方可实施征收。 2. 房屋拆迁管理部门在发放拆迁许可证同时，应将拆迁许可证中载明的拆迁人、拆迁范围、拆迁期限等事项，以公告的形式予以公布	1. 县级以上地方人民政府在组织有关部门论证后，应当将房屋征收目的、实施时间等事项予以公告。 2. 公告时间不得少于30日；房屋征收范围较大的不得少于60日。 3. 采取论证会、听证会或者其他方式征求被征收人、公众和专家意见	1. 按照有关规定进行风险评估。 2. 组织有关部门和专家论证，并将房屋征收范围、征收补偿方案予以公布征求意见。 3. 征求意见期限不少于30日	1. 征收补偿方案应当征求公众意见。 2. 政府作出房屋征收决定前，应当按照有关规定进行社会稳定风险评估。 3. 实施房屋征收应当先补偿，后搬迁；被征收人不服可以依法申请行政复议，也可以依法提起行政诉讼。 4. 市、县级人民政府作出房屋征收决定后应当及时公告。 5. 公告应当载明征收补偿方案和行政复议、行政诉讼权利等事项

项目	《城市房屋拆迁管理条例》(1991年)	《城市房屋拆迁管理条例》(2001年)	《征收与补偿条例》(2010年1月首次征收意见稿)	《征收与补偿条例》(2010年12月二次征收意见稿)	《征收与补偿条例》(2011年)
强制征收	1. 拆迁人与被拆迁人对补偿及安置方案经协商达不成协议的，由批准拆迁的房屋拆迁主管部门裁决。 2. 被拆迁人是批准拆迁的房屋拆迁主管部门的，由同级人民政府裁决。 3. 当事人对裁决不服的，可以在接到裁决书之日起十五日内向人民法院起诉。 4. 在诉讼期间如拆迁人已给被拆迁人作了安置或者提供了周转用房的，不停止拆迁的执行	1. 政府既可以责成有关部门强制拆迁，也可以申请法院强制拆迁。 2. 拆迁人对被拆迁人给予货币补偿或者提供拆迁安置用房、周转用房的，诉讼期间不停止拆迁的执行	1. 禁止建设单位参与搬迁活动。 2. 任何单位和个人不得以暴力、胁迫以及中断供水、供热、供气、供电和道路等非法方式迫使被征收人搬迁	由政府申请法院强制执行，取消了行政强制征收	被征收人在法定期限内不申请行政复议或者不提起行政诉讼，在补偿决定规定的期限内又不搬迁的，由作出房屋征收决定的市、县级人民政府依法申请人民法院强制执行

附录五 第六章相关数据

1. 2000—2010年江西省城镇居民各收入阶层的基本情况

附表 5-1 2000—2010年江西省城镇居民低收入阶层基本情况

时间(年)	最低收入户				更低收入户				低收入户				调查总人数(人)	最低收入人所占比例(%)	更低收入人所占比例(%)	低收入人所占比例(%)
	调查户数(户)	平均每户家庭人口数(人)	每人每年消费性支出(元)	总人数(人)	调查户数(户)	平均每户家庭人口数(人)	每人每年消费性支出(元)	总人数(人)	调查户数(户)	平均每户家庭人口数(人)	每人每年消费性支出(元)	总人数(人)				
2000	128	3.54	1872.60	453.12	73	3.65	1698.48	266.45	128	3.41	2438.40	436.48	1156.05	39.20	23.05	37.76
2001	128	3.53	2042.40	451.84	73	3.69	1866.60	269.37	128	3.21	2696.04	410.88	1132.09	39.91	23.79	36.29
2002	128	3.40	12246.04	435.20	64	3.49	2066.04	223.36	128	3.26	2877.72	417.28	1075.84	40.45	20.76	38.79
2003	130	3.56	2513.64	462.80	0	0.00	0.00	0.00	130	3.42	3222.60	444.60	907.40	51.00	0.00	49.00

续表

时间（年）	最低收入户					更低收入户					低收入户					最低收入人所占比例（%）	更低收入人所占比例（%）	低收入人所占比例（%）
	调查户数（户）	平均每户家庭人口数（人）	每人每年消费性支出（元）	总人数（人）		调查户数（户）	平均每户家庭人口数（人）	每人每年消费性支出（元）	总人数（人）		调查户数（户）	平均每户家庭人口数（人）	每人每年消费性支出（元）	总人数（人）	调查总人数（人）			
2004	128	3.38	2677.56	432.64		64	3.57	2316.60	228.48		128	3.20	3373.92	409.60	1070.72	40.41	21.34	38.25
2005	128	3.30	3049.32	422.40		64	3.37	2699.16	215.68		128	3.25	3736.32	416.00	1054.08	40.07	20.46	39.47
2006	128	3.27	23291.60	418.56		64	3.23	2852.64	206.72		128	3.21	4605.84	410.88	1036.16	40.40	19.95	39.65
2007	128	3.24	4073.40	414.72		64	3.32	3545.28	212.48		128	3.29	5475.08	421.12	1048.32	39.56	20.27	40.17
2008	128	3.29	4619.56	421.12		64	3.32	4113.86	212.48		128	3.32	5369.05	424.96	1058.56	39.78	20.07	40.15
2009	128	3.32	4674.20	424.96		64	3.20	4679.25	204.80		128	3.19	6495.92	408.32	1038.08	40.94	19.73	39.33
2010	123	3.29	5237.68	404.67		62	3.16	4985.38	195.92		123	3.23	6536.95	397.29	997.88	40.55	19.63	39.81

附表 5-2　2000—2010 年江西省城镇居民中收入阶层基本情况

时间(年)	中等偏下收入户					中等收入户					中等偏上收入户					调查总人数(人)	中等偏下所占比例(%)	中等收入所占比例(%)	中等偏上所占比例(%)
	调查户数(户)	平均每户家庭人口数(人)	每人每年消费性支出(元)	总人数(人)		调查户数(户)	平均每户家庭人口数(人)	每人每年消费性支出(元)	总人数(人)		调查户数(户)	平均每户家庭人口数(人)	每人每年消费性支出(元)	总人数(人)					
2000	256	3.25	2847.48	832.00		256	3.10	3435.84	793.60		256	2.92	4169.04	747.52		2373.12	35.06	33.44	31.50
2001	256	3.26	3115.08	834.56		256	3.06	3933.00	783.36		256	2.88	4464.96	737.28		2355.20	35.43	33.26	31.30
2002	256	3.14	3528.60	803.84		256	2.96	4574.88	757.76		256	2.85	5337.24	729.60		2291.20	35.08	33.07	31.84
2003	260	3.19	4789.44	829.40		260	3.04	5397.96	790.40		260	2.90	6635.16	754.00		2373.80	34.94	33.30	31.76
2004	256	3.05	4497.24	780.80		256	2.94	5196.00	752.64		256	2.75	6245.76	704.00		2237.44	34.90	33.64	31.46
2005	256	3.11	4789.44	796.16		256	2.86	5876.04	732.16		256	2.79	7456.20	714.24		2242.56	35.50	32.65	31.85
2006	256	3.12	5373.24	798.72		256	2.73	6685.56	698.88		256	2.87	7400.88	734.72		2232.32	35.78	31.31	32.91
2007	256	2.93	6466.43	750.08		256	2.81	7895.21	719.36		256	2.82	9198.44	721.92		2191.36	34.23	32.83	32.94
2008	256	3.25	6812.47	832.00		256	2.89	8576.69	739.84		256	2.63	10018.41	673.28		2245.12	37.06	32.95	29.99
2009	256	3.23	7638.62	826.88		256	2.81	8911.61	719.36		256	2.59	11913.72	663.04		2209.28	37.43	32.56	30.01
2010	246	3.06	8594.84	752.76		246	2.76	10575.38	678.96		246	2.61	12510.83	642.06		2073.78	36.30	32.74	30.96

附表 5-3　2000—2010 年江西省城镇居民高收入阶层基本情况表

时间(年)	高收入户				最高收入户				调查总人数（人）	高收入所占比例（%）	最高收入所占比例（%）
	调查户数（户）	平均每户家庭人口数（人）	每人每年消费性支出（元）	总人数（人）	调查户数（户）	平均每户家庭人口数（人）	每人每年消费性支出（元）	总人数（人）			
2000	128	2.71	5328.60	346.88	128	2.60	6953.16	332.80	679.68	51.04	48.96
2001	128	2.78	5628.36	355.84	128	2.49	6758.16	318.72	674.56	52.75	47.25
2002	128	2.62	6541.32	335.36	128	2.46	8805.00	314.88	650.24	51.57	48.43
2003	130	2.68	9113.16	348.40	130	2.68	13787.76	348.40	696.80	50.00	50.00
2004	128	2.59	7916.16	331.52	128	2.39	9700.56	305.92	637.44	52.01	47.99
2005	128	2.49	9991.68	318.72	128	2.31	11249.88	295.68	614.40	51.88	48.13
2006	128	2.40	9700.92	307.20	128	2.31	13000.20	295.68	602.88	50.96	49.04
2007	128	2.54	10829.73	325.12	128	2.23	14251.80	285.44	610.56	53.25	46.75
2008	128	2.59	13098.49	331.52	128	2.26	17772.48	289.28	620.80	53.40	46.60
2009	128	2.59	14699.81	331.52	128	2.33	20183.40	298.24	629.76	52.64	47.36
2010	123	2.48	16276.52	305.04	123	2.40	20845.95	295.20	600.24	50.82	49.18

附表 5-4 2000—2010年江西省城镇居民各收入阶层消费性支出与总支出占比（单位：元）

时间(年)	阶层	最低收入户	低收入阶层 更低收入户	各个收入阶层占比	中等偏下户	中收入阶层 中等收入户	中等偏上户	高收入户	高收入阶层 最高收入户
2000	总支出	169.16	153.47		349.24	415.60	546.92	711.24	711.00
	消费性支出	159.38	143.71		242.04	316.76	377.77	474.45	604.46
	比重	94.22%	103.85%	86.96%	58.24%	58.24%	57.92%	53.11%	66.73%
	各个收入阶层占比				58.13%			59.92%	
2001	总支出	184.72	166.61		300.16	389.87	468.48	573.37	711.00
	消费性支出	170.20	155.55		259.59	327.75	372.08	469.03	563.18
	比重	92.14%	102.15%	85.24%	74.85%	66.58%	69.96%	64.89%	65.97%
	各个收入阶层占比				70.46%			65.43%	
2002	总支出	224.54	211.33		347.15	470.02	560.87	705.42	1104.55
	消费性支出	187.17	172.17		294.05	381.24	444.77	545.11	733.75
	比重	83.36%	81.47%	81.10%	84.70%	81.11%	79.30%	77.27%	66.43%
	各个收入阶层占比			81.98%		81.71%		71.85%	
2003	总支出	2978.88	—	3699.48	5090.04	6952.08	9394.32	11594.40	20031.00
	消费性支出	2513.64	0.00	3222.60	4254.36	5397.96	6635.16	9113.16	13787.76
	比重	84.38%	0.00	87.11%	83.58%	77.65%	70.63%	78.60%	68.83%
	各个收入阶层占比		85.75%			77.29%		73.72%	

续表

时间(年)	阶层	低收入阶层			中收入阶层			高收入阶层	
		最低收入户	更低收入户	低收入户	中等偏下户	中等收入户	中等偏上户	高收入户	最高收入户
2004	总支出	265.62	234.86	334.84	458.25	543.74	663.28	846.18	1206.60
	消费性支出	223.13	193.05	281.16	374.77	433.00	520.48	659.68	808.38
	比重	84.00%	82.20%	83.97%	81.78%	79.63%	78.47%	77.96%	67.00%
	各个收入阶层占比	83.39%			79.96%			72.48%	
2005	总支出	295.51	259.30	371.61	493.42	608.15	797.39	1170.32	1329.15
	消费性支出	254.11	224.93	311.36	399.12	489.67	621.35	832.64	937.49
	比重	85.99%	86.75%	83.79%	80.89%	80.52%	77.92%	71.15%	70.53%
	各个收入阶层占比	85.51%			79.78%			70.84%	
2006	总支出	325.61	273.17	454.06	569.89	697.27	785.42	1189.71	1587.25
	消费性支出	274.30	237.72	383.82	447.77	557.13	616.74	808.41	1083.35
	比重	84.24%	87.02%	84.53%	78.57%	79.90%	78.52%	67.95%	68.25%
	各个收入阶层占比	85.27%			79.00%			68.10%	
2007	总支出	5533.32	5033.08	6558.31	8295.56	10820.39	12572.74	14683.77	23228.02
	消费性支出	4073.40	3545.28	5475.08	6466.43	7895.21	9198.44	10829.73	14251.80
	比重	73.62%	70.44%	83.48%	77.95%	72.97%	73.16%	73.75%	61.36%
	各个收入阶层占比	75.85%			74.69%			67.55%	

续表

时间(年)	阶层	低收入阶层			中收入阶层			高收入阶层	
		最低收入户	更低收入户	低收入户	中等偏下户	中等收入户	中等偏上户	高收入户	最高收入户
2008	总支出	5473.78	4850.39	6327.66	8143.43	10446.90	12410.37	18269.93	25808.02
	消费性支出	4619.56	4113.86	5369.05	6812.47	8576.69	10018.41	13098.49	17772.48
	比重	84.39%	84.82%	84.85%	83.66%	82.10%	80.73%	71.69%	68.86%
	各个收入阶层占比	84.69%			82.16%			70.28%	
2009	总支出	6080.70	6279.93	7782.86	10273.12	11469.66	15945.86	18918.15	27820.02
	消费性支出	4674.20	4679.25	6495.92	7638.62	8911.61	11913.72	14699.81	20183.40
	比重	76.87%	74.51%	83.46%	74.36%	77.70%	74.71%	77.70%	72.55%
	各个收入阶层占比	78.28%			75.59%			75.13%	
2010	总支出	6503.92	6364.67	7815.94	10531.73	13234.20	16741.47	20600.29	32156.01
	消费性支出	5237.68	4985.38	6536.95	8594.84	10575.38	12510.83	16276.52	20845.95
	比重	80.53%	78.33%	83.64%	81.61%	79.91%	74.73%	79.01%	64.83%
	各个收入阶层占比	80.83%			78.75%			71.92%	

2. 2000—2010年江西省城镇居民各个收入阶层的支出情况汇总

附表5-5 2000—2010年江西省城镇居民低收入阶层支出情况汇总

时间(年)	最低收入户每人每年消费性支出(元)	更低收入户每人每年消费性支出(元)	低收入户每人每年消费性支出(元)	最低收入所占比例(%)	更低收入所占比例(%)	低收入所占比例(%)	低收入每人每年消费性支出(元)	修正系数(%)	低收入每人每年总支出(元)
2000	1872.60	1698.48	2438.40	39.20	23.05	37.76	2046.09	86.96	2352.91
2001	2042.40	1866.60	2696.04	39.91	23.79	36.29	2237.80	85.24	2625.30
2002	2246.04	2066.04	2877.72	40.45	20.76	38.79	2453.68	81.98	2993.02
2003	2513.64	0.00	3222.60	51.00	0.00	49.00	2861.01	85.75	3336.45
2004	2677.56	2316.60	3373.92	40.41	21.34	38.25	2866.93	83.39	3437.97
2005	3049.32	2699.16	3736.32	40.07	20.46	39.47	3248.80	85.51	3799.32
2006	3291.60	2852.64	4605.84	40.40	19.95	39.65	3725.18	85.27	4368.68
2007	4073.40	3545.28	5475.08	39.56	20.27	40.17	4529.43	75.85	5971.56
2008	4619.56	4113.86	5369.05	39.78	20.07	40.15	4818.94	84.69	5690.09
2009	4674.20	4679.25	6495.92	40.94	19.73	39.33	5391.75	78.28	6887.78
2010	5237.68	4985.38	6536.95	40.55	19.63	39.81	5705.43	80.83	7058.55

附表5-6 2000—2010年江西省城镇居民中收入阶层支出情况汇总

时间(年)	中等偏下收入户每人每年消费性支出(元)	中等收入户每人每年消费性支出(元)	中等偏上收入户每人每年消费性支出(元)	中等偏下收入所占比例(%)	中等收入所占比例(%)	中等偏上收入所占比例(%)	中收入每人每年消费性支出(元)	修正系数(%)	中收入每人每年总支出(元)
2000	2847.48	3435.84	4169.04	35.06	33.44	31.50	3460.52	58.13	5953.07
2001	3115.08	3933.00	4464.96	35.43	33.26	31.30	3809.70	70.46	5406.90
2002	3528.60	4574.88	5337.24	35.08	33.07	31.84	4450.57	81.71	5446.78
2003	4789.44	5397.96	6635.16	34.94	33.30	31.76	5578.32	77.29	7217.39
2004	4497.24	5196.00	6245.76	34.90	33.64	31.46	5282.46	79.96	6606.37
2005	4789.44	5876.04	7456.20	35.50	32.65	31.85	5993.54	79.78	7512.59
2006	5373.24	6685.56	7400.88	35.78	31.31	32.91	6451.45	79.00	8166.39

续表

时间（年）	中等偏下收入户每人每年消费性支出（元）	中等收入户每人每年消费性支出（元）	中等偏上收入户每人每年消费性支出（元）	中等偏下收入所占比例（%）	中等收入所占比例（%）	中等偏上收入所占比例（%）	中收入每人每年消费性支出（元）	修正系数（%）	中收入每人每年总支出（元）
2007	6466.43	7895.21	9198.44	34.23	32.83	32.94	7835.49	74.69	10490.68
2008	6812.47	8576.69	10018.41	37.06	32.95	29.99	8355.25	82.16	10169.49
2009	7638.62	8911.61	11913.72	37.43	32.56	30.01	9336.14	75.59	12351.03
2010	8594.84	10575.38	12510.83	36.30	32.74	30.96	10455.70	78.75	13277.08

附表5-7 2000—2010年江西省城镇居民高收入阶层支出情况汇总

时间（年）	高收入户每人每年消费性支出（元）	最高收入户每人每年消费性支出（元）	高收入所占比例（%）	最高收入所占比例（%）	高收入每人每年消费性支出（元）	修正系数（%）	高收入每人每年总支出（元）
2000	5328.60	6953.16	51.04	48.96	6124.05	59.92	10220.38
2001	5628.36	6758.16	52.75	47.25	6162.17	65.43	9417.96
2002	6541.32	8805.00	51.57	48.43	7637.51	71.85	10629.80
2003	9113.16	13787.76	50.00	50.00	11450.46	73.72	15532.37
2004	7916.16	9700.56	52.01	47.99	8772.53	72.48	12103.38
2005	9991.68	11249.88	51.88	48.13	10597.19	70.84	14959.33
2006	9700.92	13000.20	50.96	49.04	11319.04	68.10	16621.20
2007	10829.73	14251.80	53.25	46.75	12429.57	67.55	18400.54
2008	13098.49	17772.48	53.40	46.60	15276.47	70.28	21736.59
2009	14699.81	20183.40	52.64	47.36	17296.71	75.13	23022.38
2010	16276.52	20845.95	50.82	49.18	18523.78	71.92	25756.09

附录六　某市 2010 年房屋征收（拆迁）项目补偿协议（摘录）

一　签约须知

1. 在签订本协议前，请业主认真阅读协议条款，仔细确认其中的选择性、补充性、填充性、修改性内容，签约时业主已经充分理解本协议条款的内容。

2. 为了体现双方平等、自愿、协商一致的原则，本协议的范本在拟定过程中，已经征求和采纳了广大业主意见，并报请政府相关主管部门备案。

3. 业主在签署本协议时，需要提交以下签约主体资格证明文件和房屋权属情况证明资料：

业主及其共有人身份证或者单位营业执照；房屋存在共有人的，全部共有人应在协议上签字，否则拟签约的业主应取得其他全部共有人经公证的授权委托书。业主委托代理人签约的，需提供经公证的授权委托书原件、代理人身份证件；《房地产买卖合同》；《房地产证》；《租赁合同》（若有）；《借款合同》（若有）；《抵押合同》（若有）；其他证明材料（若有）。

4. 本协议文本中所留空格填写双方约定的内容，协议空格处未作约定的部分，均应画线删除；协议中选择性条款内容，应在相应位置做单项选择。

5. 本协议文本一式六份，在签订时应当认真核对，以确保各份内容相同或一致。本协议（含附件）及补充协议经双方共同签署后具有法律效力。

6. 本协议生效后，对签约各方均有法律约束力；协议各方应当按照协议中所约定的内容履行自己的义务，不得擅自变更或者解除协议。

二 依据

根据《中华人民共和国物权法》、《中华人民共和国合同法》、《城市房屋拆迁管理条例》、《深圳市城市更新办法》、《深圳经济特区房屋拆迁管理办法》等法律法规的规定，乙方同意将其名下的房屋交付给甲方，由甲方纳入××花园更新单元范围进行整体拆除重建，并给予乙方货币补偿或新建回迁房屋安置（即"产权调换"），除回迁房屋、政府保障性住房和政府公建配套设施之外的房屋（包括地下车库）归甲方所有，甲方有权按相关法规规定对外销售。

甲乙双方本着合作共赢、公平互利原则，按照甲方公布的《更新改造补偿安置方案》所确定的补偿安置标准，在平等、自愿、协商一致的基础上，就乙方房屋拆迁补偿安置事宜，达成如下协议，以资共同遵守。

三 被拆迁人身份的确认

1. 乙方应当提交身份证、户口簿、结婚证或离婚证、房地产证、房屋报建批准文件或其他权属证明文件等全部权属资料的复印件给甲方（需验原件），由甲方依据相关法规政策规定核实，确认乙方的被拆迁人身份，并进行公示。

2. 乙方确保其提供的资料真实、合法、完整、有效，若房屋存在共有人的，乙方已经取得其他全部共有人经公证的授权委托书，授权其处置共有房产或签订拆迁补偿安置协议。乙方需承担因提供虚假资料而引起的相关法律、经济责任。

3. 甲方应当对乙方提交的资料承担保密责任，不得将乙方提交的资料用于本协议目的以外的其他用途。

四 拆迁补偿安置方式

乙方可以选择货币补偿或产权调换方式进行补偿，一经确定，不得变更。

货币补偿

甲方以乙方被拆迁房屋房地产证登记的房屋建筑面积为准，按住宅＿＿＿＿元/平方米、商业＿＿＿＿元/平方米对乙方进行货币补偿，补偿面积为住宅＿＿＿＿元/平方米、商业＿＿＿＿元/平方米，补偿金额共计人民币＿＿＿＿＿元（大写＿＿＿＿＿＿＿＿元整）。

产权调换

1. 甲方在××花园更新单元内进行回迁房屋建设，以乙方房地产证登记的房屋建筑面积为准，按照1∶1.2的标准为乙方建设回迁房，乙方房地产证登记。

2. 乙方房屋有加建部分的，甲方按建筑面积1∶0.6的标准给予回迁房补偿。

3. 补偿款由甲方通过银行转账方式转至乙方指定银行账号。乙方为自然人的，应在收到款项后2个工作日内向甲方出具经各共有人签名并加按指模的收款收据；乙方为单位的，应在收到款项后2个工作日内向甲方出具正式发票。

五　临时安置补助

乙方自行安排过渡周转用房，甲方按照乙方房地产证登记的房屋建筑面积向乙方支付临时安置补助费，临时安置补助费标准、补助期限、支付方式如下：

货币补偿方式下的临时安置补助

乙方被拆迁房屋房地产证登记的房屋建筑面积为____平方米，临时安置补助费标准为每平方米____元/月，补助期限为____个月，补助费用总额为____元。

甲方自乙方在搬迁公告规定期限内搬迁腾空并办结被拆迁房屋验收移交手续之日起5个工作日内，向乙方一次性付清临时安置补助费。

产权调换补偿方式下的临时安置补助

乙方被拆迁房屋房地产证登记的房屋建筑面积为____平方米，临时补助费标准为每平方米____元/月，补助费用为____元/月。

临时安置补助费自乙方在搬迁公告规定期限内搬迁腾空并办结被拆迁房屋验收移交手续之日开始计算，计至甲方书面入伙通知规定的乙方可以办理入伙手续最早日期止，另加3个月装修期安置补助费。

甲方自乙方在搬迁公告规定期限内搬迁腾空并办结被拆迁房屋验收移交手续之日起5个工作日内向乙方支付6个月临时安置补助费；6个月之后的临时安置补助费甲方每3个月支付一次，在第1个月的20日之前支付给乙方；最后一笔临时安置补助费付款期限不足3个月的，按实际天数折算，并在乙方入伙后3个工作日内与装修期临时安置补助费同时结算支付。

六　搬迁补助

搬迁补助标准按乙方被拆迁房屋房地产证登记的房屋建筑面积每平方

米____元计算，共计____元/次。乙方选择货币补偿方式的，甲方按上述标准支付一次搬迁补助费；乙方选择产权调换补偿方式的，甲方按上述标准支付两次搬迁补助费。

甲方自乙方被拆迁房屋搬迁腾空后且甲乙双方办结被拆迁房屋验收移交手续之日起 5 个工作日内向乙方一次性支付搬迁补助费。

七 按期签约、搬迁奖励

根据乙方对甲方拆迁工作的配合情况，甲方依据《补偿方案》给予乙方如下按期签约、搬迁奖励：

（一）现金奖励

1. 乙方在 2010 年 10 月 1—31 日内签订本协议，并按期搬迁腾空房屋的，甲方给予人民币 10 万元现金奖励。

2. 乙方在 2010 年 11 月 1—30 日内签订本协议，并按期搬迁腾空房屋的，甲方给予人民币 8 万元现金奖励。

3. 乙方在 2010 年 12 月 1—31 日内签订本协议，并按期搬迁腾空房屋的，甲方给予人民币 5 万元现金奖励。

本协议签署生效后 5 个工作日内，甲方将 50% 的现金奖励支付给乙方；其余 50% 的现金奖励，甲方在乙方被拆迁房屋按甲方发布的搬迁公告规定的期间内搬迁腾空后，且甲乙双方办结被拆迁房屋验收移交手续之日起 5 个工作日内支付给乙方；如乙方未按甲方发布的搬迁公告规定的期间内搬迁腾空被拆迁房屋，且与甲方办结被拆迁房屋验收移交手续，甲方有权扣发其余 50% 的现金奖励。

（二）物业管理费优惠

乙方选择产权调换补偿方式，在 2010 年 10 月 1 日至 12 月 31 日内签订本协议，并能按期搬迁腾空房屋、办结被拆迁房屋验收移交手续的，甲方或甲方聘请的物业管理公司免收乙方 3 年回迁房屋的物业管理费。

八 补助款和按期签约、搬迁现金奖励的支付

搬迁补助款或现金奖励由甲方通过银行转账方式转至乙方指定银行账号或直接发放现金给乙方。乙方为自然人的，应在收到款项后 2 个工作日内向甲方出具经各共有人签名并加按指模的收款收据；乙方为单位的，应在收到款项后 2 个工作日内向甲方出具正式发票。

九 搬迁交付期限和交付条件

1. 乙方须在甲方发布搬迁公告规定之日起 30 日内将房屋搬迁腾空完

毕，并与甲方办理验收移交手续。甲方向乙方的通信地址邮寄搬迁公告的第2天，视为搬迁公告送达给乙方。

2. 乙方移交房屋时，应保持房屋的完整性，不得破坏房屋结构，不得拆除墙、门、窗、固定装修、水电表、变压器、配电房等附属设施设备。

3. 乙方移交房屋时，应结清与拆迁房屋有关的地价款、水费、电费、燃气费、电话费、有线电视使用费、网络使用费、租赁管理费、物业管理费及其他应向有关部门单位上缴的一切费用，并向甲方提供合法的费用收讫凭证原件。

4. 乙方搬迁完毕，经甲方验收房屋确认合格后，方可办理移交手续。乙方在移交被拆迁房屋时，乙方的房屋有房地产证的，乙方应将房屋钥匙、房屋的房地产证原件以及经公证的委托甲方办理注销房地产证授权委托书移交给甲方；乙方的房屋无房地产证的，乙方应将房屋钥匙、房屋的权属证明资料原件以及乙方签署的放弃房地产权利声明书交给甲方。前述手续全部办理完毕，才视为双方办结被拆迁房屋验收移交手续。

5. 双方办结被拆迁房屋验收移交手续后，被拆迁房屋的全部权益均属于甲方，甲方有权自行处置或拆除被拆迁房屋，代为注销房地产证。被拆迁房屋的处置或拆除费用由甲方承担，收益归甲方所有。

十　拆除

乙方将被拆迁房屋移交给甲方后，由甲方根据项目总体进度、实施条件等实际情况，委托有资质的专业房屋拆迁单位，统一实施被拆迁房屋及其附属物的拆除工程，相关拆除费用由甲方自行承担。

十一　甲方承诺和义务

1. ××花园一区范围内住宅类物业，无论签约先后，均适用同等补偿安置标准。乙方签约后，若甲方调整补偿安置标准，乙方同等适用该调整后的补偿安置标准，且适用"就高不就低"原则。

2. 甲方须按本协议的约定按时向乙方支付各项补偿款、补助款和现金奖励。

3. 甲方应当在乙方腾空被拆迁房屋后，及时办理移交手续，并向乙方出具房屋及相关资料的移交书面证明。

4. 甲方自行承担办理被拆迁房屋房地产证注销手续所产生的费用。

5. 甲方自行承担被拆迁房屋的拆迁费用。

6. 甲方必须按照房屋拆迁许可证规定的拆迁范围和拆迁期限实施拆迁，不得擅自改变经批准的拆迁范围和拆迁期限。

7. 回迁房屋的建设费用全部由甲方承担，并应当优先于本项目内其他房屋建设。

8. 甲方应当公开拆迁补偿安置方案和回迁房屋选房结果，主动接受乙方和政府主管部门的监督。

9. 甲方须按本协议的约定按时向乙方交付回迁房屋，办理入伙手续。

10. 甲方交付的回迁房屋应当符合国家质量安全标准要求，并经政府主管部门验收合格。

11. 甲方应当为回迁房屋和本城市更新项目内其他出售的商品房提供同等前期物业管理服务。

12. 甲方应当在乙方必要的协助和配合下为乙方办理回迁房屋的房地产证。

十二 乙方承诺和义务

1. 在本协议签订时，乙方承诺对被拆迁房屋享有完全的处分权或已经取得了房屋其他共有人的书面授权，被拆迁房屋不存在未披露的查封、抵押、买卖、赠与等纠纷情形。

2. 乙方保证其提交的被拆迁房屋的产权文件或相关证明文件资料、《注销房地产权利证书委托书》的公证书（有房地产证的）、《放弃房地产权利声明书》（无房地产证的）真实、合法、有效。

3. 本协议签订后，乙方应保持被拆迁房屋及地块现状，不得有以下行为：新建、改建或扩建（构）筑物；改变建筑物的用途；签订新的租赁合同，或变更、延长现时有效的租赁合同；在被拆迁房屋或地块上设置抵押，或进行转让、承包、联营、合伙、合作、入股、出借等。

4. 若被拆迁房屋存在租赁、借用或其他关系的，乙方应在本协议约定的搬迁期限内与承租人、借用人解除租赁、借用关系，确保被拆迁房屋按时搬迁移交给甲方。若被拆迁房屋存在抵押、查封等限制产权的情形，乙方应在甲方公布的房屋搬迁期限届满前办理完房屋抵押注销手续或房屋查封的解封手续；在房屋抵押注销手续或房屋解封手续办理完毕之前，甲方有权暂缓支付全部拆迁款项；若乙方需要甲方为其被拆迁房屋向抵押权人或查封执行单位提供担保，乙方应无条件配合甲方，抵押权人或查封执行单位签订相关法律文件，甲方有权将应付给乙方的拆迁款项直接支付给抵押权人或查封执行单位。

5. 乙方须按本协议约定时间搬迁和腾空被拆迁房屋，与甲方办理被拆迁房屋的验收移交手续。

6. 乙方应按本协议的约定，在回迁房屋入伙时向甲方支付回迁房屋面积差额部分的差价款。

7. 如被拆迁房屋未取得完全产权的红本房地产证的，乙方应当在本协议生效后三个工作日内，向政府有关部门缴纳土地使用费、税费、罚款、滞纳金关费用，并向甲方提交相关证明文件或缴费单据。

8. 乙方应及时配合甲方办理土地、规划、建设等本城市更新项目开发建设的相关手续。

9. 按甲方通知及时结算回迁房屋面积价差、办理入伙手续、接收回迁房、缴纳办理房地产证的相关税费。

10. 为实现本合同目的，乙方应积极履行其他相关义务。

十三　甲方违约责任

1. 甲方应在本协议约定的过渡期届满前保证乙方按期回迁，逾期不能回迁的，甲方应当提前30日书面告知乙方。

2. 甲方逾期交付回迁房屋，逾期时间在12个月以内（含12个月）的，按本协议约定的临时安置补助费标准的1.2倍向乙方支付逾期期间的临时安置补助费；逾期时间超过12个月的，按本协议约定的临时安置补助费标准的1.5倍向乙方支付逾期期间的临时安置补助费。

3. 甲方未按本协议约定向乙方支付补偿款、补助款或现金奖励的，每逾期一日，应按逾期未付金额的万分之三向乙方支付违约金。

4. 如甲方实际交付的回迁房屋的位置、朝向、楼层与经批准的规划设计方案严重不相符合，乙方可以拒绝接收回迁房屋；造成迟延交付的，迟延交付期间由甲方按约定的标准向乙方支付临时安置补助费。

5. 甲方提供的回迁房屋因房屋质量不符合国家质量标准而导致迟延交付的，甲方应积极整改直至房屋验收合格；迟延交付期间，由甲方按约定的标准向乙方支付临时安置补助费。

6. 甲方在回迁房屋交付给乙方之日起240日内，在乙方必要的协助和配合下办理回迁房的房地产证，若因甲方原因造成未能办理的，逾期办证期间，甲方每日按照房屋开盘均价计算的回迁房屋总价款的万分之三向乙方支付违约金。上述商品房开盘均价是指本城市更新项目商品房第一次开盘销售当日的售出房屋的销售均价。

十四　乙方违约责任

1. 乙方违反本协议的约定，改变被拆迁房屋及地块现状的，对因改变现状而增加的部分或增加的费用，甲方不予补偿，给甲方造成损失的，乙方应予赔偿；乙方将房屋转让或设置抵押的，乙方应双倍返还甲方支付的所有款项，同时甲方有权单方解除本协议。

2. 乙方未按本协议约定腾空被拆迁房屋、办理被拆迁房屋验收移交手续的，甲方有权暂不支付拆迁款项（包含补偿款项、补助款项和现金奖励），同时每逾期一日，应按本协议拆迁款项总额（适用于货币补偿方式）或者本协议约定的回迁房屋总价款（适用于产权调换方式）的万分之三支付违约金，并承担由此造成的一切损失和不利后果，甲方有权直接从给乙方的应付款项中直接扣除。

3. 乙方在约定的时间内未办理抵押注销手续或房屋查封解封手续的，甲方有权暂不支付拆迁款项，同时每逾期一日，应按本协议拆迁款项总额（适用于货币补偿方式）或者本协议约定的回迁房屋总价款（适用于产权调换方式）的万分之三向甲方支付违约金，同时乙方同意并授权甲方从乙方的拆迁款项中直接划扣给乙方的房屋的抵押权人或房屋的查封执行单位，代其办理抵押注销手续或房屋查封解封手续，甲方将款项支付房屋的抵押权人或房屋的查封执行单位，视为对乙方的支付，乙方选择产权调换补偿方式的，乙方应向甲方支付办理抵押注销和查封解封所有款项和费用，否则甲方可以拒绝乙方选房或交付回迁房屋。

4. 乙方未缴交本协议约定由其自行缴交的各项费用以及乙方违约导致乙方应付的违约金或损害赔偿金，甲方有权暂缓支付拆迁款项，待前述乙方应缴费用及违约金或损害赔偿金等款项金额确定后，甲方可以从暂缓支付给乙方的拆迁款项中直接扣缴，不足部分由乙方在回迁房屋交付前予以补足。

5. 乙方未按本协议的约定向甲方支付回迁房屋面积差额部分的房款的，甲方有权不向乙方交付回迁房屋，直至乙方付清上述差额款项之日，甲方不承担迟延交付回迁房屋的一切责任。

6. 乙方收到甲方入伙通知后，未按甲方的指定时间办理入伙手续的，视同乙方已经在入伙通知中规定的最早日期接收该回迁房屋，房屋风险和责任均转移于乙方，同时乙方不得主张房屋质量异议，甲方有权不予支付本协议约定的乙方入伙后 3 个月装修期期间的临时安置补助费。

十五　未尽事宜和争议解决

1. 本协议未尽事宜，依照有关法律、法规及政策执行；法律、法规及政策未作规定的，双方可以通过协商并签署补充协议约定，补充协议为本协议不可分割的组成部分。

2. 本协议在履行过程中若发生争议，由双方友好协商解决，也可由政府城市更新改造主管部门调解；协商或调解不成的，双方均可向城市更新改造项目所在地人民法院起诉。

十六　协议生效和文本

本协议自双方或其授权代表人签字并加盖单位公章后生效；乙方为自然人的，乙方及其委托人签字并按指模之日起生效。本协议一式六份，甲乙双方各执一份，其余四份由甲方留存，用于报送政府有关主管部门办理相关手续，每份均具有同等法律效力。

参考文献

[1] 杨正莲：《拆迁正传》,《中国新闻周刊》2010 年第 8 期。
[2] 何琳、周艳媚：《中、德房屋征收拆迁补偿制度之比较研究》,《特区经济》2011 年第 2 期。
[3] 张庆元：《完善我国城市房屋拆迁制度的思考——以〈物权法〉为视角》,《法治论坛》2007 年第 3 期。
[4] 项显生、贺日开：《〈国有土地上房屋征收与补偿条例〉透析——基于比较法律文化视角》,《福建论坛》2011 年第 11 期。
[5] 刘忠群、齐雪：《〈国有土地上房屋征收与补偿条例〉中的"公共利益"解读》,《华中师范大学学报》（人文社会科学版）2011 年第 7 期。
[6] 孙佑海：《〈物权法〉与城市房屋征收拆迁补偿制度的变革》,《中州学刊》2008 年第 3 期。
[7] 周文竹：《城市房屋拆迁中关于权利保护的法律问题探究》,《法制与社会》2011 年第 3 期。
[8] 李荣华：《国有土地上房屋征收与补偿中弱势群体的法律保护》,《公民与法》（法学版）2011 年第 7 期。
[9] 李松龄：《公平与效率的准则——福利经济学公平、效率和分配观的比较》,《广西经济管理干部学院学报》2002 年第 3 期。
[10] 邵健、李可、熊勇：《地方政府改革：从地方政府职能转变的角度》,《宏观经济》2013 年第 4 期。
[11] 吴庆玲：《城市国有土地上房屋征收补偿评估探讨》,《经济研究参考》2012 年第 11 期。
[12] 范俊丽：《城市房屋拆迁立法思考》,《理论探索》2011 年第 2 期。
[13] 何虹：《完善我国城市房屋拆迁补偿范围的思考》,《城市发展研究》2006 年第 5 期。

[14] 朱广新:《房屋征收补偿范围与标准的思考》,《法学》2011年第5期。

[15] 王达:《房屋征收拆迁中公共利益的界定》,《中国房地产》2008年第5期。

[16] 何姝:《城市拆迁中法律冲突的法理分析——以效力等级适用结果的应然和实然为视角》,《法制与社会》2010年第17期。

[17] 阮绍荣、沈勇:《房屋征收社会稳定风险评估工作刍议》,《城乡建设》2011年第6期。

[18] 胡明:《房屋征收行为中行政权力的滥用与约束——兼论〈国有土地上房屋征收与补偿条例〉》,《政法学刊》2011年第6期。

[19] 朱嵘:《房屋征收行政诉讼立案受理三题》,《法律适用》2011年第6期。

[20] 王达:《房屋征收中的司法强制执行》,《价值工程》2011年第23期。

[21] 王锡锌:《房屋征收中强制搬迁的制度与实践问题》,《苏州大学学报》2011年第11期。

[22] 王霞:《房屋征收评估与补偿的公平性问题探讨》,《价值工程》2011年第23期。

[23] 王达:《浅析房屋征收评估规则及创新》,《中国房地产》2011年第13期。

[24] 于霄:《美国人拆迁的道理〈美国财产法〉中的土地征收》,《检察风云》2010年第24期。

[25] 李溪:《武汉市土地征收补偿的公平性研究》,硕士学位论文,华中科技大学,2008年。

[26] 王太高:《土地征收制度比较研究》,《比较法研究》2004年第6期。

[27] 陈禾午:《土地征用补偿制度的国际比较及对我国的借鉴》,《调研世界》2010年第8期。

[28] 刘畅:《中外土地征用补偿标准比较》,《中国房地产》2005年第6期。

[29] 李集合、彭立峰:《土地征收:公平补偿离我们有多远?》,《河北法学》2008年第9期。

[30] 杨世建:《公民参与是解决城市房屋征收补偿问题的关键》,《山东

科技大学学报》（社会科学版）2010年第4期。

［31］房绍坤：《国有土地上房屋征收的法律问题与对策》，《中国法学》2012年第1期。

［32］张冰冰：《国有土地上房屋征收与补偿法律制度探讨》，《经济问题探》2011年第5期。

［33］搜狐网：《十七大报告解读：初次分配和再分配都要处理好效率和公平的关系，再分配更加注重公平》，http：//news.sohu.com/20080110/n254558862.shtml，2008年1月10日。

［34］薛刚凌：《补偿公平：立法的核心价值追求》，《苏州大学学报》（哲学社会科学版）2011年第1期。

［35］徐凡：《城市房屋拆迁区位综合价格评估研究》，《中国房地产评估师》2004年第8期。

［36］张英玉：《我国征地制度改革及其模式的选择》，硕士学位论文，福建师范大学，2004年。

［37］滕荣凡：《房屋征收和房屋拆迁的区别》，《中国房地产》2010年第5期。

［38］宋振远、周国洪、崔砺金：《征收：多少不公多少痛》，《新华每日电讯》2003年11月13日第1版。

［39］争先：《房屋征收：城市建设的又一难题》，《长江建设》2004年第6期。

［40］叶檀：《一删一增一含糊　新征收条例一稿不如一稿》，《每日经济新闻》2010年12月16日第4版。

［41］刘杰：《城市房屋拆迁中利益冲突与制度缺陷》，《太平洋学报》2006年第6期。

［42］申玉兰、张杰英：《国有土地上房屋征收与补偿中的公权力规制》，《理论探索》2011年第4期。

［43］赵景柱：《社会折现率与代际公平性分析》，《环境科学》1995年第5期。

［44］郭杨：《房屋征收补偿制度研究》，硕士学位论文，南京航空航天大学，2011年。

［45］刘刚：《江西宜黄强拆自焚事件满月书记和县长终落马》，http：//news.qq.com/a/20101011/000021.htm，2010年10月11日。

[46] 张占录、张正峰：《土地利用规划学》，中国人民大学出版社 2006 年版。

[47] 李王鸣、叶信岳、孙于：《城市人居环境评价——以杭州城市为例》，《经济地理》1999 年第 2 期。

[48] 娄众、孟杰娄：《城市区人居环境质量的综合评价》，《衡阳师范学院学报》2004 年第 6 期。

[49] 李金华：《中国可持续发展核算体系》，社会科学文献出版社 2000 年版。

[50] 叶依广、周耀平：《市人居环境评价指标体系刍议》，《南京农业大学学报》（社会科学版）2004 年第 1 期。

[51] 任宏、夏刚：《基于实物期权的房屋拆迁补偿估价研究》，《土木工程学报》2008 年第 5 期。

[52] 国务院第 590 号令：《国有土地上房屋征收与补偿条例》，中央政府门户网站，2011 年 1 月 21 日。

[53] 李庚：《我国城市土地期权制度及土地期权定价讨论》，硕士学位论文，浙江大学，2006 年。

[54] 南昌轨道交通集团有限公司：《南昌轨道交通线网规划》，南昌轨道交通集团有限公司网站，2012 年 2 月 16 日。

[55] 蔡银莺、张安录：《武汉市农地非市场价值评估》，《生态学报》2007 年第 2 期。

[56] 林孔亮：《土地征收救济程序的完善》，http：//fzszy.chinacourt.org/public/detail.=6918，2011 年 6 月 13 日。

[57] 马明华：《国有土地上房屋征收与补偿中弱势群体的法律保护》，《公民与法》2011 年第 7 期。

[58] 陈榆：《城市房屋征收补偿制度研究》，硕士学位论文，复旦大学 2008 年。

[59] 王玥、卢新海：《基于完全补偿原则的我国房屋征收补偿制度评析》，《中国房地产》2012 年第 5 期。

[60] 雷蕾：《论〈国有土地上房屋征收与补偿条例〉中的公共利益问题》，《法制与社会》2011 年第 4 期。

[61] 李耿平、吴智平：《论城市房屋拆迁的公众参与程序》，《法制与社会》2011 年第 1 期。

[62] 陈丛刊、姜晓萍:《论城市房屋征收之被征收人权利保护》,《民主与法制》2012年第2期。

[63] 苑韶峰:《中外土地征用补偿制度的比较与借鉴》,《价格理论与实践》2006年第10期。

[64] 邵俊、徐莹:《论城市拆迁安置过程中的政府职能》,《广东工业大学学报》(社会科学版)2005年第6期。

[65] 张翔:《论城市房屋征收制度中的公共利益》,《学习与探索》2011年第3期。

[66] 杨建顺:《论房屋拆迁中政府的职能——以公共利益与个体利益的衡量和保障为中心》,《法律适用》2005年第5期。

[67] 张玲:《城市房屋拆迁过程中的政府职能错位问题分析》,《前沿》2012年第4期。

[68] 顾大松:《论房屋征收适足住房权保障原则》,《行政法学研究》2011年第1期。

[69] 金伟峰:《论房屋征收中国有土地使用权的补偿》,《浙江大学学报》(人文社会科学版)2013年第3期。

[70] 王玲美:《论城市房屋征收补偿的法制完善》,《知识经济》2011年第2期。

[71] 范俊丽:《城市房屋拆迁立法思考》,《理论探索》2011年第2期。

[72] 李成玲:《对城市规划中的房屋征收与损失补偿的规制思考》,《上海政法学院学报》(法治论丛)2011年第5期。

[73] 张千帆:《"公共利益"的困境与出路——美国公用征收条款的宪法解释及其对中国的启示》,《中国法学》2005年第5期。

[74] 王士如:《不动产征收补偿比较研究》,《政府法制研究》2009年第2期。

[75] 胡菁菁、蒋品洪:《国有土地上房屋征收评估如何做到公正有效》,《财会月刊》2012年第6期。

[76] 钟丽娟:《宪法视角下的私产保护——以重庆"最牛钉子户"拆迁案为例》,《理论学刊》2007年第8期。

[77] 沈荔娟:《透视重庆"钉子户"事件的表象和本质——对房屋拆迁安置补偿标准的置疑》,《科技信息》2009年第18期。

[78] 敖偲:《我国城市建设中的个人权利与集体意志分析——由"钉子

户"和"暴力拆迁"现象引发的思考》,《行政事业资产与财务》2011 年第 8 期。

[79] 顾大松:《论我国房屋征收土地发展权益补偿制度的构建》,《法学评论》2012 年第 6 期。

[80] 邢鸿飞、蔡鹏:《论我国房屋征收制度之发展与完善——兼评〈国有土地上房屋征收与补偿条例〉》,《湖北社会科学》2011 年第 10 期。

[81] 郭子平:《社会群体性事件视角下的社会公平与政府职能转变》,《湖北社会科学》2012 年第 10 期。

[82] 李顺祥:《基于房地产估价体系的城市房屋拆迁估价研究》,硕士学位论文,大连理工大学,2010 年。

[83] 王洪平、房绍坤:《论公益征收补偿的标准》,《山东社会科学》2010 年第 11 版。

[84] 强真:《完善我国城市不动产征收补偿标准的建议》,《价格理论与实践》2010 年第 2 期。

[85] 罗宇琦:《城市被拆迁家庭户迁移的社会成本问题研究——以广西 N 市实证调查为例》,硕士学位论文,四川大学,2012 年。

[86] 王名扬:《法国行政法》,中国政法大学出版社 1998 年版。

[87] 贺荣:《物权法与行政诉讼实务问题研究》,中国法制出版社 2008 年版。

[88] 黄文平:《推进政府职能转变需处理好几大问题》,《行政管理改革》2012 年第 8 期。

[89] 闵一峰:《城市房屋拆迁补偿制度的经济学研究》,硕士学位论文,南京农业大学,2005 年。

[90] 王珅:《中美城市拆迁制度的比较与借鉴》,《法制与社会》2009 年第 7 期。

[91] 曾国华:《发达国家土地征收补偿制度及对我国的借鉴》,《国土资源科技管理》2006 年第 4 期。

[92] 李春晖等:《环境代际公平判别模型及其应用研究》,《地理科学进展》2000 年第 5 期。

[93] 周国伟:《妥善解决房屋征收拆迁引发的信访问题》,《中国房地产》2012 年第 3 期。

[94] 徐凡：《城市房屋拆迁区位综合价格评估研究》，《中国房地产评估师》2004年第8期。

[95] 盛大林：《征地权——征地征收问题的关键》，http://news.sina.com.cn/c/2004-06-02/14053379709.shtml，2004年6月2日。

[96] 张军涛、刘建国：《城市房屋拆迁改造对居民生活影响研究》，《财经问题研究》2008年第1期。

[97] 李珍贵：《美国土地征用制》，《中国土地》2001年第4期。

[98] 杜仲霞：《我国城市房屋征收制度立法的几点思考》，《财贸研究》2010年第4期。

[99] 雷弢：《城市拆迁中的利益冲突及其调整》，《北京社会科学》2006年第2期。

[100] 龚四海：《有关拆迁"补偿"几个认识盲点的思考》，《中国房地产》2004年第5期。

[101] 李家才：《拆迁分流：从源头上约束城市房屋拆迁》，《改革》2005年第1期。

[102] 纪玉山、代栓平：《建立和谐社会必须重视经济发展的社会成本问题》，《吉林大学社会科学学报》2005年第6期。

[103] 董秀芝：《浅析城市房屋拆迁中私有财产权的保护》，《财经世界》（下半月刊）2006年第1期。

[104] 董彪：《公正补偿原则的概念解析与立法建议》，《太原理工大学学报》（社会科学版）2006年第9期。

[105] 肖守华：《城市房屋拆迁补偿问题研究》，博士学位论文，武汉大学，2005年。

[106] 王亚磊：《城市房屋征收补偿研究》，硕士学位论文，中国政法大学，2011年。

[107] 韦森：《当今中国收入分配中平等与效率的两难困境》，《经济学家茶座》2008年第6期。

[108] 曾立红：《论形式正义和实质正义》，《湖南税务高等专科学校学报》2004年第75期。

[109] 崔霁、钱建平、方之骥：《城市房屋拆迁补偿制度的国际比较及借鉴》，《中国房地产》2006年第10期。

[110] 周大伟：《美国土地征用和房屋拆迁中的司法原则和判例——兼议

中国城市房屋拆迁管理规范的改革》,《北京规划建设》2004 年第 1 期。

[111] 刘丽、王正立:《世界主要国家的土地征用补偿原则》,《国土资源科技管理》2004 年第 1 期。

[112] 林峰:《土地征收与补偿:香港的经验》,《法学》2007 年第 8 期。

[113] 方月波、钱小敏:《在法制的基础上体现利益与公平——对〈国有土地上房屋征收与补偿条例〉有关问题的理解》,《中国土地》2012 年第 1 期。

[114] 郑功成主编:《社会保障概论》,复旦大学出版社 2005 年版。

[115] 杨展嘉:《论人格尊严在法律上之地位——依社会国原则论我国对人民最低限度生存保障之实践》,工作学位论文,中国文化大学,2007 年。

[116] 马悦晖:《最低生活保障中的平等保护——以受救助者范围的确立为视角》,硕士学位论文,华东政法大学,2010 年。

[117] 刘颂、刘滨谊:《城市人居环境可持续发展评价指标体系研究》,《城市规划汇刊》1999 年第 5 期。

[118] 吴良镛:《人居环境科学导论》,中国建筑工业出版社 2001 年版。

[119] 王文彬、赵海云:《论当前我国房屋征收补偿假设前提的不足》,《市场研究》2013 年第 7 期。

[120] 赵海云、王文彬、俞莹:《房产面积产权属性及其实现》,《测绘通报》2013 年第 9 期。

[121] 刘宗粤:《公平、公平感和公平机制》,《社会》2000 年第 7 期。

[122] 吴德刚:《关于构建教育公平机制的思考》,《教育研究》2006 年第 1 期。

[123] 黄群英:《浅析公平——兼及我国按劳分配原则下公平的基本要求和实现机制》,《江淮论坛》2010 年第 3 期。

[124] 袁彩云:《我国高速公路征地问题分析》,《中国房地产金融》2004 年第 10 期。

[125] 李军:《失地农民养老保险的模式选择》,博士学位论文,东北大学,2009 年。

[126] 刘浩:《市场经济条件下的土地征用问题研究》,硕士学位论文,南京农业大学,2002 年。

[127] 徐容雅、廖亚辉：《关于地方政府职能转变的几点探讨》，《哈尔滨学院学报》2004 年第 10 期。

[128] 王磊：《小城镇经济建设中的政府职能分析——以天津市武清区王庆坨镇自行车产业发展为例》，《小城镇建设》2005 年第 4 期。

[129] 袁金霞：《协调处理好收入分配中公平与效率的关系》，《北方经济》2009 年第 11 期。

[130] 朱子庆：《海峡两岸土地征收与补偿制度之比较研究》，博士学位论文，中国政法大学，2013 年。

[131] 王红建：《土地征收立法研究》，博士学位论文，郑州大学，2012 年。

[132] 黄辉明：《城市房屋征收立法冲突与法律保留》，《中共南京市委党校学报》2010 年第 5 期。

[133] 于霄：《美国人拆迁的道理〈美国财产法〉中的土地征收》，《检察风云》2010 年第 24 期。

[134] 刘建平、杨国云：《行政征用制度的经济分析》，《中国行政管理》2002 年第 7 期。

[135] 密佳音、董亚男：《制度公正的核心：实现权利的合理布局》，《长春理工大学学报》（社会科学版）2009 年第 4 期。

[136] 项显生、贺日开：《〈国有土地上房屋征收与补偿条例〉透析——基于比较法律文化视角》，《福建论坛》（人文社会科学版）2011 年第 11 期。

[137] 冯玉军：《权力、权利和利益的博弈——中国当前城市房屋拆迁问题的法律与经济分析》，《制度经济学研究》2007 年第 4 期。

[138] 顾爱军、郭延军：《我国城市房屋强制拆迁法律规制研究》，硕士学位论文，上海交通大学，2011 年。

[139] 郭秉菊：《房屋拆迁中地方政府职能定位之法理思考》，《辽宁行政学院学报》2011 年第 7 期。

[140] 黄正元：《论代际公平——"在场者"与"不在场者"权利、义务划分问题探析》，硕士学位论文，湘潭大学，2004 年。

[141] 魏亚飞、张星炜：《"社会管理创新"语境下的公民社会培育研究》，硕士学位论文，中共四川省委党校，2013 年。

[142] 徐刚、李永强：《香港地铁的盈利模式研究》，硕士学位论文，西

南财经大学，2009年。

[143]《中共中央关于全面深化改革若干重大问题的决定》，《人民日报》2013年11月16日第1版。

[144] 陈基湘：《论自然资源分配的公平性》，《资源科学》1998年第3期。

[145] 周建非：《香港地铁建设物业开发模式简介》，《地下工程与隧道》2003年。

[146] 李俊、丁少群：《商业保险公司参与社会医疗保险管理的模式研究》，硕士学位论文，西南财经大学，2012年。

[147]《让乘客变为顾客香港地铁的经营之道——访香港地铁有限公司总经理刘天成》，《中国城市经济》2007年第12期。

[148] 余露：《香港快速轨道交通运营的成功模式研究》，《重庆建筑》2007年第3期。

[149] 谢远东：《财产权·法治·宪政》，《法制日报》2004年第1期。

[150] 刘云山：《加强和改善党对全面深化改革的领导》，《人民日报》2013年11月19日第3版。

[151] 纪晓岚：《现代人的需要结构与城市环境设计对应关系研究》，《城市规划汇刊》2004年第4期。

[152] 王莉：《对城乡拆迁和土地征收纠纷中政府角色与责任的思考》，《中共石家庄市委党校学报》2011年第5期。

[153] 王霞：《房屋征收评估与补偿的公平性问题探讨》，《价值工程》2011年第23期。

[154] 陈宇宁：《论城市房屋拆迁中政府职能的健全与完善》，《特区经济》2010年第10期。

[155]《中共中央关于全面深化改革若干重大问题的决定》，2013年11月15日。

[156] 冯蕾：《激发市场活力打造经济"升级版"》，《光明日报》2013年11月20日第5版。

[157] 任天佑、赵周贤、刘光明：《实现中国梦的顶层设计和重大战略部署》，《光明日报》2013年11月24日第1版。

[158] 张高丽：《以经济体制改革为重点全面深化改革》，《人民日报》2013年11月20日第3版。

[159] 郑新立：《坚持社会主义市场经济改革方向》，《经济日报》2013年11月15日第1版。

[160] 刘云山：《加强和改善党对全面深化改革的领导》，《人民日报》2013年11月19日第3版。

[161] 杨宇佳：《城市房屋征收补偿制度的经济学研究》，硕士学位论文，山东建筑大学，2010年。

[162] 曼昆：《经济学原理》第4版，梁小民译，北京大学出版社2006年版。

[163] 柏拉图：《理想国》，郭斌和、张竹明译，商务印书馆1986年版。

[164] 亚当·斯密：《国民财富的性质和原因的研究》上卷，郭大力、王亚南译，商务印书馆1981年版。

[165] 雷利·巴洛维：《土地资源经济学——不动产经济学》，农业大学出版社1993年版。

[166] 赫勒·迈克尔：《困局经济学》，机械工业出版社2009年版。

[167] [德] 毛雷尔：《行政法学总论》，高家伟译，法律出版社2000年版。

[168] [美] 戴维·迈尔斯：《心理学精要》（第5版），黄希庭等译，人民邮电出版社2009年版。

[169] 马克·伊尔斯：《从众效应：如何影响大众行为》，清华大学出版社2010年版。

[170] 罗尔斯：《正义论》修订版，何怀宏、何包钢、廖申白译，中国社会科学出版社2009年版。

[171] [美] 爱蒂斯·布朗·魏伊斯：《公平地对待未来人类：国际法、共同遗产与世代间衡平》，汪劲等译，法律出版社2000年版。

[172] 理查德·A. 波斯纳：《法律的经济分析》，蒋兆康译，中国大百科全书出版社1997年版。

[173] 托马斯·内格尔：《全球正义问题》，赵永刚译，《吉首大学学报》（社会科学版）2010年第6期。

[174] 瓦里安：《平等、妒忌与效率》，《美国经济学杂志》1974年第9期。

[175] Michal Wiktor Krawczyk, "A Model of Procedural and Distributive Fairness", *Theory and Decision*, No. 1, 2011, pp. 111–115.

[176] Jonathan Pincus, Perry Shapiro, " Efficiency and Equity in the Use of Eminent Domain, with Local Externalities", *The University of Adelaide School of Economics*, No. 9, 2008.

[177] Glaves, D. W., "Date Unconstitutional Practice of Valuation in Eminent Domain", *Irreverence for University of Chicago Law Review*, No. 2, 1963, pp. 319 – 357.

[178] Dan Usher, *The Economic Prerequisites to Democracy*, Chicago: University of Chicago Press, 1981, p. 90.

[179] Bettina Reimann, "The Transition from People's Property to Private Property: Consequences of the Restitution Principle for Urban Development and Urban Renewal in East Berlin's Inner – city Residential Areas", *Geography*, Vol. 17, No. 4, 1997, pp. 301 – 313.

[180] Steve P. Calandrillo, "Eminent Domain Economics: Should 'Just Compensation' Be Abolished, and Would 'Takings Insurance' Work Instead?", *Ohio State Law Journal*, Vol. 64, No. 2, 2003, pp. 451 – 530.

[181] Donald W. Glaves, Date Unconstitutional Practice of Valuation in Eminent Domain ", *Irreverence for University of Chicago Law Review*, Vol. 30, No. 2, 1963, pp. 319 – 357.

[182] Richard F. Dye, Daniel P. McMillen, "Tear down sand land values in the Chicago metropolitan area", *Journal of Urban Economics*, Vol. 6, No. 61, 2007, p. 45.